上海文化发展系列蓝皮书
THE BLUE BOOK SERIES ON
SHANGHAI CULTURAL DEVELOPMENT

上海非物质文化遗产发展报告
（2022）

ANNUAL REPORT ON INTANGIBLE CULTURAL HERITAGE DEVELOPMENT OF SHANGHAI
(2022)

推动非遗保护实践融入国家与地方重大发展战略

主编/徐锦江

执行主编/毕旭玲

上海人民出版社　上海远东出版社

上海文化发展系列蓝皮书(2022)
编 辑 委 员 会

摘　要

　　2021 年是《中华人民共和国非物质文化遗产法》颁布实施 10 周年；6 月 10 日,国务院发布了《关于公布第五批国家级非物质文化遗产代表性项目名录的通知》,一批服务民生、惠及百姓的非遗项目被列入名录；2021 年"文化和自然遗产日"的主题为"人民的非遗　人民共享"；8 月 12 日,中共中央办公厅、国务院办公厅印发了《关于进一步加强非物质文化遗产保护工作的意见》,这是我国首次以"两办"名义印发的关于加强非物质文化遗产保护工作的纲领性文件。上述这些重要文件和信息无一例外地显示和强调了中国非物质文化遗产保护运动的重要动力是强大的国家力量,本质属性是人民性,目的是为建设社会主义文化强国服务。这提示我们需要认真思考如何使非物质文化遗产保护实践的本质属性回归人民性,使其融入国家与地方重大发展战略,从而更好地为社会主义建设服务。

　　为了深入贯彻和学习《关于进一步加强非物质文化遗产保护工作的意见》,本书编委会组织了一场圆桌讨论会,邀请部分沪上专家学者就《意见》展开学习讨论。总的来看,学者们关注的焦点主要集中于非物质文化遗产的学科建设、传播和法律保障方面。从 2006 年国务院公布第一批国家级非物质文化遗产名录开始,已经过去了 15 年。"非物质文化遗产项目存续状况调研"栏目约请了一批学者就上海市传统美术类、传统技艺类、传统医药类、传统音乐类、传统舞蹈类、民间文学类、民俗类这七大类国家级非遗项目的存续状况进行了调研。整体来看,大多数国家级非遗项目存续状况良好,但也有部分项目生存困难,亟待帮扶。"非物质文化遗产的保护实践与创新"栏目聚焦创新在非遗保护实践领域的作用,对利用新平台传播非遗的"非遗来了"抖音号的传播实践进行了研究,对自媒体时代非遗传承的新路径进行了探讨,对都市雅集文化再生产中的非遗保护实践进行了分析,并在谱系观念的观照下对传统楹联和桂林团扇技艺的保护实践进行了考察。"非物质文化遗产的传承路径与方式"栏目聚焦非遗的传承问题,对高校非遗文化通识教育体系的建构进行了研究,对非遗融入高校思想政治教育的问题进行了思考,对江南水乡古镇"非遗进校园"的美育路径及其课程实施进行了调研。

ABSTRACT

2021 marks the 10th anniversary of the promulgation and implementation of the "ICH (Intangible Cultural Heritage) Law of the People's Republic of China"; on June 10, the State Council issued "the Announcement of the Fifth Batch of National ICH Representative Project Lists", and a batch of which that serves the people's livelihood are included in the list; "Cultural and Natural Heritage Day" in 2021 is themed as "People's ICH Shared by the People"; on August 12, the General Office of the Central Committee of the Communist Party of China and the General Office of the State Council issued "Opinions on Further Strengthening the Safeguarding of ICH", the first programmatic document on deepening the protection of ICH issued in the name of the "two offices" in our country. The above-mentioned important documents and information indisputably emphasize that, taking the strong national power as its initiative and people's nature as its essence, China's ICH safeguarding movement aims to construct a socialist cultural power. Based on that, we need to contemplate about how to bring back people' nature, the essence of, ICH protection practices back as well as integrating the practice into major national and local development strategies, so as to serve socialist construction to a larger extent.

In order to thoroughly implement and study the "Opinions on Further Strengthening the Safeguarding of ICH", the editorial committee of this book organized a round-table discussion by inviting some experts and scholars from Shanghai to study and discuss the "Opinions". In general, they focus on the discipline construction, dissemination and legal safeguarding of ICH; it has been 15 years since the State Council announced the first batch of national ICH lists in 2006. The column "Investigation on the Existence of ICH Projects" invited a group of scholars to conduct a survey on the existence of high-level ICH items of seven categories in Shanghai, namely traditional art, techniques, medicine, music, dance, folk literature, and folk customs. On the whole, most of the national ICH projects are in good condition while some of them are struggling for survival; The column "Practice and Innovation of ICH Safeguarding" focuses on the role of innovation in practice, studies the Douyin account "Intangible Inheritance is on" — a new practice in dissemination practice, discusses on new approaches in the self-media era, analyzes the practice of ICH protection in cultural reproduction of urban elegant collection, and researches on the safeguarding practice of traditional couplets and Guilin fan skills in the light of genealogy; The "Inheritance Path and Way of ICH" column concentrates on the inheritance dilemma by studying the construction of the general education system of ICH in colleges and universities, reflecting on the integration of ICH into ideological and political education in these academies, as well as surveying the aesthetic education path and curriculum implementation of "ICH on Campus" in Jiangnan ancient water towns in China.

目　录

一、总　报　告

推动非物质文化遗产保护实践融入国家与地方重大发展战略

二、圆　桌　会　议

重视非物质文化遗产的学科建设，加强非物质文化遗产的广泛传播和法律保护

三、非物质文化遗产项目存续状况调研

上海市国家级传统美术类非物质文化遗产项目存续状况调研报告

四、非物质文化遗产的保护实践与创新

五、非物质文化遗产的传承路径与方式

六、附 录

CONTENTS

General Report

Round-table Discussion

Investigation on the Existence of Intangible Cultural Heritage Projects

Practice and Innovation of Intangible Cultural Heritage Safeguarding

Inheritance Path and Way of
Intangible Cultural Heritage

Appendix

一、总 报 告

推动非物质文化遗产保护实践
融入国家与地方重大发展战略

毕旭玲①

摘 要 2021年以上海为中心的长三角地区非遗保护实践具有时间相对集中、内容较为丰富、重视多方面创新的明显特点，但同时也具有缺乏持续性、类别之间失衡、参与重大发展战略程度不深等问题。未来几年，必须积极推动非遗保护实践融入国家与地方的重大发展战略，具体措施包括：深入发掘上海红色非遗资源，推动红色非遗的立项与保护；从全局着眼，推进长三角非遗保护实践的协同机制建立；促进江南非遗保护实践在乡村的开展，为乡村振兴服务。

关键词 非遗保护实践 长三角一体化 红色文化

---

① 毕旭玲，上海社会科学院文学研究所民俗与非遗研究室主任，副研究员，博士，博士后，硕士生导师，中国民间文艺家协会理论评论专业委员会副主任。

2021 年在中国非物质文化遗产保护史上是会被浓墨重彩记录的一年:2021 年是《中华人民共和国非物质文化遗产法》颁布实施 10 周年;2021 年 6 月 10 日,国务院发布了《关于公布第五批国家级非物质文化遗产代表性项目名录的通知》,公布了 185 项国家级非物质文化遗产代表性项目名录和 140 项扩展项目名录。值得注意的是,在此次公布的 325 个项目中,有 103 项来自 96 个原国家级贫困县,一批服务民生、惠及百姓的非遗项目被列入名录。截至目前,国务院公布的国家级非物质文化遗产代表性项目名录已经突破了 1 500 项,达到了 1 557 项(不含扩展名录);2021 年 6 月 12 日是"文化和自然遗产日",其主题为"人民的非遗人民共享",口号为"非遗惠万家　关系你我他""保护人民非遗　共享美好生活";2021 年 8 月 12 日,中共中央办公厅、国务院办公厅印发了《关于进一步加强非物质文化遗产保护工作的意见》,这是我国首次以"两办"名义印发的关于加强非物质文化遗产保护工作的纲领性文件,《意见》从坚定文化自信和实现中华民族伟大复兴的全局和战略高度,明确提出了当前和今后一段时期非物质文化遗产保护的总体目标和主要任务。上述这些重要文件和信息无一例外地显示和强调了中国非物质文化遗产保护运动的重要动力是强大的国家力量,本质属性是人民性,目的是为建设社会主义文化强国服务。但从 2004 年 8 月十届全国人大常委会第 11 次会议批准我国加入《保护非物质文化遗产公约》至今的近二十年间,部分非物质文化遗产保护实践逐渐偏离了人民性,偏离了为社会主义建设服务的目的。因此在上述这些重要文件颁布的当下,我们需要认真思考如何使非物质文化遗产(以下简称"非遗")保护实践的本质属性回归人民性,使其融入国家与地方重大发展战略,从而更好地为社会主义建设服务。

本报告作为《上海非物质文化遗产发展报告 2022》的总报告,试图对以上海为中心的长三角地区 2021 年的非遗保护实践进行总结,概括其特点,分析其问题,并在综合分析的基础上提出推动非遗保护实践融入国家与地方发展战略的相关建议。

一、2021年非遗保护实践的特点

本报告需要对2021年以上海为中心的长三角地区的非遗保护实践进行总体分析,但非遗保护主体涉及的范围相当广,保护实践因而呈现出内容多样、数量丰富的特征,其资讯难以被全面掌握,考虑到新闻报道的即时性、广泛性等特征,较有影响的非遗保护实践一般会得到报道,所以本报告确定了以上海为主要基地的5份综合性报纸——《解放日报》《新民晚报》《文汇报》《新闻晨报》《青年报》刊载的非遗保护实践报道为研究对象的研究方法。本报告首先进行了时间(2021年1月1日—2021年12月7日)、空间(以上海为主,兼及长三角)、内容(非遗保护实践)三方面的筛选,选取了符合要求的62篇报道①,包括《新民晚报》26篇、《青年报》11篇、《解放日报》10篇、《文汇报》10篇、《新闻晨报》5篇,然后对其进行了全面统计,分析出2021年非遗保护实践的三个主要特点:时间相对集中、内容较为丰富、重视多方面创新。

(一)时间相对集中

经过统计,本报告发现62篇报道在时间上出现了明显的集中性特点,从5月到8月,对非遗保护实践的新闻报道明显增多,尤其在6月,相关报道的数量达到全年峰值。此外,2月与8月的相关报道也较多。而在年初、年末,非遗保护实践的报道则较少,甚至出现了5份报纸在3月全月没有刊发任何一篇关于非遗保护实践文章的现象,具体情况参见图1。

新闻报道是对实践活动的反映,因此相关新闻报道的数量实际上反映出非遗保护实践开展的相对数量,也就是说2月、5月、6月、7月、8月、10月的非遗保护实践的开展相对更多。这样的时间性是如何产生的?一方面与文化和自然遗产日的安排及其影响力相关,另一方面与节假日带来的人流量相关。

---

① 数据来源:读秀报纸库。

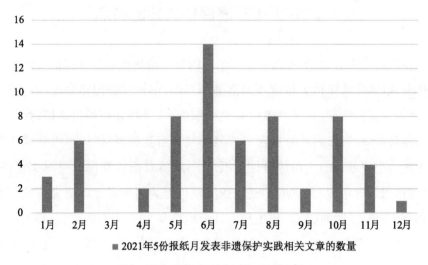

图 1　非遗保护实践新闻报道月数量统计图

　　每年 6 月的第二个星期六是国务院批准设立的文化和自然遗产日,每到这一天,从中央到地方都有相关的展览展示与宣传教育活动。文化和自然遗产日从 2006 年设立(2017 年之前被称为"文化遗产日")至今已有十多年,具有相当的影响力,以至于很多非遗保护实践活动都安排在每年六月,目的就是借文化和自然遗产日的东风扩大影响。2021 年的文化和自然遗产日是 6 月 12 日,适逢端午假期(6 月 12 日—14 日),因此产生了叠加效应,从 6 月 11 日—6 月 15 日,被报道的非遗保护实践活动明显增多,相关报道有 7 篇,占整个 6 月非遗保护实践报道数量的 50%。从内容来看,这些报道基本与文化和自然遗产日及端午节的主题相关。

　　2 月、5 月、7 月、8 月与 10 月均有国定假日和假期,如 2 月有学生寒假和春节假期,5 月有劳动节小长假,10 月有国庆节小长假,大中小学生在 7、8 月放暑假,这些假日和假期使民众有时间进行文化欣赏和文化消费,因此各类非遗保护实践活动也集中于这些时间开展,相关报道也较为集中。当然,除了节假日的原因之外,11 月 5 日—10 日的上海进口博览会也为非遗保护实践活动提供了很好的契机,因此当月的相关报道也显著增加。

（二）内容较为丰富

非遗保护实践是对非遗相关实践活动的一种概括性称呼，涵盖了对非遗资源与项目的发掘、整理、保存、申报、保护以及开发与利用的各环节。本报告对 62 篇报道进行了分析，从非遗保护实践的内容角度将其划分为四大类，即：保存保护、展览展示、传承传播、研究与创新。当然四大类实践内容的概括还比较粗略，其下还可以细分，比如保存保护类实践可以分为存档保护、挖掘保护等小类型；展览展示类实践可以分为偏重静态的展览、偏重动态的展示（如演出）、动静结合的综合性展览展示活动等小类型；传承传播类实践可以分为职业教育传承、普及型教育传承、社区教育传承等小类型；研究与创新类实践可以分为学术型研究、应用型研究、技术革新、内容创造、传播途径创新等小类型，但从统计和研究的角度看，四大类是比较合理与便利的划分，本报告据此对 62 篇报道进行了分类，具体情况如表 1、图 2 所示。

表 1　表现不同非遗保护方法的报道数量

	主要表现保存保护实践的报道数量（单位：篇）	主要表现展览展示实践的报道数量（单位：篇）	主要表现传承传播实践的报道数量（单位：篇）	主要表现研究与创新实践的报道数量（单位：篇）	总计
《新民晚报》	0	12	6	8	26
《青年报》	1	2	6	2	11
《解放日报》	0	4	4	2	10
《文汇报》	0	3	3	4	10
《新闻晨报》	1	1	2	1	5
总计	2	22	21	17	62

保存保护的方法强调对濒危技艺等非遗信息的挖掘与原样保存，比如《青年报》10 月 27 日 A08 版《这个守护非遗的"龙泉小子"穿越千年"紫烟"复刻雅致香炉》讲述了传承人努力挖掘和复现龙泉窑传统青瓷制作技艺的实践；展览展示的方法强调通过公开的展演、展示等让大众了解非遗，比如《文

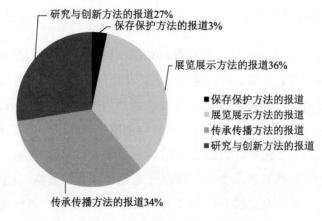

图 2　表现不同非遗保护方法的报道数量对比图

汇报》6月13日1版和3版《文化和自然遗产日,上海开启"1＋5"非遗盛宴》对文化和自然遗产日当天,由文化和旅游部、上海市人民政府共同主办的"百年百艺·薪火相传"中国传统工艺邀请展在上海六大展馆同时拉开帷幕的活动进行了报道;传承传播的方法强调通过教授、展示等形式达到传承非遗与传播非遗文化的目的,比如《解放日报》8月17日04版《在非遗文化中探寻实践的瑰丽》报道了暑假学生进行沪剧研学的实践;研究与创新的方法其实是研究方法与创新方法的统称,强调对非遗进行研究,以及在研究的基础上对非遗的某些方面创新,以增强其在新时代的实用性,比如《新民晚报》曾从6月1日起,全媒体推出《红色弄堂》系列短视频报道,邀请面塑技艺传承人以"动起来"的面人讲故事的新形式再现红色记忆,并在《新民晚报》5月31日2版以《千年非遗还原百年故事　弄堂深处探寻红色印记》为题进行了报道。

通过对62篇报道内容的分析,本报告发现这些内容涵盖了非遗保护实践的大多数方面,说明以上海为中心的长三角地区的非遗保护实践内容较为丰富。

(三)重视多方面创新

虽然本报告对62篇非遗保护实践报道按照主要内容进行了划分,但实践本身其实比较复杂,往往包含多方面的内容。经过分析,本报告发现,62篇非遗保护实践报道大都体现了重视创新的倾向,主要包括内容的创新、形式的创新与传播渠道的创新三方面。以《新民晚报》上刊登的26篇报道为例,其中仅有14篇不特别强调创新(并非没有创新),其余12篇都强调了非遗保护实践中的创新,相关信息参见表2。

表2 《新民晚报》刊载的强调创新的非遗保护实践报道

序号	标题	发表时间	版次	创新点
1	秸绣非遗、网红集市"同框"秀	2月4日	9版	形式的创新:以马赛克版画墙的形式展示非遗
2	非遗文化上"云端"	2月9日	14版	渠道的创新:线上
3	嘉善非遗游桃源渔歌乐	2月9日	12版	内容的创新:非遗+旅游
4	黑纸扇 百子图 一把扇子半把伞——"五五购物节"电商直播助力非遗走近大众	5月6日	3版	渠道的创新:线上
5	千年非遗还原百年故事 弄堂深处探寻红色印记	5月31日	2版	渠道的创新:线上内容的创新:面塑+红色文化
6	看非遗精品 游文化景点——"非遗日"线上线下活动丰富多彩	6月7日	12版	渠道的创新:线上
7	薪火相传 一体化助非遗保护	6月15日	13版	形式的创新:非遗+文创
8	他让古琴换弦调音不再难——记古琴斫制非遗传承人华一志	6月16日	12版	内容的创新:技术革新
9	金山麦秆画非遗传承人熊国瑞 执秆作画庆建党百年	7月9日	12版	内容的创新:技术革新
10	非遗出圈 当时尚撞上乡土	10月15日	11版	形式的创新:非遗衍生品
11	一心斋 非遗滋味 亲民实惠	11月19日	16版	内容的创新:技术革新
12	电商平台"非遗"抢C位	11月29日	22版	渠道的创新:线上

　　无论是形式的创新、内容的创新还是传播渠道的创新，都体现了以上海为中心的长三角地区非遗保护实践重视创新的倾向。特别值得注意的是其中的线上非遗传播渠道，上述 12 篇报道中有 5 篇的非遗保护实践与线上传播渠道相关，而 5 篇中有 3 篇与非遗产品和衍生品的电商销售有关，说明非遗产品和衍生品与电商平台的结合已成为非遗文化传播和相关产品销售的重要渠道。2021 年 9 月 27 日，中国社会科学院舆情实验室、中国旅游报联合阿里巴巴曾发布了《2021 非遗电商发展报告》。《报告》显示，过去一年中，14 个非遗产业带在淘宝天猫年成交过亿；《报告》认为，"非遗 + 电商"的模式直接拉近了非遗产品与消费者之间的距离，不仅带来了更大的经济价值空间，而且进一步激发了非遗传承的积极性①。

二、非遗保护实践中存在的问题

　　仔细分析 62 篇报道中的非遗保护实践，也能发现其中存在一些问题，主要包括非遗保护实践的开展缺乏持续性，不同类别的非遗保护实践的开展失衡，非遗保护实践参与国家、地区重大发展战略的频次不高、程度不深。

（一）非遗保护实践的开展缺乏持续性

　　本报告第一部分对非遗保护实践的时间集中性特点进行了概括，分析了非遗保护实践的开展受文化与自然遗产日的影响，时间上往往与节假日重合的现象。这种时间集中性的特点也意味着在某些时间非遗保护实践的空缺，很多非遗保护实践活动是"一过性"的，甚至是为应景而策划的，长此以往，非遗保护实践将从整体上缺乏持续性，从而造成非遗保护实践的娱乐化、仪式化等倾向，削弱非遗保护实践的重要性。

（二）不同类别非遗的保护实践开展失衡

　　62 篇报道所表现的非遗保护实践主要集中在传统技艺，传统音乐，传统

---

①　《非遗传承拥抱新载体:〈2021 非遗电商发展报告〉发布》，中国日报网，2021 年 9 月 27 日。

戏剧,传统美术,传统体育、游艺与杂技等类型,而民间文学、传统医药等类别的相关保护实践则较为缺乏。以《青年报》的11篇报道为例(参见表3),其中5篇反映的非遗保护实践与传统技艺类非遗相关,4篇与传统美术类非遗相关,其余相关非遗类别为传统音乐、传统戏剧、传统舞蹈,民间文学、传统医药与民俗这三种类别的非遗实践则一篇也没有,这说明不同类别的非遗在保护实践的开展上严重失衡。

表3　《青年报》刊载的非遗保护实践报道

序号	标题	发表时间	版次	主要非遗类别
1	让传统艺术焕发青春　非遗衍生作品展启幕	1月12日	A08版	传统技艺、传统美术
2	非遗手作课堂教授衍纸技艺	1月21日	A05版	传统美术
3	艺术家"出圈",非遗绽放舞台——今年的这些"文化元宵"你尝过了吗?	2月27日	A07版	传统音乐、传统戏剧传统舞蹈、传统美术
4	我是非遗小传人——上海市民文化节宝山非遗小课堂活动举行	4月15日	A08版	传统美术
5	传承非遗工艺铸就红心　原创蓝染作品感悟党史	5月14日	A07版	传统技艺
6	"传承非遗技艺,一定要带有时代感"	6月26日	A08版	传统技艺
7	这个暑期,非遗"守沪人"走进艺术之门	7月13日	A04版	传统技艺
8	"非遗"走进学校与社区　奉贤滚灯中秋秀出"红太阳"	9月20日	A03版	传统舞蹈
9	高校生跟国家级大师学非遗	10月6日	A02版	传统美术
10	发掘运河文化　展示非遗风采	10月14日	A07版	不详
11	这个守护非遗的"龙泉小子"穿越千年"紫烟"　复刻雅致香炉	10月27日	A08版	传统技艺

（三）非遗保护实践参与国家、地区重大发展战略的频次不高、程度不深

虽然以上海为中心的长三角地区的非遗保护实践内容较为广泛,但可惜的是这些内容与建党百年、长三角一体化、扶贫、江南文化等国家和地区的重大发展战略相关度不高。在 62 篇报道中仅有 13 篇与此相关,仅占全部报道的约 20%,具体内容见表 4。

表 4　与国家、地区重大发展战略相关的非遗保护实践报道

序号	文章标题	发表报纸	发表时间	版次	相关重大发展战略
1	嘉善非遗游桃源渔歌乐	《新民晚报》	2 月 9 日	12 版	长三角一体化
2	从"非遗"到"扶贫",有多少加法要做	《解放日报》	4 月 26 日	09 版	扶贫
3	从非遗生活开始	《新民晚报》	5 月 1 日	9 版	长三角一体化
4	传承非遗工艺铸就红心 原创蓝染作品感悟党史	《青年报》	5 月 14 日	A07 版	建党百年
5	千年非遗还原百年故事 弄堂深处探寻红色印记	《新民晚报》	5 月 31 日	2 版	建党百年
6	中共一大纪念馆有一面 "最珍贵党旗"——采用缂丝非遗制作工艺,18.2 万根真丝线凝结手工匠人们的初心	《文汇报》	6 月 8 日	5 版	建党百年
7	文化和自然遗产日,上海开启"1+5"非遗盛宴	《文汇报》	6 月 13 日	1 版 3 版	建党百年
8	金山麦秆画非遗传承人熊国瑞 执秆作画庆建党百年	《新民晚报》	7 月 9 日	12 版	建党百年

序号	文章标题	发表报纸	发表时间	版次	相关重大发展战略
9	"龙文化"云集地　串起非遗文化谱系	《新民晚报》	8月10日	11版	长三角一体化
10	非遗帮扶,让"软实力"成东西部协作"硬支撑"	《文汇报》	8月22日	6版	扶贫
11	悠悠田山歌留住上海乡愁——青浦阿姐唱出原生态,传承非遗"好声音"	新民晚报	8月23日	1版12版	江南文化
12	发掘运河文化　展示非遗风采	《青年报》	10月14日	A07版	江南文化
13	长三角非遗节收官	《新民晚报》	10月28日	15版	长三角一体化

在13篇报道中,有5篇所反映的非遗保护实践与建党百年相关,且集中在5月—7月的3个月中。2021年是中国共产党的百年华诞,因此建党百年其实是一个时事热点,一般来说,与时事热点相关的文化实践活动往往具有"一过性"的特点。其余8篇中有4篇所反映的非遗保护实践与作为国家战略的长三角区域一体化相关,2篇涉及扶贫攻坚战略,2篇与上海市委、市政府倡导的打响江南文化品牌任务有关。总的来看,与各重要发展战略相关的非遗保护实践其实相当少。

此外,2021年的非遗保护实践对于国家非遗保护的重要成果——第五批国家级非遗代表性项目名录也缺乏宣传推广。6月10日,国务院公布了185项国家级非物质文化遗产代表性项目名录和140项扩展项目名录。其中上海市入选第五批国家级非物质文化遗产代表性项目名录共5类11项,包括3项代表性项目名录和8项扩展项目名录,它们分别是:崇明山歌(传统音乐)、江南孙氏二胡艺术(传统音乐)、上海梨膏糖制作技艺(传统技艺)、吴氏太极拳(传统体育、游艺与杂技)、卢氏心意拳(传统体育、游艺与杂技)、上海青铜器修复技艺(传统技艺)、古陶瓷修复技艺(传统技艺)、丁氏推拿诊疗法(传统医药)、朱氏妇科疗法(传统医药)、魏氏伤科疗法(传统医药)、施氏伤科疗法(传统医药)、小白龙信俗(民俗)、钱氏家训家教(民俗),具体内容参见本书附录。国家级非遗名录是中国非遗保护四级名录体系中级别最高、最重要的部分,但关于此次国家级名录的公布,仅有《解放日报》在 6 月 11 日第 3 版对《关于公布第五批国家级非物质文化遗产代表性项目名录的通知》进行了转载,而入选国家级名录的各保护单位并没有独立的宣传推广活动,不仅错失了一次很好的宣传地方非遗文化、普及地方非遗知识的良机,也没能将地方非遗保护实践很好地融入到国家非遗保护的重要举措中去。

三、推动地方非遗保护实践融入重大发展战略的相关建议

非物质文化遗产不仅是祖先留给我们的宝贵文化遗产,更是一直存续到当代社会,与民众生产生活有着千丝万缕联系的优秀传统文化。为了进一步发掘非物质文化遗产的当代价值,使其更好地为社会主义建设服务,必须推动地方非遗保护实践融入国家与地区的重大发展战略。在未来几年,本报告认为可以从如下三方面推动地方非遗保护实践的发展。

(一)深入发掘上海红色非遗资源,推动红色非遗的立项与保护

建党百年庆祝、纪念活动虽然过去了,但对红色文化资源的整理和研究才刚刚起步。上海作为中国共产党的初心之地,有着悠久的红色历史,形成了异常丰富的红色非遗资源。从内容上看,上海红色非遗资源主要包括红色民间文学资源、红色音乐资源、红色戏剧与曲艺资源、红色美术资源四大类。

上海红色民间文学资源主要集中分布在红色传说故事与红色歌谣中,大多数相关资源集中在 20 世纪 80 年代以后编辑的《中国民间故事集成·上海卷》《中国歌谣集成·上海卷》,以及《中国民间文学集成上海卷》各区县的故事分卷与歌谣分卷中。根据本报告的粗略统计,上述文献中包含有一百多则红色传说故事与上千首红色歌谣。

上海红色音乐资源主要集中分布在小山歌与小调中。上海红色小山歌有着比较鲜明的地域分布特点,主要在郊区流传,如流传在原川沙县的《踏车山歌》,流传在原松江县的《四季田歌》《一根讨饭棒》,流传在原崇明县的《年

年丰收有保障》《长工苦》等都是经典的红色小山歌；上海红色小调广泛地流传于城乡各地，有不少红色小调是利用当时流传的时调小曲填成的，因而流传很快，广受欢迎，代表性的红色小调如流传在原南汇县的反映农民暴动的《实行暴动向前进》（泗洲调），流传在原崇明县的反映抗日救亡的《上海打仗景》（无锡景调）等。

20世纪初开始的上海戏剧、曲艺的繁荣伴随着中国社会变革的风起云涌，很早就出现了反帝反封建、宣扬爱国主义的戏剧与曲艺。即使在上海沦陷以后，欧阳予倩等人还以"改良平剧运动"为名义编导了一批具有强烈抗敌思想的戏剧剧目。由此上海成为红色戏剧与曲艺资源的富集地，被称为红色戏剧经典的八大样板戏中就有四部与上海有关。红色戏剧与曲艺直到当代都有着很大的社会影响，不容忽视。

上海红色美术资源以年画和连环画等为主要形式，其中成就最大的是红色连环画。20世纪30年代初期，在中共地下党和进步文化的影响下，上海出现了不少具有爱国主义思想、歌颂抗日革命、揭露社会黑暗的红色连环画，如周云舫创作的《大战成家堡》《十三勇士》，赵宏本创作的《桃李劫》《醒狮》《咆哮的许家屯》《扬州十日》等。

可惜这些宝贵的红色非遗资源尚未得到很好的整理，更不用说成为非遗项目被传承传播了。因此发掘红色非遗资源，积极申报，使其进入各级非遗名录体系应该成为未来一段时间上海非遗保护的重点任务。

（二）从全局着眼，建立长三角非遗保护实践的协同机制

从2018年11月5日，国家主席习近平在首届国际进口博览会开幕式上宣布支持长三角区域一体化发展并上升为国家战略开始，长三角区域一体化就成为包括上海在内的长三角各地的重要发展战略。与长三角区域一体化相结合的非物质文化遗产保护实践也如火如荼地开展着，比如前述大世界长三角非物质文化遗产节、"上海之春"竹笛音乐节、古镇非遗美食节等非遗保护实践活动基本以长三角为其主要范围，推动了长三角区域非物质文化遗产资源与项目的交流互动。但这些实践活动还处于各自为政的散发状态，主办

方之间缺乏沟通交流，容易造成实践内容重复或雷同，不利于长三角地区非遗的整体性保护。因此，需要从全局上、整体上着眼，建立长三角非遗保护实践的协同机制。

本报告认为，可以从五个方面建立长三角非遗保护实践的协同机制：①加强长三角各地非遗保护实践信息的互通，建立信息共享通报机制；②强化长三角各地非遗保护实践的联动，建立统一安排、调度的机制；③建立长三角各地非遗保护实践的协同保障机制；④支持社会团体和企业主办长三角区域非遗保护实践活动，建立相关的引导机制；⑤共享各地非遗保护实践的优秀经验，建立各地非遗保护实践的联席会议机制。

（三）推动江南非遗保护实践在乡村的开展，为乡村振兴服务

目前，我国脱贫攻坚战已经取得了全面胜利，进入了巩固脱贫攻坚成果，全面推进乡村振兴的阶段。但乡村振兴的目的并非是城市化，而是追求在保持乡村文化特色基础上的经济、社会、文化的全面发展，江南非遗对于保持长三角乡村的文化特色有着至关重要的作用。大多数江南非遗诞生于长三角乡村，蕴含着长三角乡村和村民共同的文化记忆，并以精湛的技艺、优美的形式展现着这些传统文化记忆。在长三角乡村开展江南非遗保护实践，不仅能够利用非遗产品和衍生品的生产为乡村经济建设服务，更可以借助江南非遗蕴含的文化记忆，重新赋予和巩固乡村独特的江南文化风貌，增强乡村的吸引力和凝聚力。因此在全面推进长三角地区乡村振兴的过程中应该大力推进江南非遗保护实践在乡村的开展，注意发掘和利用江南非遗的多重功能，既要做好产业开发助力乡村经济发展，又要坚定地保持各地不同的乡村文化特色，从经济、文化等多方面充分发挥非遗助力乡村振兴的强大作用。

二、圆桌会议

重视非物质文化遗产的学科建设，加强非物质文化遗产的广泛传播和法律保护

田兆元　曾庆椰等①

2021 年 8 月 12 日，中共中央办公厅、国务院办公厅印发了《关于进一步加强非物质文化遗产保护工作的意见》（以下简称《意见》），并发出通知，要求各地区各部门结合实际认真贯彻落实。这是我国首次以"两办"名义印发的关于加强非物质文化遗产保护工作的纲领性文件，充分体现了党中央对非遗的高度重视，对非遗保护工作寄予殷切厚望。从 2004 年 8 月我国正式加入联合国倡导的《保护非物质文化遗产公约》算起，到 2021 年 8 月《意见》出台，中国非遗保护走过了整整 17 年的历程，积累了诸多经验，渐趋成熟。《意见》充分吸纳和体现了此前中国非遗保护工作中形成的有效经验和方法，从坚定文化自信和实现中华民族伟大复兴的全局和战略高度，明确提出当前和今后一段时期非遗保护的总体目标和主要任务，对于传承和弘扬中华优秀传统文化，建设社会主义文化强国有重要意义。

---

① 本文由上海社会科学院文学所 2019 级硕士研究生曾庆椰录音、整理。

为了深入贯彻和学习《意见》,《上海非物质文化遗产发展报告 2022》编委会组织了一次小型圆桌讨论会,邀请了华东师范大学非物质文化遗产传承与应用研究中心主任田兆元教授、上海社会科学院科研处副处长李宏利、上海社会科学院《社会科学报》主任编辑程洁、上海艺术学院副教授吴玉萍、桂林理工大学副教授覃霄、上海社会科学院文学所助理研究员程鹏、上海大学国际教育学院讲师方云、华东师范大学博士后游红霞、华东师范大学博士苏娟等专家学者就《意见》展开学习讨论。总的来看,学者们关注的焦点主要集中于非物质文化遗产的学科建设、传播和法律保障方面,会议发言分类整理如下。

一、加强高校非物质文化遗产学科体系和专业建设

田兆元:《意见》第十五条"融入国民教育体系"中的内容值得教育界重视,特别是"加强高校非物质文化遗产学科体系和专业建设,支持有条件的高校自主增设硕士点和博士点"一句。非遗本科教育在一定的程度上比硕士、博士的培养还重要。首先它有非常庞大的基础,比如一个非遗本科专业每年可以招 30~50 人,但非遗相关的博士点每年最多只能招两个,这 30~50 人到若干年后如果有 8~10 个人能成长起来就可以把这个学科支撑起来。华东师范大学作为 985 高校申请建立新学科比较困难,现在教育部在搞本科学科评估,新成立的学科评级最多是 C 级,但民办高等院校申办成立新专业比较容易一些。新成立的专业要有能自己的特色,比如同样是非遗相关专业,某学校研究服饰相关非遗的水平很高,另外一个学校研究手工酿造技艺类非遗非遗的水平很高,还有学校研究非遗的影视传播水平很高。非遗学科的建立要先形成各校的优势,致力于在专业特长方面的深入发展。在学科建设上,我们不能等到这个学科完全成熟了才来搞,这样就没机会了。有个词叫"浑水摸鱼",我们需要在学科初步建立的探索阶段就出手才能占得先机。高校非遗专业所培养人才的就业,我认为主要有两个方向,第一方向是非遗的管理和服务。当然,专门管理和服务所有非遗,这是政府层面的宏观管理,我所说

的非遗管理主要指的是非遗作为项目的管理,比如一个国家级项目,需要有专业人才来管理;第二方向是非遗的开发与应用,比如以非遗项目与资源为内容进行创业,或对其进行应用方面的开发。

我们还要办高质量的期刊,提高非遗的学术期刊质量,加强非遗相关出版工作。在期刊出版方面,上海也要竖起一面旗帜。现在关于非遗研究的关注度很高,政府出台的相关文件很多,还有很多非遗相关的研究机构,其他的一些学科根本就没有受到这样的重视。我们作为上海的非遗研究团队,需要做出有特色的研究内容,可以在原《海上风民族民间文化论坛》的基础上,重新做一个非遗研究的辑刊,体现我们研究的优势。另外,除了报告、辑刊,还可以做一个面向上海地区的网络推介平台,定期推介大家的研究成果。此外,面向长三角非遗界,我们也可以做一些有影响力的活动。我们可以共建一个平台,群策群力,共同编辑、共同出资做一些事。

吴玉萍:《意见》出台以后,上海视觉艺术学院相当重视,想开办一个本科非物质文化遗产专业,暂时先作为一个方向放在文化产业管理专业下面,但这个专业的开办遇到了一些问题,首要的问题就是课程体系如何设置。我们的文化产业管理专业学生毕业拿的是管理学的学位,师资力量集中在管理方面,在非物质文化遗产专业方面没有相关的师资力量,学校层面就想合办,有没有可能跟上海社科院文学所、华师大等合作,借用外面的老师。有了师资怎么去设置课程体系呢?《意见》出台的时候,天津大学冯骥才老师那边办了一个非遗的硕士点,但是他们相关的课程体系、学生培养方案查不到,不能参考。总的来说,民办高等院校申办新专业容易一些,但师资力量不足,所以想跟华师大和上海社科院联办本科非遗专业。上海视觉艺术学院文化产业管理专业现在下面有一个方向是非遗与公共文化,现在按照文化产业管理来进行课程设置,单独成立一个专业怎么发展,田老师提出的结合优势学科进行办学是一个很好的意见。我们现在文化产业管理专业的学生写毕业论文特别喜欢写非遗方面的,毕业论文大概有20%都写这一类题目。

程鹏:关于创办非遗本科专业,有学者曾提出过一些质疑,比如非遗学科在培养学生上有没有一套固定成熟的模式。专业的课程体系设置,包括专业的培养方案其实是非常重要的，现在可以借鉴国内已有开设相关专业的学校去做。另外，开设非遗本科的学校要结合自己的办学特色、优势学科。在这个文件出台之前，我们有的学校虽然没有非遗专业，但是有的学校某个学科里可能有相关的研究方向，这些学校后续要开办非遗专业，有这个学科作为根基来支撑，学科的发展会更稳定。

今年参与了蔡丰明老师主持上海市国家级非遗存续状况的调研课题，过程中我们发现非遗是一个实践性非常强的专业，如果不对非遗项目调研，光有理论研究是不行的。我们2012年跟田老师做非遗生产性保护研究的时候也对上海非遗项目做了大致的普查，其实每隔几年做非遗普查是非常有必要的。这次调研就发现经过大概七八年的发展，有一些非遗项目发生了很大变化。发生这种变化的原因除了非遗项目本身之外，还和非遗传承人、非遗保护单位的负责人的思想意识有很大的关系。

方云：现在国家推出双减的政策，越来越多的中小学出现了托管课程体系的需求，需要很多人文素养课程的内容去补充，比如非遗课程，但很多学校自身没有办法完成这件事情，它们都是教育集团化的，一个教育集团里面包括众多学校，我认为非遗课程可以体系化，形成打包课程，只要进入一个教育集团，就属于这个集团里所有学校都可以采用的课程。我们现在有相关的书籍，又有现成的教师团队，可讲的内容很多，比如创世神话、民间故事传说、节俗假日、二十四节气等等。大家都有各自的非遗研究领域和方向，其实可以把大家的专业力量组合成一个能灵活操作、分级别的课程体系，清晰地把课程目标、授课对象等内容做成可以展示的目录去推介，以满足学校对非遗课程的巨大需求。另外，现在有很多社会公益组织也在跟我们对接，需要老师，尤其是名家给社会上需要帮扶、关注的儿童做一些优质的教学输送。通过这种社会传播的方式，也能提升华师大等大学和科研机构非遗研究团队的知名度。总而言之，就是我们应该把非遗的科研、社会实践、研学、教学等等进行融合，形成完整的闭环，这对非遗保护的传承与传播非常重要。

李宏利：非遗保护这门学科的学科性和专业性处在不断探索的过程中。我个人认为还是要以民俗学作为非遗学科的基础。非遗保护实际属于应用性学科。上海社科院现在做的学科建设与智库建设双轮驱动就与这方面相关。非遗保护属于应用性，比如保护传统手工艺、民间文学，都要经历从理论分析到实际规划设计落地的过程。我国的非物质文化遗产是非常庞大、浩如烟海的宝藏，它本身就是文化的精华，很多非遗项目都会吸引我们关注，但非遗项目都是有师承的，单论某个非遗项目的话我们比不过专业传承人。我们要把民俗学科作为理论基础，从更高的视野去梳理非遗的历史。比如研究烹饪，上海老饭店有道本帮菜叫青鱼秃肺，我看到菜谱说做这道菜要十几斤的青鱼的鱼肝，当时认为这可能就是这道菜作为本帮经典菜色的特色。但后来看历史上的一些菜谱，比如《士林广记》里讲到南宋的一些菜谱，在宋代做兔羹要 120 只兔子，只取兔的肝脏做一碗羹汤，这么一对比，青鱼秃肺就很普通了，历史上早就有过。我们做民俗学研究，作为非遗保护的研究者，我们去做非遗方面研究没必要做特别细节的研究，多做历史传承的梳理。从事民俗学研究应该抓住这个重点，在这方面做一些擅长的事。

在这个《意见》里面有很多针对性的提法，比如第十五条非遗融入国民教育体系，要加强高校非物质文化遗产学科体系和专业建设，说明非遗在实践层面已经到了一定要建立学科的阶段，非遗保护从 2005 年开始到现在，已经经历了十七年的实践，具备了实践基础，可以在实践基础上提炼学科、专业的建设。从事非遗保护、民俗学研究的学者应该担当这个重任，这个重任非遗项目的传承人是无法担当的，这是学者要完成的任务。非遗保护作为一门应用学科，另一方面需要非遗保护的政策、国家对非遗保护的导向。非遗保护急需人才，非遗保护不光是手艺人、传承人的事，在市场经济条件下，更需要有文化的解读者、文化的宣传者和推动者，只有这样才能保证非遗的传承。国家级、上海市级的传承人传承非遗、生产非遗制品已经非常耗费精力了，其他的工作就是我们从事非遗研究或者是民俗学研究学者的责任。现在社会需要这样的人才，正是大有可为的时代。

苏娟：关于两办《意见》里提到的学科建设，我有一些自己的思考，主要是基于做博士论文的过程。广西梧州市苍梧县六堡镇传统六堡茶制作技艺是国家级非遗，进入田野之后我发现很多人都在积极申报成为非遗传承人。

2020 年苍梧县第四批县级传承人推荐名单共有 40 人，六堡茶制作技艺传承人占 37 人，这个群体非常大，大家都积极地参与进来。基于这个情况，我认为学科的建设其实就是认同性的建构。首先从专业的角度来说，学科知识体系的建构是为了获得专业性，获得学界的认可，这是必须要做的。第二个就是实践性，我一直觉得实践是必须要走到非遗当中去掌握学习，跟非遗传承人进行有效的对话，不然我们说什么他们不懂，他们要表达的我们又不能够体会，中间会有一定的距离。这个距离需要我们进入到田野当中缩短。非遗学科建立之后，可以争取一些非遗经营平台的资源，让他们成为支撑学科发展的后盾，让学科发展进入良性循环，既有人才培养，又有实践平台。培养相关的人才之后，输出到这些平台里训练，变成更专业的人才，这些人才在企业里边成长为骨干的时候就可以反哺学术团队，并且让学术团队更加具有权威性和专业性。这不仅对学科发展有用，对招生也有非常大的影响力。

二、重视非物质文化遗产的广泛传播

方云：《意见》第十四和十六条强调要"促进非遗的广泛传播"和"加强非遗的对外和港澳台交流合作"，我对此深有体会。我在读博期间有幸参与了各类非遗的展览、展示，在上海很多社区、事业单位、学校等的支持下，我们把展览推进到了校园、社区等。上海现在有一个文化采购平台，在这个平台的采购项目里有一类就是非遗展览展示，相关单位可以在这个平台上点播非遗相关的展览，很值得在校研究生进行申报。首先它很小型，涉及的金额不大；其次做的都是普惠型的，主要面向社区、学校的展览。这个对我们提高研究成果的转换能力是一个很好的锻炼，比如研究某个非遗项目，最后成果可以以展览的形式放到平台上，别人觉得你好，就会多次点播。而且展览会有3 000～5 000 元单次的收益，展览还可以多次不断流动。这个对大学生创业、实习实践都是一个蛮好的机会，就不再是靠论文来作为唯一的展示研究成果的方式，大学生社会服务的能力在其中也可以得到体现。

《意见》第十六条提出要"加强对外和对港澳台交流合作"，我目前就职于上海大学国际教育学院，我们学院一直比较重视这方面的工作。2020年，我们拿到了国家语委50万的汉语桥项目，就是以"访非遗，品华韵"的非遗传播为主题，是汉语桥里面第一个以非遗为专题的平台和课程体系。上海大学做的这一期点播量在汉语桥平台上还挺好，同济大学等其他高校的国际学院过来交流，就会拿上海大学的案例去推广。国家一直在提倡进行软性外交、文化外交，其实可以通过非遗传播来达成中国形象的建构。现在国家在大力推动让国际学生来讲中国故事，首先就是让这些学生到各个地方去看当地的非遗项目，包括非遗在扶贫、非遗在乡村振兴等方面的作用，让这些留学生们深入到中国的各个角落里，通过他们短视频的宣传，把中国的声音、中国的故事传播出去。一个非遗项目，它不光是局限于一个国别内的，应该是跨越国界的。比如棉纺织技艺在一带一路上的传播机会就很多，像哈萨克斯坦就是很大的棉纺织基地。在同一个主题、话题上，一个非遗项目就能碰撞出很多的火花，他们也会讲到他们国家的国情、民风和民俗。我们可以考虑下一步开设工作坊讨论一下，往国际合作和交流这个方向拓展。

覃霄：我就今天的会议主题谈一下自己的想法。我是外语学科出身，对国际传播关注较多。我今天想说的内容是源于帮助原来的同事修改广西社科基金申请书引发的思考。这个申请书去年申报的题目是"广西壮族'三月三'文化翻译"，没有中，今年改成"广西壮族'三月三'文化外译与国际传播"以后就中标了。外语学科拿省部级以上社科基金项目相对较难。一般认为，搞外语的只有语言的积淀，没有相关学科的结合。但从这个社科题目来看，很显然是将专业和外语结合起来了。由此我联想到，如果我们做江南文化研究，是不是也可以将研究的面扩大，将国外研究的成果介绍进来，将优秀的江南文化传播出去，据此做一些研究专题和项目申报工作。以上海为例，它是很有特点的，上海和江南文化联系很深，上海既有深厚的文化底蕴，同时上海又是一个国际性的、开放的一个大都市。在上海做江南文化研究，对内既可以深化，对外又可以引入和传播，这也符合上海的地域特征。我们前期的学术积累其实已经比较充分，比如田兆元教授的《中华创世神话六讲》已经翻译成英文，程鹏老师把《美国民俗学》翻译成中文等，在这些基础上进一步深化、扩大，形成具有国际视野的江南文化研究，我想是具有一定意义的。

程洁：非遗研究正在走向纵深，然而目前研究者关注更多的是如何推广和传播非遗，其实传播背后的主体值得更多关注。2021 年 5 月台海出版社推出《快手人类学》，这是国内一个故事内容服务机构——"真实故事计划"的项目。这是快手上市后，第一本将快手作为"视频民族志"形态进行观察和记录的手记，这本书以人类学视角切入，辅以学者解读，讲述丰富而饱满的真实人物故事。中央民族大学朱靖江老师在书中谈到了何为"田野"，他认为，随着全球化、工业化与信息化浪潮的不断冲刷，这一原本指向"原乡""村寨""部落"的概念，却变得越来越多义且激进，从工厂车间、打工小学、写字楼办公室，到脱口秀剧场、娱乐业饭圈，人类学的田野最终伸展到了互联网上的虚拟社区。特别是当移动短视频风靡中国城乡之后，以快手为代表的 UGC 影像生产系统，更形成了一个庞大、直观且生生不息的影像有机体，将"虚拟田野"拓展为无远弗届却又触目可及的"生活视界"。在他目前的关注名单里，既有驰名快手的几位"网红"，例如拥有 463 万粉丝的焊接达人"手工耿"、人气极高的卡车司机"河北沧州开卡车的宝哥"、以超低成本创作土味模仿秀视频的"3 锅儿"等，也有散布在西部少数民族聚居区的社区成员，如四川稻城以挖虫草、松茸为主要生计来源的藏族妇女"迷藏卓玛"（格绒卓姆）、贵州黔东南一个偏远山村的侗族女汉子"爱笑的雪莉"（袁桂花），以及在快手平台上从事表演艺术的民间艺人：如甘肃环县皮影艺人魏宗富、陕北说书艺人"贰强"、河南戏班子班主"徐小明演艺传媒"等；此外，用快手普及化学知识的英国人戴伟博士（David G. Evans）、在日本当厨子的"洋哥在日本"、曾经在中国待过 7 年，如今回国发展的巴铁"卡哥巴基斯坦"等跨国或跨文化人士，等等。

朱教授在书中特别提及，与快手的"原乡"景观相依存的，是在现实生活中大多数生计艰难的民间艺人。尽管近些年来，"非遗""民艺""匠人精神"不断成为影视媒体聚焦的主题，但众多古老技艺的传承者由于文化土壤的流失，依然陷入了进退失据的穷途末路。正如 2019 年上映的纪录片《大河唱》里，甘肃环县皮影艺人魏宗富不时唠叨的那句话："皮影、皮影，要灭亡。"随着《大河唱》下线，影片中出现的其他几位民间艺人——秦腔班主张进来、陕北说书人刘世凯、回族花儿歌手马风山，都渐渐没了音讯，倒是魏宗富依然保持了活跃进取的态势——特别是在快手上。从 2018 年开始，魏宗富以快手为演出平台，在近两年的时间里发布了 237 个(高峰时达到近千个)皮影戏短视频，尽管西北口音浓重，演出环境简陋，魏宗富依然以他精湛的技艺收获 14.6 万粉丝，更重要的是不仅有了六位数的演出收入，还将他的夫人也发展成一名道情皮影艺人，夫唱妇和，其乐融融。很多传统的皮影老戏，如《二十四孝》《十跪爹娘》《相劝世人报母恩》等劝世歌，特别是富于道教、佛教信俗色彩的《十上香》《亡魂十修行》《十盏明灯送亡魂》等丧葬仪式剧目，如今已很难在公共空间看到，却能从魏宗富的快手视频中得见端倪，令我们认识到道情皮影不仅是一种乡野娱乐，更具有高台教化、宗教宣慰的价值，其文化重要性可见一斑。当时代的变迁风化了黄土地的文明地貌，这位家学渊源的民间艺人在快手上找到了一席容身之地："有了快手，我演皮影戏有人看，能接到演出，能交朋友，还能挣钱。"我想，无论多少个"非遗传承人"或"民间艺术家"的光荣称号，都不如这些来得实惠。

所以，民俗学界和人类学界可以开展参与观察与学术研究的一片崭新"田野"，是一个浩瀚的文化景观。这片田野上，有丰富的非遗材料，可以引发我们与时俱进的思考。2021 也是"元宇宙"元年。尽管这个概念现在还在初始阶段，但我们不妨投入一定的目光，或许未来，元宇宙也是非遗研究的一个热血江湖。

游红霞：我认为两办《意见》中的一些主流话语值得特别关注，文旅融合、共同体意识、整体性保护、区域性保护等这些都能引导我们的研究方向。比如文化生态保护区，中国第一个文化生态保护区——闽南生态保护区做得特别好，它把海峡两岸和海西经济建设都包含了，一来可以提升两岸关系，提升到国家和平统一的高度，提升到共同体意识建构层面。比如妈祖信俗，不仅是闽南地域文化，也是两岸共有文化的突出代表，更是承载着中华优秀传统文化的诸多因子，并且是人类口头与非物质遗产。我们可以促进妈祖信俗的创造性转化与创新性发展，发挥其沟通族群、整合社会、增强认同等方面的功能，为国家战略提供文化方面的智力支持。

三、完善非遗保护的相关政策法规

李宏利:《意见》的出台是非遗保护实践的需要,第十八条"完善政策法规"说明这个意见出台其实跟我们国家非遗法的实施紧密相关。《中华人民共和国非物质文化遗产法》是 2011 年出台的,到 2021 年正好 10 年,这 10 年里它究竟是起到了什么作用? 值得深入思考。《意见》第十八条"完善政策法规"提到研究修改《中华人民共和国非物质文化遗产遗产法》,非遗法 2011 年出台以后,各地相应地出台了地方的非物质文化保护条例,如《上海市非物质文化遗产保护条例》是 2015 年出台的。国家层面的法律之所以要修订是因为在实践中发现存在一些问题,比如在非遗保护的过程中,很多非遗保护的政策很难落地。今年我们开展了上海市国家级非遗项目存续状况的调研活动,我们调研的上海周虎臣曹素功笔墨有限公司为两项国家级非遗项目的保护单位,该公司在非遗保护方面就遇到了两个问题。第一个问题是保护资金不足导致的生存问题,由于城市更新,2019 年这个公司要进行动拆迁,拆迁补偿款是按照普通企业拆迁进行补偿的,拆迁补偿费用根本不足以支持它正常的生产运作,只能到非常偏远的郊区落脚,公司里的老手艺人上下班交通往来不便,传承队伍面临解散的风险,公司也濒临停产。为了守护国家级非遗项目,公司领导以《非遗法》《上海非遗保护条例》为依据到处呼吁,所幸,呼吁受到普遍关注,在 2019 年全国两会上有记者将该事件给予报道,超 50 多位全国政协委员联名上书提出要重视两项国家级非遗项目的保护。这也引起上海市委市政府的高度重视,后来通过市府专项会议、专家论证,给予了额外的补偿,并解决了公司新的生产经营场所问题。这个例子说明我们的非遗保护法与其他一些法律条文存在一些冲突,缺乏具体的实施细则。所以《意见》提出要进行非遗保护法修订,就是要让非遗保护法不仅要从宏观上起到保护的作用,更要能真正解决实际问题。第二个就是拆迁以后保护资金的管理问题。笔墨公司是由新世界集团公司管理的,新世界是国资控股公司。补偿款到位以后集团公司以国有资产不得流失为借口,将补偿款的 70% 纳为集团公司管理。这一合法的操作又使笔墨公司面临捉襟见肘的资金问题。目前国家级非遗项目由企业进行生产性保护的,多数都归国资管理,国资在管理方有很大的权力。在国家级非遗法和各地的非遗保护条例中都没有明确国资在非遗保护方面的角色和责任,国资在非遗保护法以及非遗保护条例里面是缺位的。目前我们国家非遗保护的政策是提倡以政府为主、社会参与为辅的模式,这是非遗保护法要修改和完善的地方。《意见》的出台,说明国家各部门其实已经意识到非遗保护措施要进一步完善。

三、非物质文化遗产项目
存续状况调研[①]

上海市国家级传统美术类非物质
文化遗产项目存续状况调研报告

黄江平[②]

摘　要　上海市国家级传统美术类非物质文化遗产代表性项目具有鲜明的
时代特征和地域特色。目前,上海市共有 10 个传统美术类项目列入
国家级非物质文化遗产名录。上海市国家级传统美术类非物质文
化遗产项目在生存环境、保护工作、传承活动、核心内涵保持以及市
场拓展等方面总体存续状况良好,呈现出多元化保护、多基地传承、
多场馆建设、多展览参与等特征。同时也在原材料、人才、创新、市
场拓展以及资源整合等方面存在一些困难和问题。需要政府和社
会力量共同努力,通过采取有效保护措施,克服困难,解决问题,推

---

①　2021 年 4 月—8 月,上海市文旅局委托上海社科院民俗与非遗研究中心对上海市前 4 批国家级非遗项目(共 55 个非遗项目,63 个保护单位)的存续状况进行了全面调研,并在此基础上形成了一批研究报告,本栏目 5 篇文章为此项调研所取得的部分成果。

②　黄江平,上海社会科学院民俗与非物质文化遗产研究中心副主任。

动上海市国家级传统美术类非物质文化遗产项目更好地传承与发展。

关键词　非物质文化遗产　传统美术　存续状况

上海市国家级传统美术类非物质文化遗产(以下简称非遗)具有鲜明的时代特征和地域特色。顾绣与嘉定竹刻诞生于雅俗文化高度融合发展的明代中期,在继承中国传统刺绣技艺和雕刻技艺的基础上,创造性地将书画金石艺术融入其中,达到了"画绣""文人竹刻"的艺术境界,朝野视为珍宝。徐行草编已经有一千多年的历史,20世纪初,徐行的黄草织品远销东南亚和欧美各地。上海灯彩、上海面人赵、海派玉雕、黄杨木雕、紫檀雕刻、上海剪纸等项目大都形成于20世纪前后,虽然都是在中国传统美术基础上发展起来的,但更多的是受到上海都市文化环境的影响,带有鲜明的大都市色彩和时代特征,也不同程度地受到西方文化和美术观念的影响。比如,上海灯彩和上海面人赵的造型艺术,黄杨木雕和上海剪纸的都市生活和市民气息,海派玉雕的海纳百川,紫檀雕刻对西方雕塑艺术的吸收等。上海绒绣更是西方工艺美术本土化的典型代表。总之,上海市国家级传统美术类非遗项目在题材内容、表现方式、核心内涵等方面都具有浓厚的海派文化特色。本报告拟对上海市国家级传统美术类非遗项目存续状况进行分析,总结其经验,指出其不足,并尝试提出解决问题的思路与建议。

一、存续状况与特点

2021年4月底,上海市文旅局成立上海市国家级非遗项目存续状况调研组,对上海市国家级非遗项目进行全面调研。其中,传统美术类非遗项目调研小组对目前上海市国家级传统美术类非遗项目展开了深入细致的调查,获得了大量第一手珍贵资料。目前,上海市国家级传统美术类非遗项目共有

10项。其中,2006年列入第一批的有顾绣、嘉定竹刻2个项目,2008年列入第二批及扩展项目的有徐行草编、黄杨木雕、上海面人赵、上海灯彩(扩展项目)、上海剪纸(扩展项目)5个项目,2011年列入第三批及扩展项目的有上海绒绣、海派玉雕(扩展项目)、紫檀雕刻(扩展项目)3个项目。这些项目有的是政府保护,有的是社会保护,其保护单位所在地分布在徐汇区、松江区、嘉定区、黄浦区、青浦区、杨浦区和浦东新区。目前,上海市国家级传统美术类非遗项目总体存续状况良好,在生存环境、保护工作、传承状况、活动开展、核心内涵以及市场开拓等方面各有千秋。呈现出多元化保护、多基地传承、多场馆建设、多展览参与等特征。

(一)存续状况分析

本次调研主要有六个指标:其一,生存环境状况(本项目所依赖的生产方式、生活方式、原材料、工具等);其二,保护工作状况(如规划制定、资金投入、建档与数据库建设等);其三,传承状况(如传承人数量、自身身体年龄条件、收徒带徒数量及效果等);其四,活动状况(如开展展览、宣传、进学校、进社区活动数量、民众参与度、社会化程度等);其五,核心内涵保持状况(如手工操作程度、原真性保持程度等);其六,市场拓展状况(如经济收益、产品开发度、设计能力等)。下文拟根据以上六项指标对上海市国家级传统美术类非遗项目存续状况逐一进行分析。

1. 生存环境状况

上海市国家级传统美术类非遗项目在生存环境状况方面总体良好。本项目所依赖的生产方式有几种,有的是个人工作室方式,如海派玉雕、嘉定竹刻等;有的是集体工作室方式,如上海灯彩、顾绣等,有的是公司经营方式,如上海绒绣、徐行草编、上海面人赵、紫檀雕刻等;有的是个人创作方式,如上海剪纸、黄杨木雕等。近20年来,生活方式的改变无疑是巨大的,但各阶层民众对艺术品的需求似乎变化不大。普通民众对高层次艺术品的需求仍然有限,尤其是一些定价较高的艺术品更难为普通民众所接受,对传统美术类非遗作品的需求也是如此。在原材料上,情况各有不同,紫檀雕刻、黄杨木雕、海派玉雕等高档原材料存在问题较大。其余项目的原材料都是日常所见,价格低廉,能够充分满足需要。有的项目在原材料出现短缺之后,通过多方努力恢复了生产和供应。如徐行镇专门划拨出 6 亩高水平良田种植黄草,还鼓励村民在自家田间地头种植黄草,进行统一调配,从而一举解决了徐行草编的黄草原料短缺问题。上海市国家级传统美术类非遗项目在生产和创作时基本还是使用手工工具。如上海面人赵使用的拔子、骨针、小剪刀,小梳子、毛笔、镊子、竹竿、竹劈、小锥子等特制的工具,上海绒绣使用绣花针、绷架、剪刀、红蓝铅笔、橡皮等。

2. 保护工作状况

上海市国家级传统美术类非遗项目各保护单位对非遗保护工作都比较重视,总体状况良好。在规划制定方面,各项目都有中长期计划和年度计划。比如,徐行草编在中长期规划方面:要做到传承阵地建设有新规划、草编技艺推广有新拓展、人才队伍培养有新举措、草编产品创新有新突破、草编推广宣传有新动作、产业发展模式有新思路。具体做法是:将在澄浏公路、顺宁路口建设一个面积达 2 000 多平方米的非遗文化中心;在区内不少于 10 所学校开设草编课程;成立草编研习所开发创意性的草编新品;加强与企业合作,形成"基地 + 公司 + 互联网 + 合作社 + 农户"的市场化运作模式等。在资金投入方面,大多数项目获得了政府资金支持,其中有些项目扶持力度较大。比如,上海剪纸在 2017 年和 2018 年两年政府投入 300 多万元,2021 年申请到70 万国家扶持资金,街道还有 1:1 配套。徐行草编在 2019 年 7 月成立了区一级的上海徐行草编文化发展有限公司,财政拨款 300 万元扶持资金。顾绣工作室每年获政府拨款 130 余万元。上海绒绣积极申报各项扶持资金,2016 年至 2020 年获 86 万元,2021 年获 68 万元。个别项目资金比较紧张,如上海灯彩,目前主要由黄浦区五里桥街道的上海灯彩志愿团队具体负责保护工作,2019 年和 2020 年大世界传艺中心分别拨给 3 万元和 8 万元,不仅钱少,而且报销困难。在建档与数据库建设方面,大多数项目保护单位都比较重视。如嘉定竹刻在嘉定博物馆里有完整档案和数据库;黄杨木雕从抢救性记录与保存、传承与发展、传播与展示、项目资料整理四个方面坚持并完善建档与数据库方面的建设。特别值得一提的是紫檀雕刻项目。紫檀雕刻保护单位为国家级传承人屠杰创办于2007年8月的上海中国紫檀文化研究院,屠杰以一己之力设计、建造了坐落于上海杨浦区长阳路368号的上海中国现代国之宝艺术馆,馆内设置了面积2 127平方米的紫檀雕刻陈列馆,在展示紫檀雕刻精品的同时还收集整理了设计图稿、展览和获奖等电子档案及各类报道资料。此外,场地建设方面,多数项目都得到了政府或保护单位的支持,如上海绒绣有政府无偿提供的二层小楼;在松江文化馆内有顾绣工作室;在上海工艺美术研究所内有上海面人赵工作室等。此外,海派玉雕协会聘请了律师为玉雕艺人提供知识产权保护。

3. 传承状况

上海市国家级传统美术类非遗项目在传承状况方面,上海剪纸和徐行草编两个项目都可圈可点。嘉定竹刻、海派玉雕、上海绒绣、上海面人赵、上海灯彩、顾绣等项目传承人梯队相对完整,传承人数量也比较多。上海剪纸传承人梯队合理,徐汇区枫林路街道拥有国家级代表性传承人1名,市级传承人3名,区级传承人3名。除林曦明先生年过九旬外,市级传承人都比较年轻。国家级传承人奚小琴和市级传承人孙继海分别培养了两名区级传承人,一位是80后石琴玲,一位是70后鲍立峰。海派玉雕、嘉定竹刻、上海面人赵、上海灯彩、上海绒绣、顾绣等项目传承人梯队齐全。海派玉雕现有国家级传承人4名,市级传承人29名;嘉定竹刻现有国家级传承人1名,市级传承人2名,区级传承人4名;上海面人赵现有国家级传承人1名,市级传承人4名;上海灯彩现有国家级传承人1名,市级传承人1名,区级传承人2名。上海黎辉绒绣文化发展有限公司有国家级传承人1名,市级传承人2名,区级传承人1名;顾绣的国家级传承人年高已故,现有市级传承人5名,区级传承人13名。黄杨木雕无国家级传承人,现有2名市级传承人、2名区级传承人;徐行草编无国家级传承人,现有2名市级传承人,亦无区级传承人。紫檀雕刻仅有1名国家级传承人,无市、区级传承人。黄杨木雕、徐行草编、紫檀雕刻3个项目传承人数量少,梯队不齐全,年龄偏大。上海绒绣、顾绣也存在年龄偏大的问题。在收徒带徒数量及效果等方面,海派玉雕、嘉定竹刻、上海面人赵、上海灯彩主要通过传承人工作室带徒,但多数工作室带徒数量不多;徐行草编主要通过培训班传承;上海剪纸成立了"大师传习沙龙",对辖区内剪纸骨干进行集中培养;徐行草编连续三年开办草编传承人学员班,每期两个月,还聘请高校老师上理论课。此外,嘉定竹刻、顾绣、上海灯彩、黄杨木雕等都开设了长期的传承人培训班,每周固定上课。

4. 活动状况

上海市国家级传统美术类非遗项目在活动状况方面比较优秀,民众参与度和社会化程度较高。如徐行草编从 2013 年开始,在每年 6 月文化遗产日举办"春动徐行"活动,至今已举办 9 届。每年 10 月举办非遗嘉年华活动,至今已举办 8 届。他们还注重长三角联动发展,扩大徐行草编影响。2019 年开始和浙江温州、江苏曲塘连续二年举办草编大赛。在开展展览方面,各保护单位都非常重视,积极开展国内国际展览,如黄杨木雕在 2017 年 12 月至 2018 年 1 月举办了"木中象牙 巧夺天工——海派黄杨木雕作品展";上海剪纸在 2020 年 6 月 18 日林曦明现代剪纸艺术馆正式开馆之际,举办了"纸·无止境"非遗特展;上海面人赵在 2019 年 12 月底至 2020 年 1 月初分别在上海和日本东京举办了"面人艺术——第五届中国手工艺赴日巡回展"的预展和正式展览;2019 年 4 月,上海绒绣有七幅作品赴台湾佛光山参加展览等。关于展览情况将在稍后再具体展开。宣传方面也都很重视,如上海剪纸非常重视宣传工作,开设了云课堂,拍摄剪纸课程,通过直播、微信公众号等方式进行传播。线上授课已比较成熟。上海面人赵在每年的博物馆日有免费体验课,每年约有 400 人体验面人赵项目,他们还开发了面塑套盒,拍摄面塑制作的讲解视频,上传公众号进行广泛宣传。上海绒绣创立"自嘎绣"(DIY)活动,开发近百个花色品种,开展线上线下课程进行宣传。徐行草编运用徐行文体中心微信公众号"云学非遗"在线教授徐行草编技艺。在进学校、进社区活动方面也很重视。进学校方面,几乎每个项目都与大中小学校建立了联系。特别值得一提的是,顾绣开创了学分制课程。2016 年 9 月开始,顾绣与上海工程技术大学服装学院合作开设"顾绣的传承与创新运用"学分制课程,他们还在 2019 年 5 月开始与上海师范大学合作开设了"民俗文化与上海顾绣""顾绣技艺""中国丝绣鉴赏"等专题课。嘉定竹刻也在上海工艺美术职业学院(嘉定校区)开设了竹刻课程。紫檀雕刻在上海视觉艺术学院、上海工艺美术职业学院、同济大学、华东师范大学、上海大学都开设了讲座。上海剪纸、上海面人赵、上海灯彩、顾绣都有长期对接的中小学校,如上海剪纸与西南位育中学、东安路二小、龙山幼儿园;上海面人赵与四平路幸福小学;上海灯彩与淮海中路小学、瞿溪路小学;顾绣与三新学校等。进社区方面,上海剪纸、徐行草编普及程度非常高。上海剪纸在全街道 31 个居委会设立了剪纸点,还将剪纸活动向周边机构延伸,积极开展进军营、进医院、进科研院所、进商务楼等活动以及与司法条线对接等。徐行草编在全镇 33 家"客堂汇"开展传承活动。黄杨木雕多次开展进校园、进社区、进商圈等传习活动。

上海剪纸、徐行草编民众参与度、社会化程度都比较高,上海剪纸在小学生暑托班教剪纸,还开展剪纸贴楼道活动、剪纸送孤寡老人等。既激发了民众参与剪纸的热情,增强了自豪感,还融洽了邻里关系、美化了环境。徐行草编通过建立购销渠道,群众种植黄草和编织草编制品的积极性大为提高。紫檀雕刻、黄杨木雕民众参与度和社会化程度较低。

5.核心内涵保持状况

上海市国家级传统美术类非遗项目在核心内涵保持状况方面基本保持良好,但也有些不同。徐行草编、上海剪纸、上海绒绣、上海面人赵、上海灯彩、顾绣、紫檀雕刻、黄杨木雕等核心内涵保持良好,嘉定竹刻、海派玉雕有所削弱。顾绣、黄杨木雕则面临技艺创新不足的问题。

上海市国家级传统美术类非遗项目在手工操作程度很高。除了雕刻类项目有时要借助机器开料以外,几乎都是手工操作。上海绒绣、徐行草编、上海面人赵、上海灯彩、黄杨木雕、顾绣、上海剪纸、紫檀雕刻在核心技艺保持方面都比较突出。比如,上海绒绣一是坚持绒绣艺术品的绣制,二是坚持手工工艺流程,在图稿分色、手工染色、劈线分股、合股拼色、复色绣制等流程中保持传统手工。上海市国家级传统美术类非遗项目由于基本都是保持手工操作,多为艺术品,因此,创作速度较慢,不可能批量生产。在调研中不少项目都提到了这一点。

6. 市场拓展状况

上海市国家级传统美术类非遗项目在市场拓展状况方面总体较弱。嘉定竹刻、海派玉雕、上海绒绣有一定的市场。上海面人赵、上海灯彩市场微弱。徐行草编已经开始尝试,成立了上海徐行草编文化发展有限公司,在阳光工坊销售草编制品。紫檀雕刻开拓了紫檀文创产品的制作和销售。顾绣、黄杨木雕、上海剪纸在市场开拓方面处于零状态。

在经济收益方面,海派玉雕从业者依靠市场生存,收益较好。嘉定竹刻近几年市场行情不好,收益不佳。上海灯彩虽能主动参与一些节庆活动,但收益甚微;上海面人赵有一些收费课程,但也不多;徐行草编尚处于市场起步阶段,收益有限;上海绒绣承接大型艺术品定制,收益尚可。紫檀雕刻稍有一些经济收益。上海剪纸、顾绣、黄杨木雕依靠政府扶持,无经济收益。在产品开发度方面,程度较低,有些项目在尝试。如上海绒绣创建品牌商标Queensback 尝试生产工艺品、实用品、衍生品。紫檀雕刻于 2018 年创立"将隐"品牌,在国之宝艺术馆内设有专柜,同时建立了销售网站,开了微店,在抖音搭建了平台。海派玉雕为了适应普通消费者市场,开发了小件产品。上海绒绣、上海灯彩、上海面人赵都开发了适应教学和"Diy"的材料包,亦称"套盒"。在设计能力方面,总体有所不足,但也有一些探索。如上海剪纸探索引入动画、VR 等展现的手段,制作了剪纸影戏。总之,上海市国家级传统美术类非遗项目在市场拓展方面有待提高。

(二) 特点分析

在实地调研中,我们深切地感到,上海市国家级传统美术类非遗项目在非遗保护之路上形成了许多值得总结与分享的特点。

1. 多元化保护

20 年来,上海市国家级传统美术类非遗项目在保护主体的探索方面体现了保护主体的多元化。10 个项目中,由政府保护的有 4 项:上海剪纸(徐汇区枫林路街道)、黄杨木雕(黄浦区长桥街道)、顾绣(松江区文化馆)、上海灯彩(黄浦区大世界传艺中心);由企业保护的有 3 项:上海面人赵(上海工艺美术研究所)、徐行草编(上海徐行黄草编织专业合作社)、上海绒绣(上海黎辉绒绣文化发展有限公司);由民间团体保护的有 3 项:嘉定竹刻(上海市嘉定区竹刻协会)、海派玉雕(上海海派玉雕文化协会)、紫檀雕刻(上海中国紫檀文化研究院)。形成了多元化保护局面,践行了"政府主导,社会参与"的非遗保护原则。除了保护单位呈现出多元化之外,在由政府保护的项目中,也体现出了民间社会参与的可贵力量。例如,上海灯彩组建了志愿者传承团队,该团队由 18 名社区居民组成,该团队的前身是由市级传承人吕协庄在街道创办的上海灯彩培训班。如今,该志愿者传承团队主动承担起了上海灯彩的传承重任,充分显示了非遗传承的民间力量。而在由民间团体和企业保护的项目中,政府也起到了非常重要的主导和推动作用。例如,嘉定竹刻协会得到了区政府的大力支持;徐行草编由政府主导解决了黄草种植问题。此外,还要说明的是,徐行草编的批准保护单位上海徐行黄草编织专业合作社由于近年来经营情况不佳,人员流失严重,徐行草编保护工作实际上已经更多地由徐行镇文化体育服务中心和上海徐行草编有限公司承担,他们还与上海爱普香料种植园合作开发新的草编款式,并尝试大棚种植黄草,使徐行草编的保护与传承呈现出喜人的面貌。

2. 多基地传承

非遗传承基地建设是国家对非遗保护工作的基本要求,也是坚持"政府主导、社会参与,长远规划、分步实施,明确职责、形成合力"的工作原则的体现。上海市国家级传统美术类非遗项目在传承基地建设方面不拘一格,开拓思路,挖掘资源,形成了多基地传承的良好局面。例如,上海剪纸不仅坚持社区传承,在街道文化中心和居委会设立传承基地和传承点,还在学校开展长期培训,使之成为上海剪纸传承基地。其中,最突出的是西南位育中学的剪纸传承基地。2008 年,西南位育中学成立剪纸社团,由市级传承人孙继海亲自授课,至今剪纸社开班授课已进入第十三个年头,成了名副其实的上海剪纸优秀传承基地,被上海市教育局授予"上海市中华优秀传统文化研习暨'非遗进校园'"优秀传习基地"铭牌。徐行草编在徐行小学建立市级传承基地,在 2019 年"中国系列课程——非遗空中课堂"评选活动中,陈伟执教的《徐行草编》荣获市级一等奖,学生杜梦洁在 2019 年"我是非遗传习人"手工艺比赛中,荣获银奖。徐行草编还在由残疾人组成的阳光工坊成立传承基地,现在阳光工坊的草编制品已经进入市场销售。

3. 多场馆建设

作为视觉艺术的传统美术,在展览展示方面具有得天独厚的优势,这为该类项目的展示性保护提供了极大可能。上海市国家级传统美术类非遗项目对此尤为重视,他们依靠各方力量,创办的博物馆、陈列馆以及常态化展示厅,已经覆盖了全部上海市国家级传统美术类的 10 个非遗项目。其中,场馆建设的有:嘉定竹刻有嘉定竹刻博物馆;紫檀雕刻有上海中国现代国之宝艺术馆;上海剪纸有林曦明现代剪纸艺术馆;徐行草编有徐行镇"传艺春晖"草编展览厅;黄杨木雕有图书馆分享空间;顾绣、上海灯彩、上海面人赵、海派玉雕、上海绒绣都在工作室或工作场所开辟了专题展厅。顾绣、嘉定竹刻还在各自区博物馆常年展出。值得补充的是,上海绒绣的市级保护单位浦东新区高桥镇政府于 2009 年斥资 600 万元将一座古建筑改建为高桥绒绣馆。上海剪纸的市级保护单位闵行区颛桥镇政府于 2018 年建造了将近 20 000 平方米的上海首个非遗剪纸艺术公园——颛桥剪纸文化公园。

4. 多展览参与

参与展览或自办展览是非遗宣传和传播的重要方式,通过展览展示不仅能够提高非遗的知晓度和知名度,还会在一定程度上起到非遗传承的作用。上海市国家级传统美术类非遗项目发挥展览展示优势,积极参与各项展览展示活动。其中,有每年固定举办的文化遗产日的非遗展示活动;有各种民俗文化节庆的非遗展示活动;有各种文化博览会的非遗展示活动;有各区、各街道举办的各具特色的非遗展示活动等。上海市国家级传统美术类非遗项目还积极参加本市或在本市举办的上海民间艺术成果展、中国国际进口博览会、上海国际手造博览会、长三角非物质文化遗产博览会、"两会"非遗展示等。上海市国家级传统美术类非遗项目还积极赴外地参与各种展览活动,如参加今年 6 月 5 日在苏州举办的"百工百艺·山花绽放——长三角地区民间工艺精品邀请展"。今年是中国共产党建党 100 周年,6 月 12 日,正值"文化和自然遗产日",由文化和旅游部、上海市人民政府共同主办的"百年百艺·薪火相传"中国传统工艺邀请展在上海宝山国际民间艺术博览馆拉开帷幕。展览采用"1 个主会场＋5 个分会场"模式,全面展示和检验中国传统工艺振兴成果。上海市国家级传统美术类非遗项目同样把这次展览看作是一次自我检验、自我展示的机会,各个项目拿出了最好的成果参加展览。此次上海市国家级传统美术类非遗项目的展品在主会场和三个分会场进行了展出,笔者对上海市国家级传统美术类非遗项目的参展情况进行了详细考察。现将参展作者人数和参展作品数量整理如下,以供参考。

表 1　上海市国家级传统美术类非遗项目参加
"百年百艺·薪火相传——中国传统工艺邀请展"作者作品数量表

项目	上海宝山国际民间艺术博览馆		抱朴美术馆		毛麻仓库		上海市群众艺术馆	
	作者	作品	作者	作品	作者	作品	作者	作品
上海剪纸	3	4					4	4
徐行草编							1	2
嘉定竹刻	3	3			2	3		
海派玉雕	8	8						
上海面人赵							3	3
顾绣			1	1				
上海灯彩	1	3			1	1		
上海绒绣	4	4	4	4				
紫檀雕刻	2	2			2	4		
黄杨木雕	3	3			1	1		
合计	24	27	5	5	6	9	8	9

特别值得表扬的是,在这次高手如云的全国性展览中,上海灯彩区级传承人龚智瑜的《万象更新立体动物灯彩》、上海面人赵青年传承人汤健的《捣练图面塑》入选参展作品。

二、困难与问题

上海市国家级传统美术类非遗项目总体存续状况良好,但也不可避免地存在着一些困难和问题。在此要提前说明的是,以下所重点指出的某种困难与问题并非一定存在于所有项目中,如原材料问题只是出现在紫檀雕刻、黄杨木雕等项目中。具体分析如下。

(一) 资源稀缺,原料不足

原料稀缺问题主要出现在使用贵重、稀有材料进行创作的非遗项目上,如紫檀雕刻、黄杨木雕、海派玉雕等。其中,紫檀雕刻最为突出,属于原材料严重短缺的问题。紫檀产于印度,目前紫檀天然林资源已经濒临枯竭,进入国际濒危物种红色名单,严禁采伐、运输与交易。黄杨木雕、海派玉雕都存在价格昂贵的问题。目前自然生长的特级品种黄杨木价格在每立方米40 000 元左右,仅仅购买黄杨木就需要一大笔钱。海派玉雕目前都是个人工作室,他们也很难承受玉石原料的高昂价格,特别是大型玉石,所以目前都是以制作小件为主。紫檀雕刻、黄杨木雕在原材料上都有特定指向,难以用其他材料来替代。

(二) 后继乏人,后劲不足

纵观 10 个上海市国家级传统美术类非遗项目,除了黄杨木雕、徐行草编没有国家级传承人,徐行草编没有区级传承人外,大多数项目传承人梯队都比较完整,个别项目传承人数量众多,比如,海派玉雕拥有 33 名代表性传承人;顾绣拥有 19 名代表性传承人。海派玉雕、紫檀雕刻、上海面人赵因为是市级保护单位,不设区级传承人。但是,除了海派玉雕、嘉定竹刻、上海剪纸、上海面人赵在后继乏人问题上不太明显外,其他几个项目都或多或少地存在着后继乏人的问题。例如,上海绒绣的人员老化现象就非常严重,国家级项目保护单位上海黎辉绒绣文化发展有限公司,在职员工都已超过六十岁,传承堪忧。紫檀雕刻也没有发现有潜力的年轻人。徐行草编各项工作都不错，但目前还没有选拔出区级传承人培养对象。

后继乏人最直接的影响就是发展后劲不足，顾绣工作室从 2006 年成立至今只有 34 幅作品。上海绒绣由于人员老化和人手不足，上海黎辉绒绣文化发展有限公司每年只能做 1 件大型作品，不敢增加订单。在此次"百年百艺·薪火相传——中国传统工艺邀请展"中我们感到，上海的一些传统美术项目与外省市的同类项目相比已经出现了一定的差距，有的正在失去优势，比如黄杨木雕与浙江省的乐清黄杨木雕（2006 年 5 月入选第一批国家级非遗项目名录）相比，嘉定竹刻与常州的留青竹刻（2008 年入选第一批国家级非遗扩展项目名录）相比，发展后劲明显不足。

（三）内涵弱化，创新不足

核心内涵问题是关系到非遗保护的根本问题。在此次组织的座谈会上，海派玉雕文化协会副秘书长周祥康说："关于核心内涵的保持状态的问题，现在有点模糊，角色有点错乱。"提出了海派玉雕在核心内涵的保持方面存在的问题。在专家咨询会上，也对海派玉雕提出了同样问题："最为著名的炉瓶器皿雕刻是海派玉雕的核心技艺，现在已经很少有人坚持了。"长此以往，海派玉雕核心技艺保存堪忧。嘉定竹刻则面临着核心技艺淡化的问题。嘉定竹刻技法包括圆雕、透雕、深雕、浮雕、留青、浅刻、深刻、细刻等。但目前能够熟练掌握这些技艺并能坚持传承的嘉定竹刻家已不多，他们基本都以留青技艺为主，少数涉及浅浮雕，圆雕、透雕、深雕、浮雕等技艺则面临着断层的危险。有些项目则面临着创新不足的问题，比如上海绒绣。一百多年来，经过几代上海绒绣家的不断创新，逐渐形成了富有特色的上海绒绣，而现在上海绒绣在技艺上已经很难有所创新突破。顾绣、黄杨木雕也存在同样问题。

（四）市场缺失，拓展不足

上海市国家级传统美术类非遗项目在市场拓展状况方面处于弱势状态，存在许多困难和问题。有几种情况：一是像上海剪纸、顾绣、黄杨木雕、上海灯彩这样由政府保护的项目,在市场开拓方面几乎处于零状态。上海灯彩还好一点,他们有时承接一些活动项目,有少许收入;二是像上海绒绣、紫檀雕刻、上海面人赵、徐行草编这样由企业保护的项目,在市场上活力也不足。徐行草编现在也主要由政府保护;三是像海派玉雕、嘉定竹刻这样由社会团体保护的项目,虽有市场活力,但也容易受市场环境和政策环境的影响而出现经济效益下滑的情况,比如嘉定竹刻,近几年由于政府采购减少、外贸订单萎缩、外国游客购买力下降等因素,销售情况就没有前几年好。

有几点原因:在由政府保护的项目中,一是管理人手有限,尤其在街道一级的保护单位,分管非遗工作的人员往往都是身兼多职,分身乏术;二是经营人才奇缺,政府部门中很少有熟悉市场的人,更不可能进行市场策划;三是不熟悉相关政策,大多只是完成交办任务,很少有人去做政策研究;四是动力不足,满足现状。在由企业和协会保护的项目中,有些也在依赖政府扶持,如上海绒绣、徐行草编、嘉定竹刻。而海派玉雕、紫檀雕刻、嘉定竹刻、上海面人赵这几个项目或因价格昂贵,或因高雅制作很难进入大众消费市场。还有一个重要原因,那就是缺少市场渠道和销售平台。座谈会上不少项目保护单位负责人都提到了这个问题。

(五)力量分散,合力不足

对于这个问题,我们将跳出项目保护单位来进行研究,因为就某个项目保护单位而言,这个问题并不是很明显,但如果从整个上海市级层面来看,这个问题还是比较突出的。例如,专家们普遍认为上海绒绣存在合力不足的问题。在上海市,上海绒绣除了国家级保护单位上海黎辉绒绣文化发展有限公司外,还有市级保护单位浦东新区高桥镇文化服务中心、上海工艺美术研究所、恒源祥(集团)有限公司和区级保护单位徐汇区漕河泾街道。但他们之间基本各自为政,缺乏交流,也没有合作项目,无法形成合力。国家级保护单位上海黎辉绒绣文化发展有限公司也没有实力将几家单位联合起来。

在上海剪纸、顾绣等项目中也存在这个问题,比如上海剪纸,现国家级保护单位为徐汇区枫林路街道办事处,市级保护单位有上海工艺美术研究所、上海守白文化艺术有限公司、闵行区颛桥镇文化体育事业发展中心、松江区文化馆、长宁区新泾镇社区文化事务中心、虹口区凉城新村街道办事处等,如果再加上区级项目及其传承人,比如浦东新区的浦东剪纸项目及其多位传承人,将是怎样的洋洋大观啊!但同样未能形成合力。顾绣仅有松江区两个传承点,即松江区文化馆顾绣工作室和松江区岳阳街道顾绣研究所,也始终无法形成合力。

除了上述困难与问题外,有些项目还存在知识产权保护不够的问题,比如海派玉雕;有的项目存在资金不足的问题,比如上海灯彩;有的项目存在宣传不够的问题,比如紫檀雕刻;有些项目存在数据库建设缺少技术支持的问题,比如上海剪纸,等等。这些问题都需要在今后的保护工作中进一步克服和改进。

三、对策与建议

近20年来,我国非遗保护工作取得了举世瞩目的成就,上海市国家级传统美术类非遗项目在政府主导和社会力量的广泛参与下,同样取得了令人鼓舞的成绩。但是,在经济转型、社会发展与城市化进程中,上海市国家级传统美术类非遗项目的保护和传承同样也面临着许多困难和挑战,需要我们破解保护工作难题,采取有效保护措施,提高保护传承水平,将上海市国家级传统美术类非遗项目的保护工作推上新台阶。

(一)破解原料危机,推动可持续发展

原材料是生产的物质基础。一段时间以来,由于生态环境和社会环境的改变,导致许多传统工艺美术出现了原材料危机。传统美术类非遗与自然资源关系密切,有的原材料是不可再生的珍贵资源,有的是稀缺的植物资源,有的是珍稀的野生动物资源。上海市国家级传统美术类非遗项目中的紫檀雕刻、海派玉雕都面临着原材料短缺的困境。黄杨木虽不是濒危野生动植物种,但价格昂贵,致使保护经费难以承担,传承人难以承受。

1. 积极作为,寻找替代材料

使用替代原料,不可避免地会对非遗的真实样貌造成一定地损害。但是在原材料不可再生的情况下,保存非遗技艺就成为必须优先考虑的前提。当然,寻找新材料和替代品不是什么都可以拿来用,而是要尽可能地与原材料相接近。例如,印度天然紫檀禁止出口后,用人工紫檀替代天然紫檀不失为解决紫檀原材料不足的一个方法。

2. 想方设法,培育原料基地

基地的培育和建立是原材料供应的保障。我们有些项目原材料价格昂贵,供应不足,有些原材料质量堪忧,影响使用。在此情况下,需要我们积极想办法,寻找稳定的供应渠道,而积极培养原料基地不失为一个好办法。比如,黄杨木雕原料黄杨木,分布较广,但临时在市场购买,不仅价格贵,质量也难有保障,因此,可以相关产地建立联系,控制原料成本和保证供应。在此方面,海派玉雕协会的市级传承人袁新根在玉石大幅涨价的情况下,积极开拓思路,在新疆发现和培育了跨越整个北疆地区的金丝玉产业,他现在一边在做传统翡翠,一边在做金丝玉,不仅成功解决了和田玉等玉石原材料价格昂贵和供应不足的问题,还带动了当地群众致富。

(二)制定长期规划,培养非遗传承人

近十多年来,我们在非遗传承人培养方面采取了一系列措施,但后继乏人问题依然存在,传承人老化问题也比较普遍。在上海市国家级传统美术类非遗项目中,这一问题也比较突出,需要采取有效方法,确保上海市国家级传统美术类非遗薪火相传。

1. 构建多层次教育体系

2021年8月,中共中央办公厅、国务院办公厅印发的《关于进一步加强非物质文化遗产保护工作的意见》提出了将非遗保护传承工作融入国民教育体系的重要意见。鼓励中小学依托非遗代表性项目设立特色传承基地,加强高校非遗学科体系和专业建设,支持有条件的高校自主增设硕士点与博士点,在职业学校开设非遗保护专业和课程。这就给我们下一阶段的工作指

明了方向。建立多层次的非遗传承体系,是我们下一阶段的主要工作目标之一。

2. 完善师徒传承机制

传统工艺美术的传承方式主要为家族传承或师徒传承。据调研,上海市国家级传统美术类非遗项目现有的代表性传承人大多数为师徒传承,少数为家族传承和社会传承。目前上海市国家级传统美术类非遗项目存在家族传承断层,社会传承动力不足的危机。要完善师徒传承机制,明确带徒人数,检验带徒效果,鼓励各级传承人积极带徒授徒,并将其列入考核内容之一。

3. 提高人才培训效果

目前有不少项目对人才培养还是比较重视的,在普及的同时,开办了各种培训班,有的已经连办数年。其方法有的采取报名制,有的采取选拔制。从效果来看,选拔制培训效果较好,培养目标明确。所以,要处理好普及与提高的关系,健全培训机制,提升培训效果,选拔优秀人才重点培养。

(三) 保持核心内涵,激发创新活力

上海市国家级传统美术类非遗项目的最大特点就在于既善于继承中国传统艺术的精华,又善于吸收西方美术的特长,具有都市化和文人化的特点,自成一派。因此,要坚持守正创新,采取有效措施,改变核心内涵淡化的状况。同时要提高创新能力,不断深化和丰富非遗内涵。

1. 提高传承人综合素养

非遗传承的根本因素是人,传承人综合素养的高低决定了非遗核心内涵的保持程度和创新能力。当下既有深厚文化素养,又精通非遗技艺的人才凤毛麟角,因此,要通过各种有效方式提高传承人的文化素质,比如定期举办培训和进高校学习等。提高传承人的综合文化素养已经刻不容缓。

2. 提高传承人创新能力

创新能力既与传承人的技艺水平有关,也与传承人的思路、眼光有关。目前,在上海市国家级传统美术类非遗项目中,创新能力较强的项目有海派玉雕、上海灯彩、上海面人赵、上海剪纸、徐行草编等。但是,还有一些项目在创新上就弱了一些。非遗保护单位要帮助传承人开拓视野、拓宽思路,将非遗技艺与现代生活、现代审美、现代产品相结合;与现代技术、现代工艺、现代美术相融合,激发传承人的创新活力,推动非遗更好地传承发展。

(四)搭建推广平台,拓宽销售渠道

我们在调研中了解到,非遗项目保护单位由于人手有限和专业限制,很难有时间、有能力去做市场开拓方面的工作,多数传承人并不具备开拓市场的能力,上海市国家级传统美术类非遗项目市场拓展情况总体不佳,需要对这一问题进行深入研究。

1. 培育文化经营人才

文化经营人才是市场经济的产物。在上海市国家级传统美术类项目中,除了紫檀雕刻外,原先多数由外贸部门统销,单位员工并不熟悉市场,不具备经营能力,如今他们大多年事已高,让他们走市场不太现实。因此,保护单位和传承人要开拓思路,培育文化经营人才和营销团队,或者与文化中介机构合作,将非遗产品推向市场。

2. 设立实体销售门店

实体销售门店是传统工艺美术品销售的重要平台。比如,原上海玉石雕刻厂设有门市部,原上海红星绒绣厂设有绒绣商店,上海工艺美术研究所也有销售柜台。座谈会上,大家都很怀念原来开设在南京路上的上海工艺美术品服务部。该服务部经营的工艺美术品种曾多达五千多种,实行对外和对内销售,影响很大。现在,上海市国家级传统美术类非遗产品就缺少这样有影响力的销售门店。建议相关部门能够切实解决销售门店问题,建立上海非遗产品的销售平台。

3. 开辟线上销售渠道

线上销售是随着互联网的发展而出现的新的销售模式。如今,在各大网络销售平台上都可以找到相关的非遗产品,短视频和直播平台的出现更是直接拉近了传承人和消费者的距离,非遗产品通过快手、抖音等媒体平台,不仅让更多人知晓了非遗,更是直接推动了非遗产品的销售。我们在调研中感

到,上海市国家级传统美术类非遗项目传承人和保护单位对此关注度不高,安于现状。建议有关部门加强相关培训,搭建线上销售平台,鼓励非遗传承人和项目保护单位利用线上渠道,扩大影响,增加收入,提高开拓市场能力。

4. 了解市场政策法规

政策和法规是非遗产品进入市场的依据和保障。例如知识产权法、非遗法及各地非遗保护条例等。目前,相当多的保护单位和传承人对相关政策法规并不是很了解。这在一定程度上影响了市场开拓的进展。建议对传承人和保护单位进行政策法规培训,让非遗政策法规为非遗进入市场、拓展市场保驾护航。

（五）整合优势资源,加强交流合作

上海市国家级传统美术类非遗项目是上海工艺美术的代表,近年来在保护传承工作中做出了积极贡献,取得了很大成绩。但是,我们也看到,不少项目的影响力和传承能力并没有得到应有的提高,与非遗保护工作的要求还有一定的距离,这其中的原因之一是合力不够,项目之间缺少沟通交流。

1. 提供组织保障

目前上海市国家级传统美术类非遗项目中,有三个成立了协会,即嘉定竹刻、海派玉雕和上海绒绣。上海市嘉定区竹刻协会成立于 2005 年;上海海派玉雕文化协会成立于 2008 年;2021 年 2 月,浦东新区成立了上海市浦东新区绒绣协会。通过成立协会,以协会带动项目和会员,不失为增强合力的有效途径。还有一些项目也可以成立协会。例如,上海剪纸除了国家级项目外,市级、区级项目众多。建议成立市级上海剪纸协会,将上海市级、区级剪纸项目和传承人联合起来,形成合力,将上海剪纸进一步发扬光大。

2. 开展项目合作

开展项目合作有助于使分散的资源得到集中和整合,实现资源共享。据悉,上海市浦东新区绒绣协会成立后,计划开展"绒绣百人百画"创作、举办"绒绣国际艺术双年展"等。这两个大型项目都需要相关人员共同努力,通力合作。项目合作不仅限于保护单位和传承人,还可以在政府主导下,调动起研究机构、民间团体和企业的力量,实现优势互补,形成巨大合力。因此,建议上海市国家级传统美术类非遗项目积极开展项目合作,创作更多优秀作品,带出更多新人。

3. 举办交流活动

举办各种交流活动,并使之经常化、制度化,能有效促进非遗保护形成合力,实现互利共赢。交流的形式有多种多样,有以座谈为主的交流活动、有以展览展示为主的交流活动、有以联席会议为主的交流活动等。其中,建立联席会议制度很重要,同一项目的多家保护单位之间、各传统美术类非遗项目之间都可以通过建立联席会议制度,加强相互间的沟通与联系、学习与借鉴。就目前而言,尽管上海各种交流活动众多,但上海市国家级传统美术类非遗项目之间的联系却很少,亟需搭建更多的沟通交流平台,相互促进,形成合力,共同发展,而这也是此次调研中大家共同的期盼。

总之,上海市国家级传统美术类非遗项目存续状况总体良好,但也不可避免地存在着一些困难、问题和瓶颈,需要政府和社会力量共同努力,通过采取有效措施,克服困难,解决问题,突破瓶颈,从而推动上海市国家级传统美术类非遗项目更好地传承与发展。

上海市国家级传统技艺类非遗项目存续状况调研报告

李宏利①　张闻佳②

摘　要　今年恰值《中华人民共和国非物质文化遗产法》颁布十周年。为充分了解上海国家级传统技艺类非遗项目的存续状况，本文对前四批国家级项目（涉及 16 家保护单位）进行了深入调研。通过调研分析，课题组认为前四批传统技艺类非遗项目的存续状况总体向好，处于中等偏上水平。这类项目不仅绝大多数实现了"市场化运营"，其中如"上海周虎臣曹素功笔墨有限公司""上海民乐一厂""上海老凤祥有限公司"等保护单位在各自的行业内均名列前茅，实现了较好的经济效益与社会效益。个别保护单位如钱万隆酱油酿造厂由于动拆迁一直处于停产状态，存续状况很差，目前其主管部门浦东供销合作联社以及酿造厂都在积极想办法恢复生产；再如培罗蒙西服公司受到管理体制的束缚，处于保护探索阶段，存续状况也不是很好。其他多数保护单位都具有较强的现代社会适应力，保持与社会的同步发展。

关键词　上海　传统技艺　国家级非遗项目　存续状况

---

①　李宏利，上海社会科学院科研处副处长，博士，研究领域为民俗文化。
②　张闻佳，上海社会科学院科研处职员，硕士，研究领域为民俗文化。

一、上海国家级传统技艺类非遗项目的生成背景与特点

上海因地理之利,渔盐耕织、航运商贸,各类手工技艺兴旺繁荣。特别是自 1843 年开埠以来,各地各色人群纷至沓来,不同文化与文明在此交汇融合,形成极具特色并丰富多样的手工技艺行业,如老凤祥金银器制作、新式旗袍裁制、石库门建筑技艺等等。作为东西文明交流的门户,同时作为江南腹地,上海为各类传统技艺行业提供了肥沃的滋生土壤。可以说,上海的非遗项目基本涵盖了传统技艺的各子目类型。

从非物质文化遗产的角度出发,上海的传统手工技艺类非遗项目主要分为传统服饰工艺、传统饮食技艺、传统建筑技艺、出行与交通工具制作工艺和传统器物制作工艺等类型①(见表 1)。从表 1 可以看出上海传统技艺行业的丰富及其门类的齐全。

表 1 传统技艺分类表

一级分类	二级分类	三级分类		上海非遗项目举例
8 传 统 技 艺	8.1 传统服饰工艺	8.1.1	传统服装制作工艺	培罗蒙奉帮裁缝技艺
		8.1.2	饰品制作工艺	暂无
		8.1.9	其他饰品工艺	三林刺绣技艺
	8.2 传统饮食技艺	8.2.1	食物烹调技艺	南翔小笼馒头制作技艺
		8.2.2	饮料酿制技艺	崇明老白酒传统酿造技法
		8.2.3	烟叶烤制技艺	暂无
		8.2.9	其他传统饮食技艺	钱万隆酱油酿造技艺
	8.3 传统建筑技艺	8.3.1	木质传统建筑工艺	传统木结构营造技艺
		8.3.2	竹质传统建筑工艺	暂无
		8.3.3	土石传统建筑工艺	石库门里弄建筑营造技艺
		8.3.9	其他传统建筑工艺	传统建筑营造和装饰技艺

① 姚伟钧、于洪铃:《中国传统技艺类非物质文化遗产的分类研究》,《三峡论坛》2013 年第 6 期。

一级分类	二级分类	三级分类		上海非遗项目举例
8 传统技艺	8.4 出行与交通工具制作工艺	8.4.1	桥梁建筑工艺	暂无
		8.4.2	舟车建造工艺	古船模型制作技艺
		8.4.9	其他出行与交通工具制作工艺	木牛流马制作技艺
	8.5 传统器物制作工艺	8.5.1	社会生产器物制作工艺	周虎臣毛笔制作技艺
		8.5.2	社会生活器物制作工艺	土布染织技艺

从历史发展脉络来看,上海传统技艺类非遗项目的形成与发展基本分为两条路径,一是传统农耕文明所滋生的技艺,二是不同文化融汇所孕育的技艺。就前四批国家级传统技艺类非遗项目而言,多数为不同文化融汇孕育形成的技艺,具有海派文化的特点。如曹素功墨锭制作技艺,曹素功墨庄于1864年从苏州迁居上海,受上海大都市环境及海派文化的影响,曹素功墨锭制作技艺开始创新,从第九世孙曹端友开始为海上书画名家定版制墨,书画家参与绘稿设计形成二度创作,墨面艺术与海派书画形成同步,从而成为极具海派特色的墨锭制作技艺。再如,石库门里弄建筑营造技艺更是一种融汇了西方建筑文化和中国传统民居特点的新型建筑营造技艺。其他如上海民族乐器制作技艺、亨生奉帮裁缝技艺、培罗蒙奉帮裁缝技艺、木板水印技艺、金银细工制作技艺等等,都是不同文化融汇孕育而成,有的融合中西文化,有的融汇国内不同地域的文化。其中个别项目产生于传统农耕文明,如乌泥泾手工棉纺织技艺、钱万隆酱油酿造技艺、南翔小笼馒头制作技艺等。从项目最初的行业品牌来看,最早的产生于清代。明清以来,特别是开埠以后,上海作为对外开放的重要工商业大都市为手工技艺行业提供了广阔的舞台,许多行业品牌都成为行业的引领者。

2021年4月—8月期间,上海文旅局组织人员对上海前4批国家级非遗项目的存续状况进行了系统的调研,其中所涉及的传统技艺类项目共有

14项。总的看来,上海14项国家级传统技艺类非遗项目在保护与开发利用方面都获得了长足的发展,大部分国家级传统技艺类非遗项目的存续状况总体向好,处于中等偏水上。许多项目保护单位不仅实现了"市场化运营",而且运营情况较为良好,如"上海周虎臣曹素功笔墨有限公司""上海民乐一厂""上海老凤祥有限公司"等单位在各自的行业内都能够做到名列前茅,取得了较好的经济效益与社会效益。

但是,部分项目存在的问题也较为明显。如一部分非遗项目保护企业由于正处于经营体制的探索阶段,因此尽管对其生产的产品技艺进行了努力的保护,但在产品营销与拓展方面还存在不足,没有充分挖掘国家级非遗项目资源的自身特色,开发利用能力有待提升。个别保护单位如钱万隆酱油酿造厂由于动拆迁一直处于停产状态,存续状况很差;另一企业培罗蒙西服公司由于受到管理体制的束缚,处于保护探索阶段,存续状况也不是很好。又如人才断层现象也较为严重,许多保护单位普遍存在"老艺人减少和后继乏人"这样的问题。有些单位通过与职校、高校合作联合培养人才,有些通过设立"职称职级""技术骨干""工艺大师"等方式留住人才。但由于社会整体环境、福利待遇、职业观念等多种因素的影响,很难吸引年轻人安心传承技艺。

为了全面了解各项目的存续状况,本课题组在举行专题座谈会和实地调研的基础上,通过设计问卷,对包括传统技艺类的非遗项目进行了综合评分。具体做法为:问卷评分表由生存环境状况、保护工作状况、传承状况、活动状况、核心内涵保持状况、市场拓展状况6项指标构成,每项指标满分为10分,总计满分为60分;由保护单位、管理部门以及专家组进行评价打分,根据评分组的重要程度规定不同的权重,保护单位评分权重设为25%,管理部门评分权重设为25%,专家组评分权重设为50%;根据分数确定不同等级,其中:50～60为优秀,40～49为良好,30～39为中等,20～29为较差,1～19为很差。各项目具体得分如表2。

表 2　上海市国家级传统技艺类非物质文化遗产项目(前 4 批)存续状况评分表

序号	项目名称	各保护单位评分		各区非遗中心评分		专家评分		合计	等地
		总分	(25%)	总分	(25%)	总分	(50%)		
1	曹素功墨锭制作技艺	54	13.5	57	14.2	56.3	28.1	55.8	优秀
2	上海民族乐器制作技艺	49	12.2	56	14	57.6	28.8	55	优秀
3	乌泥泾手工棉纺织技艺	39	9.7	32	8	18.3	9.1	26.8	较差
4	木版水印技艺	53	13.2	57	14.2	53.6	26.8	54.2	优秀
5	金银细工制作技艺	48	12	58	14.5	49.6	24.8	51.3	优秀
6	上海鲁庵印泥制作技艺	44	11	54	13.5	29	14.5	39	中等
7	钱万隆酱油酿造技艺	28	7	25	6.2	9.6	4.8	18	很差
8	功德林素食制作技艺	46	11.5	56	14	51.3	25.6	51.5	优秀
9	龙凤旗袍手工制作技艺	51	12.7	54	13.5	36.6	18.3	44.5	良好
10	亨生奉帮裁缝技艺	44.5	11.1	54	13.5	34.3	17.1	41.1	良好
11	培罗蒙奉帮裁缝技艺	45	11.2	54	13.5	21.3	10.6	35.3	中等
12	周虎臣毛笔制作技艺	54	13.5	58	14.5	54.6	27.3	55.3	优秀
13	石库门里弄建筑营造技艺	37.5	9.3	56	14	13.3	6.6	29.9	中等
14	古陶瓷修复技艺	48	12	48	12	46	23	47	良好
15	上海本帮菜肴传统烹饪技艺	54	13.5	57	14.2	50.6	25.3	53	优秀
16	南翔小笼馒头制作技艺	56.5	14.1	59	14.7	52	26	54.8	优秀

由表2可知,获得优秀的有8项,获得良好的有3项,获得中等的有3项,获得较差的为1项,获得很差的为1项。上海市国家级非物质文化遗产项目(前四批)共涉及63个保护单位,按照同样的评分、统计方法,其中获得优秀的21项,良好的24项,中等的13项,较差的3项,很差的2项。传统技艺类非遗项目在总项目的等级占比分别为:38.1%(优秀)、12.5(良好)、23.1%(中等)、33.3%(较差)、50%(很差)。评分结果基本符合课题组的总体判断。

二、对上海国家级传统技艺类非遗项目存续状况的具体分析与评价

上海国家级传统技艺类非遗项目涉及门类较多,不同门类的差别也较大,在其生存环境、保护工作、传承状况、活动状况、核心内涵、市场拓展等方面表现出明显的优势、劣势,为了详细了解不同指标的存续状况,在此分别就其六项指标进行分析评价。

(一) 生存环境状况

传统技艺类非遗项目的生存环境总体较好。近年来,随着传统文化的复兴、文化自信的深入人心,大众对传统音乐、书法、饮食、服饰等文化的接受度越来越高,其对应的文化产品也受到人们的青睐。社会上涌起的"书法热""二胡热""汉服热"等等,都为传统技艺类行业的生存发展提供了土壤与肥料。如"上海民乐一厂"生产的二胡、琵琶、古筝等民族乐器,广受好评,产品供不应求,现在还在外省市建立分厂,充分说明其具有良好的生存环境。再如学习书法所需的笔墨产品,也越来越受到人们的追捧,上海周虎臣曹素功笔墨有限公司于2019年开发毛笔新品25款,新品销售额达112万元,其中《兰亭雅趣》毛笔套装多次获得小米流量榜第一名;其开发的墨品多次荣获"上海文化用品行业名优产品""中国文房四宝10大名墨"称号。

根据问卷,各项目生存环境状况评分列表如表3。

表 3 上海市国家级传统技艺类非物质文化遗产项目(前 4 批)生存环境状况评分列表

排名	项目名称	保护单位	评分	备注
1	民族乐器制作技艺	上海民族乐器一厂	10	
2	周虎臣毛笔制作技艺	上海周虎臣曹素功笔墨有限公司	9.75	
3	南翔小笼制作技艺	上海南翔老街建设发展有限公司	9.66	
4	曹素功墨锭制作技艺	上海周虎臣曹素功笔墨有限公司	9.33	
5	功德林素食制作技艺	上海功德林素食有限公司	9.33	
6	木版水印技艺	上海朵云轩集团有限公司	9.25	
7	本帮菜肴传统烹饪	上海老饭店	9.16	
8	金银细工制作技艺	上海老凤祥有限公司	9	
9	古陶瓷修复技艺	上海高古陶瓷修复有限公司	8.5	
10	龙凤旗袍手工制作技艺	上海龙凤中式服装有限公司	7.83	
11	培罗蒙奉帮裁缝技艺	上海培罗蒙西服公司	7.75	
12	上海鲁庵印泥	静安区文物保护管理中心	7.41	
13	亨生奉帮裁缝技艺	上海亨生西服有限公司	7.16	
14	石库门里弄建筑营造技艺	上海美达建筑工程有限公司	5.25	
15	钱万隆酱油酿造技艺	上海钱万隆酿造厂	4.08	
16	乌泥泾手工棉纺织技艺	上海市徐汇区华泾镇人民政府	3.41	均分 7.93

由表 3 可知,上海国家级传统技艺类非遗项目中超过一半的项目达到 8 分以上,其中"民族乐器制作技艺"获得满分 10 分,"周虎臣毛笔制作技艺""南翔小笼制作技艺""功德林素食制作技艺"均获得较高的评分,其他多数项目也有较高的评分。除"钱万隆酱油酿造技艺""乌泥泾手工棉纺织技艺"外,问卷评分与调研分析结果比较吻合。

但是课题组经过调查也发现,实际上"钱万隆酱油酿造技艺"项目的生存环境并不差,其市场认可度还是比较高的,上海当地老百姓非常认同钱万隆品牌,苦于难于购买钱万隆酱油而已。其所以评分低,主要是受其停产的影响。同样,"乌泥泾手工棉纺织技艺"项目的生存环境也并非不好,目前市场流通的基本上都是存货,手工土布很稀缺,其市场价格也越来越高,如果能够生产手工土布并进入市场,相信会受到市场的欢迎。

(二)保护工作状况

传统技艺类非遗项目的保护工作总体状况较为理想。随着我国非遗法以及上海非遗保护条例的出台与实施,各国家级非遗项目的保护单位都能遵照有关规定,开展实施保护工作,从制定保护计划、投入保护资金、设立专门机构、配备专职人员、培养传承团队到"进社区""进校园"等宣传推广活动,都根据各自的实际情况进行了全方位的保护,一些单位还开动脑筋、勇于探索,创新了保护模式,取得了较好的效果。如上海周虎臣曹素功笔墨有限公司作为两项国家级非遗项目的保护单位,在生产工具保护、坚持手工制作、拓展市场等方面都做出了创新性的探索,特别是克服动迁困难所开展的工作,为生产性保护企业提供了宝贵的经验。上海老凤祥有限公司每年制定详细的计划,从金银细工制作技艺的保护和开发、培养技艺的后备梯队、多渠道展示和推广非遗入手,取得了良好的效果。其他服装类项目、石库门营造技艺以及鲁庵印泥受管理机制的限制,保护工作有待提升。

根据问卷,各项目保护工作状况评分列在表 4 中。

表 4　上海市国家级传统技艺类非物质文化遗产项目(前 4 批)保护工作状况评分列表

排名	项目名称	保护单位	评分	备注
1	周虎臣毛笔制作技艺	上海周虎臣曹素功笔墨有限公司	9.75	
2	曹素功墨锭制作技艺	上海周虎臣曹素功笔墨有限公司	9.25	
3	木版水印技艺	上海朵云轩集团有限公司	9.16	

续表

排名	项目名称	保护单位	评分	备注
4	民族乐器制作技艺	上海民族乐器一厂	9.08	
5	南翔小笼制作技艺	上海南翔老街建设发展有限公司	9	
6	金银细工制作技艺	上海老凤祥有限公司	8.66	
7	本帮菜肴传统烹饪	上海老饭店	8.41	
8	功德林素食制作技艺	上海功德林素食有限公司	8.25	
9	古陶瓷修复技艺	上海高古陶瓷修复有限公司	7.66	
10	龙凤旗袍手工制作技艺	上海龙凤中式服装有限公司	6.75	
11	亨生奉帮裁缝技艺	上海亨生西服有限公司	6.5	
12	上海鲁庵印泥	静安区文物保护管理中心	6.25	
13	培罗蒙奉帮裁缝技艺	上海培罗蒙西服公司	6.08	
14	石库门里弄建筑营造技艺	上海美达建筑工程有限公司	6.03	
15	乌泥泾手工棉纺织技艺	上海市徐汇区华泾镇人民政府	5.33	
16	钱万隆酱油酿造技艺	上海钱万隆酿造厂	3.5	均分 7.48

由表 4 可知,50% 的项目达到 8 分以上,绝大多数项目的评分与实际调研比较符合,比较客观地反映出各项目的保护工作状况。只有对"钱万隆酱油酿造技艺"和"乌泥泾手工棉纺织技艺"项目的评分有失偏颇。根据实地调研,钱万隆酱油酿造厂因为张江镇开发、动迁,自 2006 年起停产至今,其影响太大,无论是专家还是区非遗保护中心评分均受到这一因素的影响,与其实际保护工作具有一定出入。"乌泥泾手工棉纺织技艺"项目受其人力、场所的限制,保护工作不力。目前,通过引进第三方管理,保护工作初见成效。

（三）传承状况

传统技艺类非遗项目的传承状况总体较好，但也有堪忧的一面，主要是一些项目传承人逐年减少，后继乏人的现象较为普遍。通过多次座谈及实地调研发现，培养传承人是困扰保护单位的一大问题。其中一些经济效益较好的保护单位，传承状况相对较好。如上海民乐一厂、上海老凤祥有限公司、上海周虎臣曹素功笔墨有限公司等，较好的收入为留住人才提供了保障。

而一些经济效益不好的保护单位以及还未实现"市场化运营"的保护单位，其传承人培养就具有较大的困难。如钱万隆酱油酿造厂由于多年停产，很难通过实践培养手工酿造艺人。随着时间的流逝，传承工作确实堪忧。乌泥泾手工棉纺织技艺项目也有类似情况。这一项目目前缺乏国家级传承人，现有的传承人也未掌握能织出花色图案的技能，保护单位也没能力整合上海市的人力资源，传承工作面临危机。石库门营造项目涉及多工种、多技能的传承，加之仅有老旧石库门的修复工作，其传承工作也存在不确定的因素。龙凤、亨生、培罗蒙等服饰类项目基本能维持传承队伍，但很难吸引优秀的年轻人从事这份职业。

根据问卷，各项目传承状况评分列在表5中。

表5 上海市国家级传统技艺类非物质文化遗产项目(前4批)传承状况评分列表

排名	项目名称	保护单位	评分	备注
1	周虎臣毛笔制作技艺	上海周虎臣曹素功笔墨有限公司	9.58	
2	曹素功墨锭制作技艺	上海周虎臣曹素功笔墨有限公司	9.58	
3	本帮菜肴传统烹饪	上海老饭店	9.16	
4	南翔小笼制作技艺	上海南翔老街建设发展有限公司	9.03	
5	民族乐器制作技艺	上海民族乐器一厂	8.91	

排名	项目名称	保护单位	评分	备注
6	金银细工制作技艺	上海老凤祥有限公司	8.66	
7	木版水印技艺	上海朵云轩集团有限公司	8.58	
8	古陶瓷修复技艺	上海高古陶瓷修复有限公司	8.41	
9	功德林素食制作技艺	上海功德林素食有限公司	8	
10	龙凤旗袍手工制作技艺	上海龙凤中式服装有限公司	7.66	
11	亨生奉帮裁缝技艺	上海亨生西服有限公司	6.83	
12	上海鲁庵印泥	静安区文物保护管理中心	6.16	
13	培罗蒙奉帮裁缝技艺	上海培罗蒙西服公司	5.75	
14	石库门里弄建筑营造技艺	上海美达建筑工程有限公司	4.41	
15	乌泥泾手工棉纺织技艺	上海市徐汇区华泾镇人民政府	3.83	
16	钱万隆酱油酿造技艺	上海钱万隆酿造厂	2.41	均分 7.31

表 5 对各项目传承状况的排名较为客观准确，但其评分相对较高。其中有 9 个项目达到 8 分以上，这显然高估了各单位的传承状况。如在对上海南翔老街建设发展有限公司和上海老饭店的调研中，其负责人就明确表示，由于厨师工作辛苦、待遇不高、职业地位差等原因，很难留住有悟性的人才，培养市级、国家级传承人存在很大困难。

（四）活动状况

调研组经过调研认为，上海市国家级传统技艺类非遗项目的活动状况总体也较为理想。从企业角度来看，开展非遗保护的相关活动可以宣传推广自身项目，相当于做广告，一举两得。另外，积极开展各类非遗宣传推广活动也是政府等管理部门考核非遗保护单位的一项指标，加之有相应的经费保障，所以保护单位也都愿意积极开展相关活动。

例如,"南翔小笼制作技艺"项目保护单位近年来专设了小笼馒头文化体验馆,开展群众性的制作小笼体验活动,受到一致好评;此外,其保护单位还积极开展各类传承推广活动,如进学校、进社区、进商圈等,同时辅之以精心制作的宣传作品《笼香百年》《南翔小笼》《笼仔游南翔》等,获得了良好的社会影响。

在服饰类项目中,龙凤、亨生相对活动较多,效果也比较明显,社会知晓度较高,而培罗蒙则表现较弱,这也与保护单位重视程度有关。

但是也有一部分项目开展活动数量相对较少,如,上海石库门技艺的保护单位因受其市场影响,另外由于作为保护单位的美达建筑工程有限公司兼具其他工作业务,投入的精力不足而影响其活动状况。值得一提的是,钱万隆酿造厂因其一直处于停产阶段,尽管也通过展示馆进行了一些活动,但由于动迁造成的管理问题,严重地影响相关保护活动。

根据问卷,各项目活动状况评分列在表6中。

表6 上海市国家级传统技艺类非物质文化遗产项目(前4批)活动状况评分列表

排名	项目名称	保护单位	评分	备注
1	南翔小笼制作技艺	上海南翔老街建设发展有限公司	9	
2	木版水印技艺	上海朵云轩集团有限公司	8.83	
3	民族乐器制作技艺	上海民族乐器一厂	8.66	
4	周虎臣毛笔制作技艺	上海周虎臣曹素功笔墨有限公司	8.66	
5	本帮菜肴传统烹饪	上海老饭店	8.66	
6	曹素功墨锭制作技艺	上海周虎臣曹素功笔墨有限公司	8.58	
7	功德林素食制作技艺	上海功德林素食有限公司	7.91	
8	龙凤旗袍手工制作技艺	上海龙凤中式服装有限公司	7.91	

排名	项目名称	保护单位	评分	备注
9	金银细工制作技艺	上海老凤祥有限公司	7.75	
10	古陶瓷修复技艺	上海高古陶瓷修复有限公司	7.75	
11	上海鲁庵印泥	静安区文物保护管理中心	7.41	
12	亨生奉帮裁缝技艺	上海亨生西服有限公司	7.08	
13	石库门里弄建筑营造技艺	上海美达建筑工程有限公司	5.58	
14	乌泥泾手工棉纺织技艺	上海市徐汇区华泾镇人民政府	5.75	
15	培罗蒙奉帮裁缝技艺	上海培罗蒙西服公司	5.25	
16	钱万隆酱油酿造技艺	上海钱万隆酿造厂	3.25	均分 7.38

由表 6 可知，有 6 个项目达到 8 分以上，2 个项目接近 8 分。这也充分说明上海国家级传统技艺类非遗项目的整体活动状况较好。可以说，非遗项目的活动状况与非遗保护的大环境密切相关。随着国家非遗法与各地非遗保护条例的施行，大众对非遗保护已经基本形成共识，各保护单位也乘势获得了极好的发展机遇。但是另一方面，由于传统技艺的门类不同，其与社会的适应度也不尽相同，导致也有个别是受其管理等特殊情况，造成分数较低，如钱万隆与乌泥泾项目就是由于停产和未实现市场化运作，影响其评分。

（五）核心内涵保持状况

经过本次调研发现，上海国家级传统技艺类非遗项目的核心内涵保持状况大都比较好，当然这与保护单位的努力分不开。如上海周虎臣曹素功笔墨有限公司对古旧墨模的分类造册、再利用、研发创新，对毛笔手工制作技艺的坚守等措施都有效地保护了笔墨制作的核心内涵。功德林素食制作技艺项目保护单位不仅通过整理传统菜肴用料、做法予以建档保护，还通过改进创新，保护其制作技艺的核心内涵。如原来素菜荤做受原料限制，现在大师们想办法改进了制作工艺,既保持传统特色又减少用油及调料用量,达到现代食客的需求。再如服饰类的三个项目,手工技艺的夫称、扎钵头、镶、嵌、滚、宕、镂、雕、盘、绣、绘等工艺均完整保存,虽然部分技艺可能在为顾客定制时使用不到,但是目前传承人仍能用这些技艺制作样品,传统工艺并没有失传。技艺水平与以前相比基本保持一致,即使是各品牌的年轻手艺人也都可以上手。

根据问卷,各项目核心内涵保持状况评分列表如表7。

表7 上海市国家级传统技艺类非物质文化遗产项目(前4批)核心内涵保持状况评分列表

排名	项目名称	保护单位	评分	备注
1	周虎臣毛笔制作技艺	上海周虎臣曹素功笔墨有限公司	10	
2	曹素功墨锭制作技艺	上海周虎臣曹素功笔墨有限公司	9.83	
3	木版水印技艺	上海朵云轩集团有限公司	9.83	
4	金银细工制作技艺	上海老凤祥有限公司	9.58	
5	民族乐器制作技艺	上海民族乐器一厂	9.16	
6	南翔小笼制作技艺	上海南翔老街建设发展有限公司	9.16	
7	功德林素食制作技艺	上海功德林素食有限公司	9.08	
8	本帮菜肴传统烹饪	上海老饭店	8.75	
9	亨生奉帮裁缝技艺	上海亨生西服有限公司	8.37	
10	龙凤旗袍手工制作技艺	上海龙凤中式服装有限公司	8.25	
11	上海鲁庵印泥	静安区文物保护管理中心	7.66	
12	古陶瓷修复技艺	上海高古陶瓷修复有限公司	7.66	
13	培罗蒙奉帮裁缝技艺	上海培罗蒙西服公司	6.16	

续表

排名	项目名称	保护单位	评分	备注
14	石库门里弄建筑营造技艺	上海美达建筑工程有限公司	5.33	
15	乌泥泾手工棉纺织技艺	上海市徐汇区华泾镇人民政府	5.16	
16	钱万隆酱油酿造技艺	上海钱万隆酿造厂	5.08	均分8.07

由表7可知，有10个单项超过8.25分，均分超过8分。绝大部分项目的核心内涵保持状况评分较为客观准确，与实际调研情况比较吻合。部分项目虽然评分不高，主要是受其整体保护状况的影响，如钱万隆酱油酿造技艺，因其处于停产状态对该指标评分造成较大的影响，但其核心内涵保持还是足以保证其重新恢复生产。

（六）市场拓展状况

从本次调研的实际情况来看，当前上海国家级传统技艺类非遗项目的市场拓展状况表现不够理想。市场拓展这一指标与项目的整体保护情况极度正相关，像曹素功、民族乐器在其行业内的经济效益均名列前茅，其市场拓展程度自然就高，而钱万隆则由于停产几乎谈不上市场拓展，整体保护也岌岌可危。从传统手工制作这一要求而言，拓展市场带来的大量订单，但也为企业生产制作带来挑战。如亨生西服有限公司，因服装本身是手工定制，零散的订单可以由工作间独立完成，但大批量的订单须通过和工厂产品以合作单位的形式开展生产，要想在短时间内完成订单就有一定困难。这就需要企业管理体制机制的创新，同时还要创新手工制作工艺。因此，虽然各品牌的服饰企业都在通过各种渠道搭建平台试图走出上海走向国际，但离完成市场开拓还有一段路要走。其他评分较低的乌泥泾、石库门、鲁庵印泥、培罗蒙等技艺，多数限于管理机制，还是具有一定的上升空间，需要创新改革，进一步理顺保护机制。

根据问卷，各项目市场拓展状况评分列表如表8。

表8　上海市国家级传统技艺类非物质文化遗产项目(前4批)市场拓展状况评分列表

排名	项目名称	保护单位	评分	备注
1	曹素功墨锭制作技艺	上海周虎臣曹素功笔墨有限公司	9.33	
2	民族乐器制作技艺	上海民族乐器一厂	9.25	
3	本帮菜肴传统烹饪	上海老饭店	9.16	
4	南翔小笼制作技艺	上海南翔老街建设发展有限公司	9	
5	木版水印技艺	上海朵云轩集团有限公司	8.66	
6	功德林素食制作技艺	上海功德林素食有限公司	8.58	
7	金银细工制作技艺	上海老凤祥有限公司	8.08	
8	周虎臣毛笔制作技艺	上海周虎臣曹素功笔墨有限公司	7.83	
9	古陶瓷修复技艺	上海高古陶瓷修复有限公司	7	
10	龙凤旗袍手工制作技艺	上海龙凤中式服装有限公司	6.25	
11	亨生奉帮裁缝技艺	上海亨生西服有限公司	6.08	
12	培罗蒙奉帮裁缝技艺	上海培罗蒙西服公司	5.41	
13	上海鲁庵印泥	静安区文物保护管理中心	4.33	
14	石库门里弄建筑营造技艺	上海美达建筑工程有限公司	3.66	
15	乌泥泾手工棉纺织技艺	上海市徐汇区华泾镇人民政府	2.91	
16	钱万隆酱油酿造技艺	上海钱万隆酿造厂	0.75	均分6.64

由表8可知,上海国家级传统技艺类非遗项目的市场拓展状况平均得分仅为6.64分。其中各项目评分差异较大,像曹素功墨锭、民族乐器、本帮菜肴、南翔小笼等制作技艺的评分很高,这四个项目的评分在所有63个项目中排名前四位。乌泥泾手工棉纺织技艺项目还未实现市场化运作,所以得分很

低。钱万隆酱油酿造技艺评分最低,只有 0.75 分,这主要是受到其停产的影响,从实际情况来看,钱万隆在上海具有较好的口碑,其生产以及市场营销还是具有一定的能力,评分应该在乌泥泾棉纺织技艺项目之上。

(七)各指标在总项目中的分布

作为前四批国家级非遗项目存续调研的一部分,有必要就其各指标评分在总项目中的分布进行说明。具体方法:先对各个单项指标(包括生存环境状况、保护工作状况、传承状况、活动状况、核心内涵保持状况、市场拓展状况)中的项目分值进行统计分段(8~10 分为一档,5~7 分为二档,1~4 分为三档),然后算出每个分段在总项目数(63 项)所占的比重,从而达到对各项指标的理想程度进行比较的目的。各指标分值比重表如表 9。

表 9 上海市国家级非物质文化遗产项目(前 4 批)存续状况各指标分值比重表

序号	项目	分段	数量(项)	所占比重
一	项目生存环境状况	8~10 分	30	47.61%
		5~7 分	26	41.26%
		1~4 分	7	11.11%
二	保护工作状况	8~10 分	29	46.03%
		5~7 分	32	50.79%
		1~4 分	2	3.17%
三	传承状况	8~10 分	32	50.79%
		5~7 分	24	38.09%
		1~4 分	7	11.11%
四	活动状况	8~10 分	27	42.85%
		5~7 分	33	52.38%
		1~4 分	3	4.76%
五	核心内涵保持状况	8~10 分	39	61.90%
		5~7 分	22	34.92%
		1~4 分	2	3.17%

序号	项目	分段	数量(项)	所占比重
六	市场拓展状况	8~10分	11	17.46%
		5~7分	25	39.68%
		1~4分	27	42.84%

由表9可知,保护工作状况、活动状况与核心内涵保持状况的评分分值比重较为一致,第一、第二档占比较大,也就是多数保护单位在开展非遗保护工作、开展非遗宣传推广活动、保持核心内涵等方面都做得比较好,只有极个别单位由于各种原因做得不到位。生存环境与传承状况的评分分值较为一致,第三档的比重均为11.11%,这也说明了有些单位的整体生存环境确实与现代社会具有一定的隔膜,需要创新与时间。再有,就是传承状况不容乐观,需要引起高度重视。市场拓展这一指标独树一帜,第二、第三档比重相当大,只有17.46%的项目评分较高。说明生产性企业还需不断守正创新,进一步提升产品的市场空间。

由前文可知,传统技艺类非遗项目各指标分别为:7.93(生存环境)、7.48(保护工作)、7.31(传承状况)、7.38(活动状况)、8.07(核心内涵保持)、6.64(市场拓展),除市场拓展状况低于7分外,其他均在7分以上,特别是核心内涵保持达到8.07分。这也进一步说明传统技艺类非遗项目总体存续状况向好的一面。

三、目前上海该类非遗项目存在的问题及原因分析

通过指标分析可知,目前上海传统技艺类项目存续的主要问题集中于"传承"与"市场拓展"这两个方面。其他指标所反映的问题,可以通过机制创新、加大保护力度、制定保护计划等提升保护水平。在调研专访中,课题组也发现了一些其他问题,阻碍非遗项目的保护与发展。具体阐述分析如下。

(一)传承人培养问题

传承人培养始终是保护单位面临的第一要务。但是从上海目前的一些传统以及类非遗项目情况来看,许多国家级、市级传承人年事已高,面临退休,而具备核心技艺的年轻人还比较缺乏,呈现"青黄不接"的现象。如乌泥泾手工棉纺织技艺、鲁庵印泥、亨生奉帮裁缝、本帮菜肴烹饪等项目就缺乏国家级传承人,这对非遗项目的传承造成不利影响。另一方面,由于手艺工作辛苦、环境差、收入不高以及不良的职业观念,很难吸引年轻人从事传统技艺工作。甚至有些比较优秀的年轻工匠,难以抵挡外界的诱惑而跳槽。青黄不接、后继乏人是保护单位较为普遍的现象。如功德林素食有限公司年轻厨师的频繁流动,为了应对年轻厨师流动频繁、不够稳定的情况,该公司只能通过继续聘用老一辈传承人来解决人手不足的困难。还有南翔小笼包、上海本帮菜都面临类似的问题。

(二)市场拓展问题

就传统技艺类国家级非遗项目而言,因其文化与品牌资源,一般都具有一定的市场。但上海该类企业的市场拓展状况总体表现一般。目前该类项目中,诸如乌泥泾手工棉纺织技艺与鲁庵印泥等项目都未能实现市场化运营,反映出某些项目保护工作的不足,需要充分开展市场调研与市场拓展工作。上海民族乐器一厂在行业内做到了全国第一,其生产已扩展到国内的其他省份,但知识产权保护问题也影响其市场的良性拓展。服饰类项目的保护单位均处于国企机制的"保护"下,在经营状况不佳或者一般的情况下,这种体制有利于非遗的存续。但从市场拓展的发展路径来看,平台、资金都受到限制,手艺人思想相对固化,成品没有与时俱进的设计理念,缺乏鲜明的产品特色,缺乏市场竞争力。上海美达建筑工程有限公司虽然是石库门建筑营造技艺的保护单位,但因受建筑市场、工程造价成本、时间进度等诸多因素的影响,在进一步拓展市场方面也存在一定困难。

（三）动迁引发的非遗保护困境

随着我国法制化建设进程的推进,社会生活等方方面面都在建立各种法律制度,特别是在城市化建设的过程中,各种公司法、环境法、知识产权法等等不断出台实施,当这些法规与非遗保护法规发生冲突时就会产生问题,非遗保护法规就难以落地实施。如 2006 年,浦东张江镇开发导致钱万隆酱油厂被迫停产。2010 年,企业采取临时措施,举债借款在浦东高东工业园区租界工业用地建厂并设立"钱万隆酱油酿造技艺"展示馆,但 2017 年 2 月,高东镇环境综合整治办公室认定该厂房为无证违法建筑。2019 年,静安区旧改动迁令下达至上海周虎臣曹素功笔墨有限公司。按照动迁要求,笔墨公司不仅丧失了在上海主城区的 9 所场地,而且无法觅得新的生产、仓储、展览场地,虽然此问题最终通过上海市政府专题会议得到了解决,但其成本之高,与获得关注的偶然性告诉我们这并非一条非遗保护的坦途。

四、对策与建议

针对以上主要问题,我们主要提出以下几个方面的建议对策:

（一）加强传承人培养

对于老一辈传承人,要加大保护力度,在其身体允许的情况下尽快通过视频音像、口授等方式记录核心技艺,如果条件具备,企业可以继续聘用老一辈传承人,通过他们的传授多培养一些接班人。

对于年轻人,要营造良好氛围,树立良好的职业观,进一步提升福利待遇、改善工作环境,一方面要解决年轻人的生计问题,留住优秀的工匠艺人;一方面让年轻人认识中华优秀传统文化的精美博大,产生从事手工技艺的事业心。只有从心里喜爱上这一职业,才能更好的传承、发扬光大。

充分利用非物质文化资源,通过校企合作,联合培养青年人才。目前,一些保护单位通过与上海视觉艺术学院、上海工程技术大学、东华大学、中华职校等学校的合作,建立了大学生的实习基地,许多优秀学生毕业后进入保护单位工作,并成为技术骨干。这些宝贵经验值得推广借鉴,有利于传承人的培养。

(二)守正创新,拓展市场

非遗保护就是保护文化的多样性。经历工业化进程,大众也认识到传统工艺的优势,但限于原材料、人工、时间等成本因素,传统工艺产品在市场竞争中存在劣势,但市场已经认同了传统工艺产品,这为我们传统技艺的生产性保护与市场拓展提供了可能。

为此,各项目保护单位应该充分挖掘非遗文化资源,充分了解市场的需求,积极探索与拓展非遗产品的市场。保护企业要充分认识现代市场经济的规律,在深入了解市场的基础上,拟定各自的发展规划与产品计划,树立品牌形象,加强行业管理,让传统工艺产品赢得大众的口碑。要敢于创新,在守正的基础上与时俱进,运用现代科技、管理、营销等方式与手段,在产品创新与满足人们美好生活需求方面实现突破,符合现代人的消费理念。当代社会,信息爆炸,多元文化滋生出丰富的各类产品,为适应时代特点,保护单位应该运用多种平台宣传,合理运用非遗保护宣传的各种方式,如进学校、进社区、进企业、电视、报刊、网络自媒体等大众平台进行品牌宣传,为市场拓展营造氛围。

(三)完善非遗保护法规实施条例与实施细则,提升实际保护的可操作性

《中华人民共和国非遗法》以及各地非遗保护条例的出台为我国实施非遗保护提供了法律与制度保障,但随着城市化进程、环境保护、人员流动等诸多问题的深化,非遗保护也不断面临新情况、新问题。钱万隆酱油厂与周虎臣曹素功笔墨公司在动迁中所遭遇的问题令人扼腕警醒。随着我国法制化建设的推进,各领域都在不断建立与完善相关法律条文,由于非物质文化遗产涉及的面较宽,在其保护实际中会与不同领域的法规发生冲突,如动拆迁

法规、环境保护法规、食品安全法规、动物保护法规等等,面对不同的法规,一方面需要上级主管部门的协调,但成本比较高。另一方面就是完善非遗保护的法律条例。对此我们建议:由文旅部组织专家团队,综合考察各类涉及非遗的法律法规,界定相关权利与义务,制定"国家非遗保护实施条例",各地根据"国家非遗保护实施条例"结合当地经济社会发展情况,完善各地非遗保护条例,提升实际保护的可操作性。

主要参考资料

［1］上海市非物质文化遗产保护中心编:《活化传统守正创新——上海市非物质文化遗产保护工作优秀实践》,上海交通大学出版社,2018 年。

［2］中国艺术研究院编:《2020 年度中国艺术发展研究报告》,文化艺术出版社,2021 年。

［3］毕旭玲编:《上海非物质文化遗产发展报告(2020)》,上海书店出版社,2020 年。

上海市国家级传统医药类非遗
项目存续状况调研报告

林 静①

摘 要 作为上海国家级非遗项目存续状况调研报告的分报告之一,传统医
药类项目的生存状况和保护情况有着自己的特点。列入此次调研
范围的1～4批国家级传统医药项目总体情况良好,各项目在生存环
境状况、保护工作状况、传承状况、核心内涵保持状况和市场拓展状
况六个指标上各有建树,但也存在着中医被社会认可度不高、流派
特色和技术优势的弱化、中青年领军人才匮乏、中医大学教育不适
应中医特点和人才培养规律、病种变化导致部分诊疗手段不适用、
部分中药材被禁用等共性问题和短板。建议传统医药项目发展要
坚持固本培元、守正创新,关注高层次中医药人才培养,弘扬多临
证、跟名师的传承方式,营造良好学术氛围,搭建交流平台、加强比
较研究,改革中医高等教育,加强替代药品的开发和利用,为传统医
药类项目的流派发展创造更良性的环境。

关键词 传统医药 流派 存续状况

海派中医萌芽于元明清,形成于近代上海,是海派文化的一个重要组成
部分。上海开埠后,城市化快速发展,各地移民大量聚集。上海出现了近代
第一个中医药团体、第一张中医药报纸、第一所比较正规的近代中医学校、第

---

① 林静,上海市非物质文化遗产保护中心业务指导,主要研究非物质文化遗产项目、传承人、法
律法规、政策及相关领域。

一部中医大辞典、第一部中药大辞典等。这些"第一"彰显了海派中医在新的社会条件下得风气之先,敢于创新的特点。在不到一百年的时间里,上海出现医学刊物几十种,全国性和地方性中医团体30多个,中医教育机构40余所,中医医院30余所,出现了著名的中药老字号蔡同德堂、胡庆余堂、童涵春堂与雷允上药业,上海逐渐成为江南地区新的中医学术中心。作为近代兴起的城市医派,海派中医引领了我国近代中医的发展潮流。

一、近代海派中医的特点

(一)流派纷呈、百家争鸣

中医流派中张氏内科、何氏内科、顾氏外科、妇科四大家、儿科四大流派、伤科八大家、针灸六大派以及推拿一指禅等,都沉淀深厚、独具特色,又交相辉映,共同促进了上海近代中医学术的繁荣。明清以来上海本土出现过众多的医学世家,传承数代而不绝。以市级项目竿山何氏中医文化为例,竿山何氏是累世达860多年、共29代的何氏中医世家中的一支,自何氏第二十代世医何王模定居青浦北竿山行医后,他成了何氏世医中的"竿山始祖",至今已达十世,行医者55人。与此同时许多外地医家也纷纷移居上海发展,非遗项目无锡石氏伤科、山东魏氏伤科、海门施氏伤科、南通朱氏妇科、孟河丁氏内科、浙北的夏氏外科等闯荡上海滩,充分体现了海派中医海纳百川的特性。各流派在上海兼容并蓄的文化特质激荡下互相交流、互相融合,变中有持,学术争鸣十分活跃,呈现出百花齐放、百家争鸣的局面。

(二)名医辈出、百花齐放

各流派涌现了一大批具有代表性的中医名家,他们在继承传统特色的基础上不断推陈出新,融会贯通,广收博蓄,形成了独特的学术思想和诊疗特色。石筱山、顾伯华、陆瘦燕、朱小南、丁季峰、朱春霆……在上海滩,这些中医的名字妇孺皆知、家喻户晓。如今他们的继承者已接过前辈的大旗,成为流派传承的中坚力量,成就了一大批国医大师、名老中医,也成了非遗领域的代表性传承人。

(三) 传承方式的革新

近代中医教育在上海大兴,成为对传统师授家传教育的重要补充,有效地克服了传统师承家传教育培养人数少,无法满足流派传承需求的短板。家传与学校的结合,拓宽了流派传人的理论视野和临床思路,增加了流派传承的力度,有利于流派特色的充实及创新。

例如朱氏妇科的创始人朱南山于1935年创建新中国医学院,时任院长,延聘名师,传道授业,共培养13届学生,遍及全国及新加坡、马来西亚、缅甸等地。至今中医界前辈巨子多有列于门墙,如饶师泉、王玉润、何任等,为解放前上海最具影响力的三所中医院校之一。

"朱氏推拿疗法"流派创始人朱春霆是上海中医学院附属推拿学校的首任校长,开创了推拿现代教育的先河,推拿学校600余名毕业生分配到全国各地,成为各省市推拿学科的开创者。

海派中医的辉煌反映到非遗领域,体现在传统医药类项目申报热情的持续高涨,越来越多流派特色鲜明的中医药项目入选非遗名录。2012年市卫计委启动的"上海市中医药三年行动计划"在全市范围遴选的15家流派传承研究基地中,丁氏内科(丁甘仁)、石氏伤科(石兰亭)、顾氏外科(顾伯华)、陆氏针灸(陆瘦燕)、徐氏儿科(徐小圃)、张氏内科(张元鼎)、朱氏妇科(朱南山)、蔡氏妇科(蔡杏农)、夏氏外科(夏墨农)、丁氏推拿(丁凤山)、魏氏伤科(魏指薪)、杨氏针灸(杨永璇)12个海派中医流派皆已成为上海国家级或市级非遗项目。入选1~4批国家级非遗的传统医药项目共有4个大项,7个小项,包括中医诊疗法、中医正骨疗法、陆氏针灸疗法和六神丸制作技艺,其中中医诊疗法有朱氏推拿疗法、顾氏外科疗法、古本易筋经十二势导引法三个扩展项目,中医正骨疗法(石氏伤科)有上海交通大学医学院附属第九人民医院黄浦分院和曙光医院2个保护单位。今年公布的第五批国家级项目传统医药入选2个大项,4个小项,分别是中医诊疗法(丁氏推拿疗法、朱氏妇科疗法)、中医正骨疗法(魏氏伤科疗法、施氏伤科疗法)。这些项目都是海派中医中的各领风骚、颇有声望的流派。

二、传统医药项目生存和保护状况分析

综观上海的1～5批国家级传统医药项目,涉及伤科、外科、妇科、针灸、推拿、导引和医药炮制等不同领域,呈现出生存状态较好、保护工作扎实、发展态势良好的局面。在此次列入调研范围的前4批国家级项目存续状况综合指标排名中,总体存续状况优秀的有顾氏外科疗法、石氏伤科疗法(曙光医院、上海交通大学医学院附属第九人民医院黄浦分院)、六神丸制作技艺和古本易筋经十二势导引法,共计5个,良好的有朱氏推拿疗法和陆氏针灸疗法2个,在上海非遗十大门类中总体存续状况处于非常优异的状态。

项目名称	等第
六神丸制作技艺	优秀
古本易筋经十二势导引法	优秀
石氏伤科疗法(黄浦区)	优秀
石氏伤科疗法(曙光医院)	优秀
顾氏外科疗法	优秀
朱氏推拿疗法	良好
陆氏针灸疗法	良好

得分由自评25%、区评25%和专家评分50%综合而成,由于医药类项目大多属于市属单位,因此区评分这栏由专家赋分。根据实际调研情况分析,各项目等第基本符合保护工作实际情况。下面从各单项指标来进行具体分析:

(一)项目生存环境状况

各项目生存状况良好。这主要得益于国家对中医发展的政策支持和强

力推动。2019年《中共中央国务院关于促进中医药传承创新发展的意见》颁布，2020年上海市《关于促进中医药传承创新发展的实施意见》出台，一系列政策的推出，对于改善中医的生存环境将起到积极的正面导向作用。"坚持中西医并重，推动中医药和西医药相互补充、协调发展"已成为中医事业发展的纲领性文件和指导方针。传统医药项目的发展也得益于民众对健康养生的更高追求。随着人民群众生活水平的日益提高，对健康、延年益寿的渴望使得广大民众对于养生保健有着越来越高的关注。中医经络养生、针灸推拿、足疗保健、中医美容、中药药膳等在商场及网络平台上琳琅满目，呈现一派蓬勃之势，中医在推动民众防病治病、提高健康水平方面具有独特优势，市场前景十分广阔。针灸、推拿、导引都已成为民众日常生活所需，其理念和实践已被广泛接受。上海传承导引医学研究所充分发挥易筋经导引法安全、绿色、有效的特点，服务于大众健康，产生了广泛的社会影响。朱氏推拿疗法的代表性传承人朱鼎成创立"共享推拿"项目，将中医养生理念、简易保健手法、功法和心法创新地运用于亲子推拿、敬老推拿和夫妻推拿，让保健推拿进入千家万户，这一理念和举措得到了上海市卫健委"治未病"中心的大力支持和推广，2018年起已在长宁区卫健委和嘉定区卫健委的支持下进行推广。

（二）项目保护工作状况

各保护单位在计划制定、经费投入、人员、场地、设施保障、制度建设、档案建设方面都建立了较为规范、完备的管理制度，为保护工作的长远发展提供了强有力的机制保障。石氏伤科、顾氏外科、陆氏针灸、朱氏推拿的保护单位都是专业医院，具有开展保护工作的良好条件。医院都制定了以院领导、保护工作联络人和传承人群为主体的组织架构，设立了专门的流派传承科室，配备了相应的设备，注重实物和电子档案建设，保护工作开展有序，成效明显，尤其石氏伤科、顾氏外科、六神丸制作技艺项目保护工作的开展得到了保护单位的高度重视。

石氏伤科作为上海最有影响力的伤科流派，两家保护单位配备了相当数量的场地和设施。上海交通大学医学院附属第九人民医院黄浦分院在住院部设有石氏伤科核定床位 44 张、综合治疗室 1 间、展示教室 1 间、石氏伤科资料室 1 间,在宁波路中医门诊部 2 楼设有诊室 5 间及综合治疗室 1 间,年服务患者 14 万余人次。曙光医院在东西二院共有石氏伤科门诊诊室 5 间,病区床位 30 张。三年来,门急诊诊疗人次超过 60 万人次,住院诊疗人次超过 8 000 人次,区域外患者比例占 45.8%。

顾氏外科是目前全国唯一拥有疮疡、乳腺、皮肤、肛肠及急腹症五大分支的完整建制体系的中医外科流派,因而传承过程中要致力于保护并维持其完整性,龙华医院在机制上厘清关系,分清职责,采取"总—分—总"模式来推动项目保护工作的开展。医院成立领导小组,负责统领非物质文化遗产保护工作的重要事项,领导小组在宣传处设办公室,具体负责非遗保护工作的各种协调、联络,项目设有总负责人及秘书,负责该项目的具体管理工作,各分支代表性传人成立工作室,自主开展各分支的保护工作,同时带动周边二级医院及地段医院组建"区域诊疗中心",形成"三级联动模式",通过创建"顾氏外科二级工作站""优势病种诊治中心"等平台,将合作单位向全国扩散,并配有联络专员,确保院内外的协作沟通。

六神丸为上海雷允上药业有限公司的著名特色品种,作为公司的拳头产品,保护单位在该项目人员、设备、制度等方面都给予了非常大的支持。公司丸剂车间单设六神丸班组,并特设六神丸特类物料管理人员,确保器材、设备等均安装妥当。同时,公司以代表性传承人为领头羊,特设技能工作室、传承工作室,设立独立的传习场所。传承人每年对当年度非遗工作进行总结,并将规划实施情况纳入部门 KPI 考核。公司每年对项目的宣传推广提供经费支持,预算均超过 100 万元。

(三)传承状况

传承人是传统医药项目的核心,其传承状况直接关系着流派的存亡,因此人才的培养是各个保护单位十分重视的工作。目前各项目传承状况整体良好,都以代表性传承人为核心,建立不同年龄传承人梯队,传承有序。保护单位建立了培养传承人的多种渠道:①建立师带徒制度,定期组织理论学习和临床带教;②与上海中医药大学联合开设本科及研究生课程,为流派储备专业人才;③通过研讨会、讲座、论坛、学习班等形式,为传承人群学习、培训、研修、交流等创造条件;④通过对口站、分基地建设向全国推广流派技术。多种方式的人才培养通道为流派的开枝散叶打下了扎实的基础。在传承梯队建设方面,顾氏外科、石氏伤科、六神丸制作技艺、古本易筋经十二势导引法都已建立完整的梯队,国家级、市级、区级代表性传承人和后继人才梯队完整、脉络清晰。例如顾氏外科流派传承人各分支代表性传承人陆德铭、唐汉钧、朱培庭、马绍尧、陆金根现均为"上海市名中医",各代表性传承人积极参与师承教育,培养全国名老中医药传承班传人、杏林新星、医苑新星等传承人才。皮肤分支设有硕士点,乳腺、肛肠、疮疡、急腹症分支均设有博士点,顾氏外科流派有1个博士后站点,每年度招收硕士、博士研究生及博士后人员。除长期跟师学习外,流派也与学校、医院合作接收短期进修、访学人员。

(四)活动状况

对传统医药项目来说活动开展的主要方式是科普讲座、医疗咨询、义诊等活动。各项目保护单位积极参与各级主管部门组织的宣传展示活动,积极参与公益性中医适宜技术推广及基层中医药服务建设,在上海各区和外省市进行健康宣教、义诊等活动,取得了良好的社会反响。顾氏外科与周边社区形成常态化合作,定期下基层、进社区,在社区居民中颇有影响。曙光医院石氏伤科与上海市慈善基金会协同开展面向全市42个社区的"关爱中老年膝关节病"大型公益活动,定期开展周边社区义诊活动。陆氏针灸在上海徐汇枫林社区、金山枫泾镇、虹口区以及浙江省嘉善县、浙江省衢州市、江苏省苏州市相城区等多次开展科普讲座、医疗咨询、义诊等活动。朱氏推拿大力开展"共享推拿"进校园、进社区等系列讲座,在2019—2020年期间为嘉定区十三个社区卫生服务中心培养了21名推广员。在活动开展和宣传推广方面取得最为突出成效的是上海传承导引医学研究所和上海雷允上药业有限公司。

上海传承导引医学研究所近年来开展非遗进社区、进学校、进楼宇、进乡村活动十分活跃。在安徽中医药大学、安徽省国医馆、湖北省中医院、东莞市中医院、南京甘熙故居传习体验中心建立省级非遗传承基地,还与市残联、市政协、市妇联、市双拥基金会等机关合作开展健康传习活动,与浦东新区金杨街道、周家渡街道、河南驻马店市卫健体委签订协议,培养 700 名非遗辅导员,与苏州吴中区疾控中心签订协议,培养 30 名非遗辅导员。在香港仁爱堂美孚中心、香港顺利中心服务处、香港乐晖中心服务处开展面向长者的非遗健康讲座。

上海雷允上药业有限公司的六神丸由于配方、工艺等涉密,导致保护单位曾经在宣传上产生了很大的困难,如今他们将六神丸处方药和六神丸制作技艺加以区别,较好地把握了传统技艺的保密性与项目宣传开放性的平衡。近三年公司举办六神丸相关的研讨会、论坛近 600 场,参与的研讨会、论坛60 多场。公司通过"雷氏文化行-社区行"宣传品牌开展活动近千场,送课入校十七所大中小学,在社区、企业等开设课程 405 场。利用上药中医药文化园六神丸馆这一资源,打造非遗短途游,在企业宣传上取得了良好的反响。

(五)核心内涵保持状况

作为传统医药项目,学术思想、诊疗手段和流派技术是保护工作的重中之重。各项目都根据临床实践需要和文献挖掘整理,形成了优势病种的流派特色诊疗方案,探索研究特色技术在诊疗过程中的具体实施,提炼流派特色鲜明、疗效确切的流派技艺内涵,同时致力于特色药物的制备和研发,核心内涵保持状况良好。上海传承导引医学研究所通过与临床科室共建,在瑞金医院功能神经外科(帕金森病康复方向)、第六人民医院创伤骨科(骨关节康复方向)、龙华医院肿瘤六科(肺肿瘤康复方向)分别开展导引法介入康复干预的疗效研究。朱氏推拿代表性传承人朱鼎成针对亚健康、小儿健康、失眠症等,提出了"层面论""恒和法则"等理论,积极运用于临床实践。陆氏针灸结合当代疾病谱的特点,以颈椎病、肠腑病症等为切入点,探索陆氏针灸预防与治疗相关疾病的作用机制。其中成果最为突出的是石氏伤科和顾氏外科。

上海交通大学医学院附属第九人民医院黄浦分院在传承石氏特色方剂及三色敷药制备工艺的基础上开发改良特色制剂 2 种:椎脉回春颗粒、逐痰通络颗粒,改良开发新型固定支具 6 种,其中 2 种获国家专利,并与上海雷允上药业有限公司协作进行工艺改良。

顾氏外科不断开发挖掘特色方药及特色疗法,对传统的"拖线疗法""垫棉疗法""药线疗法"等流派适宜技术进行影像整理,对流派优势病种如"肛瘘""浆细胞性乳腺炎""银屑病"等教学课程进行影像录制。"拖线疗法治疗难愈性窦瘘类疾病"这一适宜技术已拓展应用于浆细胞性乳腺炎、复杂性肛瘘等多个优势病种,并在全国至少 32 家单位推广应用。乳腺分支完成特色"绑缚疗法"相关用具的专利成果转化。肛肠分支自主研发有关"药线疗法"的药线制作装置,实现标准化制作。同时顾氏外科团队不断研发新的特色方药,制备"胆宁片""锦红片""复黄片"等特色药物,完成专利转化,从院内制剂推广至市场应用,新增"促愈颗粒""红萸饮颗粒"等院内制剂,另有创新、研发各种优化特色疗法操作的临床用具。

（六）市场拓展状况

作为医药类项目,市场拓展并不是工作重心,只有隶属中药炮制的六神丸制作技艺项目主要以生产性保护的方式来进行保护。上海雷允上药业有限公司利用六神丸为国家医保、国家基药品种的优势,已在大部分省（市）有中标项目,力争 2025 年销售规模过亿元,小小六神丸,撬动大经济,公司志在将雷氏六神丸打造成呼吸道领域中成药大品牌。

二、传统医药项目面临的共性问题

虽然在非遗十大门类中传统医药项目总体存续状况良好,但不能否认,传统医药依然面临着不少共性问题:

（一）中医药被认可度不如西医

与西医相比,中医长期处于弱势地位。目前"中医处方,西医灵魂"的现象十分普遍,即使是中医院里的医生也经常采用西医药的治疗方法解决疾患,中医药的方法只处于补充地位,始终不是与西方现代医学相对等的医学力量。同时由于现代人生活工作节奏紧张,而中医诊疗时间较为漫长,无法做到立竿见影,因此更多人会选择西医的方式进行治疗。

(二)流派特色和技术优势的弱化

随着医院临床质量管理要求的不断提高,诊疗规范化、标准化的强化,使得当代中医药学术思想在一定程度上表现出趋同性,遏制了特色诊疗手段的实践和探索。在规范化、标准化与中医流派个性化、特色化之间要保留足够的发展空间,不然会抹杀流派的特征。

(三)中青年领军人才匮乏

中医流派的核心人物是具有独特学术思想、临床经验,形成稳定传承体系,具有较大影响力的流派名家,目前各流派核心传人大部分已进入耄耋之年,中青年人才大多熟练掌握本流派的特色诊疗技术,能成为专科领域的专家,但要形成自己创新而独特的学术思想、认知方法和临证思辨特点,有独到之处、独擅之长,要扛起流派领军人物的大旗还有较长的路要走。

(四)中医大学教育不适应中医特点和人才培养规律

①在课程的设置上沿袭西方医学分类,细分学科,而中医是一门综合性很强的学科,过细的学科分类在一定程度上割裂了中医"整体观念、辨证论治"的指导思想和诊疗方式的完整性。②中医专业训练过少,实践能力培养严重弱化。比如脉学,没有长期的训练和揣摩很难真正掌握,而这恰恰是中医临床能力的重要基本功夫。朱氏推拿所施行的各种技巧动作全靠手来完成,在手法的掌握中,力量是基础,技巧是关键,两者必须兼有。手的持久力、控制力需要长期的训练,无法依靠知识的学习获得。③现代中医药高等院校,统一教材、统一学术观点、统一教育模式,这样的教学方式不利于流派不同学术思想、诊疗手法的呈现,教材中关于各家学说和地域性流派的阐述和关注较少,尤其是最新的学术成果很少体现,在一定程度上妨碍了中医流派

的宣传。

（五）病种变化导致部分诊疗手段不适用

现代人生活、生产方式的改变，导致罹患的病种与数十年前有了很大的区别，而流派诊疗技术的确立必须建立在大量的临床实践的基础上，流行病种的变化导致了部分技术手段的退化。比如石氏伤科中骨折脱位的病人已经越来越少了，取而代之的是颈椎病、腰痛病、骨质疏松为代表的劳损性疾病和退行性疾病，因此治疗骨折的很多手法渐渐失去练习的机会。以往骨伤科就诊病人多为体力劳动者，而如今患者以老年人、办公室人员居多，患病人群年龄、体质特征的差异必然需要更新诊疗手法。

（六）部分中药材被禁用

1993年我国政府为了人类与自然的协调发展和履行国际义务已全面禁止犀角、虎骨等珍稀濒危动物入药使用，限制天然麝香、天然牛黄等珍稀中药资源的使用范围，直接导致一些传统的、有优势的药方和药引很难留存。石氏伤科的外用药中使用的动物性药材如麝香、犀角、象皮等是现在不可使用的药材，但目前所使用的替代品又达不到动物药材的效果，甚至有些没有替代品。六神丸配方中的牛黄和麝香主要由人工牛黄和人工麝香替代，疗效确有不同，这就需要进行临床疗效研究。顾氏外科的部分外用药物因为含汞，在生产和使用中受到很大程度的限制。有效开展中药材禁用药的替代品研究已经成为中医药发展亟待解决的问题。

四、传统医药项目发展的建议

（一）流派发展要固本培元，守正创新

一方面要回归经典的本源，学习中医基础系列课程，学习中医各家学说，注重医能、医技、医德的培养，关注名著、名医、名流、名言、名案、名方，从传统经典和前辈经验中汲取无尽的智慧，夯实基础以指导临床。另一方面创新是

医学流派的本质,也是医学流派的生命。医学是随着社会、疾病谱、人群和环境的变化而演变的,因此医生也要随之进行适应性的变化,捕捉其变化要素与规律,根据诊疗中新的实践,概括出新的规律,提出新的观点、新的内涵。

(二)高层次中医药人才培养

高层次中医药人才的培养,涉及教育模式、学术传承、理论研究、临床实践以及人文素养等诸多方面因素,不仅需要临床能力和流派特色诊疗技术的掌握,还需要中国传统文化底蕴的熏染和中医经典基础理论的浸淫。流派领军人物应当博及医源,精勤不倦,有扎实深厚的中医功底,精深的理论造诣,应该敢于突破与超越。要为高层次人才培养建立机制,创造条件,只有流派宗师和学术大师的涌现,才能引领流派队伍、形成流派阵营,扩大流派影响。

(三)多临证、跟名师,是海派中医流派传承的优良传统

弘扬"一师为主,多师传承"的教学传统,帮助学生拓展视野,集多师经验于一身,克服单一老师的局限性,让学员通过拜师、游学等方式,提高对中医各种流派、学派的认识,融会贯通、激发新思,吸纳百家之长,丰富临床经验,是培养高水平专业人才的必经之道。

(四)营造良好学术氛围

中医流派的传承发展,需要努力营造海纳百川、兼容并蓄的文化氛围和相互交流、百家争鸣的学术环境,需要进一步加强对中医流派传承传播规律的研究,从共性规律中寻找适合今后流派生存发展的土壤和空间。在实施中医临床规范化、标准化管理时,需要充分尊重中医自身的发展规律,既要符合公认的中医药理论和技术规范要求,又要为独特的学术思想、临床技艺和诊疗特色保留足够的发展空间。

(五)构建学术平台,加强比较研究

建议在对单个项目的内涵和特点进行全面研究的基础上,延伸到对不同

流派的比较研究,从地域流派研究延伸到全国同类流派的比较研究,从中认识各流派理念和技术手法的优势和不足。通过构建学术平台,分享、交流、探讨各家学术研究成果,互相吸纳、互相融合、互相促进,不断创新诊疗手段和方法,有利于人才的脱颖而出。

（六）改革中医高等教育

中医高等教育应根据中医的特点制定课程和学习方式。在课程设置上要引入更多经典文献学习,加强中医所需专业能力的培养,提供更多实践的机会。在教材中及时纳入各流派的研究成果,使中医流派能体现在各专业的教学中。

（七）加强替代药品的开发和利用

需要整合药学、化学、生物学、计算机科学等多学科技术为禁用中药材替代品的研发提供合理的理论基础和实践方法,加强替代药品药效的研究。

（八）推行健康生活方式,优化健康服务手段

通过非遗在社区、非遗进校园等多种渠道和方式,推行健康文明的生活方式,普及个体健康生活方式指导及干预,充分发挥中医"治未病"优势和实用技术手段来服务于社会大众,倡导大众对中医食疗、推拿按摩、针灸、拔罐、药熏、艾灸、牵引、刮痧等简便易行的日常治疗手段的了解和学习,大力推广家庭保健、社区保健,提高全民健康素养,引导形成自主自律、符合自身特点的健康生活方式,助力"健康中国"建设。

主要参考资料

［1］杨杏林:《简述海派中医及其流派传承特点》,《医派源流》2012年第4期。

［2］严世芸:《中医流派学术经验传承工作的思路、途径和思考》,《中医文献杂志》2017年第3期。

上海市国家级传统音乐、传统舞蹈类非遗项目存续状况调研报告[①]

程 鹏[②]

摘 要 目前上海市国家级传统音乐、传统舞蹈类非遗项目的传承保护情况总体良好,但也存在一些问题,主要表现在生存环境改变,部分项目核心内涵发生了变化;传承人存在老龄化问题,年轻学徒上升速度慢;部分项目传承人思维固化,创新、创作能力不足;集体性项目人员不容易保障;以公共文化形式保护为主,缺乏市场拓展思维。因此,应尽可能地保护生存空间,在生存空间破坏的情况下,可以实行功能转换,进行创新性发展与创造性转化;大力培养年轻传承人,改善传承人评审制度,为年轻传承人向上流动建立合理机制;开拓传承人思维,加强传统音乐、传统舞蹈类非遗项目的创新发展;对于有条件的项目可以试行公司化运作,培养一支专业专职的队伍;对于具备市场化条件的传统音乐、传统舞蹈类非遗项目,可以尝试进行市场开拓,探索商业化运营道路。

关键词 传统音乐 传统舞蹈 核心内涵 市场化

---

① 基金项目:本文系上海市哲学社会科学规划一般课题"上海'非遗在社区'保护模式的实践探索与理论总结"(项目号:2020BCK010)的阶段性成果。
② 程鹏,上海社会科学院文学研究所助理研究员,主要研究方向为文化遗产与文化产业、旅游民俗学。

一、传统音乐、传统舞蹈类非遗项目介绍

传统音乐、传统舞蹈作为非物质文化遗产的重要门类,有着巨大的学术价值和艺术审美价值。

传统音乐,是指流传已久、不以时代为转移的音乐,它是民众运用本民族固有方法,采取本民族固有形式创造的具有本民族固有形态特征的音乐,一般通过口传心授的方式创作和传承,大体可以分为民间歌曲、民间器乐、宗教音乐、综合音乐四大类。

在国家公布的四批国家级非遗名录(含扩展项目)中,传统音乐共有221项。上海市的国家级传统音乐类非遗有七项,分别是江南丝竹、上海港码头号子(塘桥街道)、上海港码头号子(定海街道)、瀛洲古调派琵琶艺术、浦东派琵琶艺术、泗泾十锦细锣鼓、上海道教音乐。总体来说,上海市的国家级传统音乐类非遗项目门类相对齐全,在传承保护中做了大量工作,大多数都呈现出相对较好的状态。

传统舞蹈是以人的肢体语言为载体、表现人类情感的身体艺术,是世代相传、根脉清晰、谱系明确,尚存活态表现形式与传承人,具有即兴表演特色和地域文化风格,与人们生活的方方面面紧密相关的艺术形式。大致可以分为生活习俗舞蹈、礼仪习俗舞蹈、节日习俗舞蹈、信仰习俗舞蹈四种。

在国家公布的四批国家级非遗名录(含扩展项目)中,传统舞蹈类共有176项。上海市的国家级传统舞蹈类非遗有四项,分别是舞草龙、浦东绕龙灯、马桥手狮舞、奉贤滚灯。总体来说,这些传统舞蹈类非遗项目的传承保护情况优良,其中浦东绕龙灯、奉贤滚灯更是非遗保护中的优秀者,积累了丰富的保护经验。

二、目前上海传统音乐、传统舞蹈类 非遗项目存续状况的总体评价

上海的传统音乐类非遗项目,总体状况中等,其中优秀的一个(上海道教

音乐)、良好的两个(江南丝竹、浦东派琵琶艺术)、中等的两个(瀛洲古调派琵琶艺术、泗泾十锦细锣鼓)、较差的两个(塘桥上海港码头号子、定海上海港码头号子)。

上海的传统舞蹈类非遗项目,总体状况较好,其中优秀的两个(浦东绕龙灯、奉贤滚灯)、良好的一个(马桥手狮舞)、中等的一个(舞草龙),没有较差的项目。下面按照具体的指标,分别进行评价。

(一)项目生存环境状况

上海传统音乐、传统舞蹈类非遗项目的生存环境状况,总体一般。在社会发展过程中,人们的生产方式和生活方式都较过去发生了很大的变化,一些原本诞生于农业社会和工业社会的项目,在当下面临着更新转型的问题;一些项目道具所使用的原材料也在减少,原有的道具也在逐渐退出历史舞台。如叶榭舞草龙的编制工艺难度较高,所用的稻草是比较讲究的,必须得用有韧性、不容易断的糯稻稻草,而在追求高产农业的今天,这类稻草也并不多。

在项目生存环境方面,上海道教音乐、奉贤滚灯、浦东绕龙灯、马桥手狮舞都属于较好的,得分都在 8 分以上;江南丝竹、瀛洲古调派琵琶艺术、浦东派琵琶艺术则属于一般的,得分在 6~8 分之间;舞草龙、泗泾十锦细锣鼓、上海港码头号子则属于较差的,得分都在 6 分以下。具体得分①参见表 1。

表 1 上海市国家级传统音乐、传统舞蹈类非遗项目生存环境状况得分

序号	项目名称	项目类型	总分
1	上海道教音乐	传统音乐	9.41
2	奉贤滚灯	传统舞蹈	9.25
3	浦东绕龙灯	传统舞蹈	8.83

---

① 该得分由各保护单位评分(25%)、各区非遗中心评分(25%)、专家评分(50%)共同构成,数据仅供参考。

续表

序号	项目名称	项目类型	总分
4	马桥手狮舞	传统舞蹈	8.33
5	江南丝竹	传统音乐	7.91
6	瀛洲古调派琵琶艺术	传统音乐	7.83
7	浦东派琵琶艺术	传统音乐	7.66
8	舞草龙	传统舞蹈	5.08
9	十锦细锣鼓	传统音乐	4.66
10	上海港码头号子(塘桥街道)	传统音乐	3
11	上海港码头号子(定海街道)	传统音乐	2.75

上海的传统音乐、传统舞蹈类非遗项目的生存环境状况,较好的与较差的都比较典型,如上海道教音乐依托上海城隍庙,其传承队伍相对固定,并且拥有广大的道教信徒基础,观众市场良好,所以其生存环境是比较好的。而生存环境较差的项目,则是因为城市化、现代化等原因,原来的生产方式和生活方式发生了改变,最典型的如上海港码头号子,因为机械化和科学技术的发展,码头工人这一群体消失,依附其上的码头号子自然也就在码头上消失了。像舞草龙也存在类似的问题,传统的叶榭舞草龙求雨仪式主要依托农历五月十三、九月十三关帝庙会,在过去,叶榭地区至少有三处关帝庙,每年乡民自发举行庙会,同时举办舞草龙活动,场面壮观。由于现代化进程,承载着文化空间的庙会已经消失,造成非物质文化遗产赖以生存的环境与生态缺失,给保护工作带来极大的困难。此外,草龙求雨祭祀仪式源自先民对生的渴望、福的祈求,通过与神灵的沟通达到消灾祈福的目的,有明显的功利性。随着社会的进步与信息技术高速发展,人们的思想观念、文化环境、生产生活方式发生了巨大变化,对传统草龙活动的参与性减弱,致使草龙求雨仪式生存环境、民间信仰成分及群众参与热情受到一定程度的影响。事实上,离开了祈福消灾这样的功利性,就已经减弱了祭祀之仪的生命力,给传承带来了困难。

（二）项目保护工作状况

上海市国家级传统音乐、传统舞蹈类非遗项目的保护工作状况，总体尚可，大多数项目的保护单位都能按照要求制定规划并逐步实施，在资金投入方面也能保证基本的传承保护工作正常开展，同时也都比较注重资料的整理和归档以及数据库的建设。

在项目保护工作状况方面，奉贤滚灯、上海道教音乐、浦东绕龙灯都属于较好的，得分都在 8 分以上；马桥手狮舞、江南丝竹、浦东派琵琶艺术、舞草龙、瀛洲古调派琵琶艺术、泗泾十锦细锣鼓则属于一般的，得分在 6～8 分之间；上海港码头号子则属于较差的，得分都在 6 分以下。具体得分参见表 2。

表 2　上海市国家级传统音乐、传统舞蹈类非遗项目保护工作状况得分

序号	项目名称	项目类型	总分
1	奉贤滚灯	传统舞蹈	9.03
2	上海道教音乐	传统音乐	9
3	浦东绕龙灯	传统舞蹈	8.33
4	马桥手狮舞	传统舞蹈	7.91
5	江南丝竹	传统音乐	7.75
6	浦东派琵琶艺术	传统音乐	7.5
7	舞草龙	传统舞蹈	6.91
8	瀛洲古调派琵琶艺术	传统音乐	6.33
9	十锦细锣鼓	传统音乐	6.08
10	上海港码头号子（塘桥街道）	传统音乐	5.66
11	上海港码头号子（定海街道）	传统音乐	5.08

在项目保护工作状况方面，各项目除了规定的要求外，还有其自身的特色。如江南丝竹自 2006 年起，制定过 3 次全市 5 年保护计划，均基本落实，保证了江南丝竹的良好传承与发展。同时，还先后开展过 2 次全市江南丝竹普

查工作,并且建有上海市江南丝竹数据库。

当然,也有个别项目因为自身的特点而存在一些问题,如浦东派琵琶艺术,是由康桥、新场、惠南三地进行共同保护的,三地的保护工作各有特色:康桥在举办培训班的基础上,每年举办一次浦东派琵琶大师班,每两年举办一次浦东琵琶邀请赛,影响较大;新场注重资料的整理和挖掘,不仅建有 600 平米的浦东琵琶馆,收集曲谱 10 余本,编写过《浦东派·琵琶》专卷档案,还出版了《琵琶艺术·浦东派》《浦东派琵琶》两本专著,并制作了《浦东派琵琶》微课5 集;惠南镇侧重培训,在东城社区设有浦东派琵琶传习所,此外还有书畅琴行、惠南二小、鑫淼艺术团等地都设有琵琶培训班,专门开展浦东派琵琶的教学工作。经费的资助有限,尤其是涉及三家分配的问题,在使用上也存在过于死板的问题。并且传承人数量偏少,且分属三个地方,国家级传承人常住北京,不能长期持续开展传承保护工作。

(三)项目传承状况

上海市国家级传统音乐、传统舞蹈类非遗项目的传承状况,好中差分布平均,较好的与较差的都比较典型。

在项目传承状况方面,奉贤滚灯、上海道教音乐、江南丝竹、浦东绕龙灯都属于较好的,得分都在 8 分以上;马桥手狮舞、浦东派琵琶艺术、舞草龙则属于一般的,得分在 6~8 分之间;泗泾十锦细锣鼓、瀛洲古调派琵琶艺术、上海港码头号子则属于较差的,得分都在 6 分以下。具体得分参见表3。

表3 上海市国家级传统音乐、传统舞蹈类非遗项目传承状况得分

序号	项目名称	项目类型	总分
1	奉贤滚灯	传统舞蹈	9.12
2	上海道教音乐	传统音乐	8.83
3	江南丝竹	传统音乐	8.75
4	浦东绕龙灯	传统舞蹈	8.08
5	马桥手狮舞	传统舞蹈	7.58

序号	项目名称	项目类型	总分
6	浦东派琵琶艺术	传统音乐	7.16
7	舞草龙	传统舞蹈	6.5
8	十锦细锣鼓	传统音乐	5.08
9	瀛洲古调派琵琶艺术	传统音乐	5
10	上海港码头号子（塘桥街道）	传统音乐	4.41
11	上海港码头号子（定海街道）	传统音乐	4.16

传承情况较好的,如奉贤滚灯,其传承人队伍比较稳定,国家级传承人徐思燕十分注重培育基层社区传承力量。早在 20 世纪 90 年代,他就在各乡镇及相关单位建立起了 30 多个滚灯团队。新世纪以来,徐思燕又将滚灯传承推向更广大的村镇社区,包括机关学校、企事业单位、部队武警、民间团体等,相继建立起近百个滚灯团队,传承人骨干团队达 50 多人。而江南丝竹在传承过程中则比较注重培养年轻的队伍。2016 年,上海市群艺馆通过向全市公开招考,组建了专业、年轻的上海江南丝竹乐团,成员均为毕业于上海音乐学院等专业院校的研究生,乐团被《解放日报》等 20 多家媒体报导,赢得社会各界一致好评。

比较而言,泗泾十锦细锣鼓、上海港码头号子则面临着传承人老龄化的问题,泗泾十锦细锣鼓的传承人和表演队伍平均年龄六十多岁,上海港码头号子的传承人及表演队伍平均年龄七十多岁,都存在年轻人不感兴趣,缺乏中青年演出力量的问题。

（四）项目活动状况

上海市国家级传统音乐、传统舞蹈类非遗项目的活动开展状况,普遍较好,这一方面是由项目的性质决定的,这些音乐、舞蹈类项目本来就是表演活动的主力,其保护单位又大多是社区文化中心,所以这些项目在开展展览、宣传、进学校、进社区、进商圈、进军营等方面都做得较好,民众的参与度也较高。

在项目活动状况方面,江南丝竹、奉贤滚灯、浦东绕龙灯、上海道教音乐、马桥手狮舞都属于较好的,得分都在 8 分以上;浦东派琵琶艺术、瀛洲古调派琵琶艺术、舞草龙、泗泾十锦细锣鼓、上海港码头号子则属于一般的,得分在 6~8 分之间;没有得分在 6 分以下较差的项目。具体得分参见表 4。

表 4　上海市国家级传统音乐、传统舞蹈类非遗项目活动开展状况得分

序号	项目名称	项目类型	总分
1	江南丝竹	传统音乐	9.85
2	奉贤滚灯	传统舞蹈	9.83
3	浦东绕龙灯	传统舞蹈	8.91
4	上海道教音乐	传统音乐	8.5
5	马桥手狮舞	传统舞蹈	8.33
6	浦东派琵琶艺术	传统音乐	7.16
7	瀛洲古调派琵琶艺术	传统音乐	6.33
8	舞草龙	传统舞蹈	6.25
9	上海港码头号子(塘桥街道)	传统音乐	6.25
10	十锦细锣鼓	传统音乐	6.16
11	上海港码头号子(定海街道)	传统音乐	6.08

在项目活动状况方面,得分最高的江南丝竹不仅活动组织较多,而且探索出了独特的发展模式。作为国家级非物质文化遗产江南丝竹的保护单位,上海市群众艺术馆不仅自身做好保护工作,更重要的是组织引领了全市江南丝竹保护的力量。在上海市群艺馆的号召下,上海社区江南丝竹班社由 2008 年普查时的 60 余个,增长到了 93 个。这些班社除了自身按兴趣爱好进行活动之外,还积极参与所在地区的公共文化服务,成为当地社区文化舞台上不可或缺的团队。2016—2019 年的三年间,在上海市群艺馆的组织带领

下,全市举办江南丝竹演出约 300 场。2017 年,上海市群艺馆以上海陆行中学南校为牵头学校,联合本市 20 多家学校,建立起了上海市中小学校江南丝竹联盟,在推进江南丝竹进校园工作中成果显著,而且该联盟还扩展为长三角中小学校江南丝竹联盟。

当然,在活动开展方面,上海市国家级传统音乐、传统舞蹈类非遗项目普遍表现较好。即使是得分最低的上海港码头号子,在进校园、进社区等方面也做了许多工作。塘桥街道码头号子团队多年来累计参加各类活动演出达 500 多场次,每年开展的"码头号子进校园"活动,至今在 6 所学校内为千余名学生教唱码头号子,为不同年龄段的学生表演互动,宣传码头号子。仅 2018 年塘桥码头号子团队就组织、参与各类比赛、展演等活动 19 场,在外区、街镇等地皆有演出,参与观众达万余人次。定海街道联合辖区平三小学,开展码头号子教唱、学唱、传唱活动,将非遗进校园活动作为学校 330 拓展课程。请非遗传承人及非遗团队主力队员走进校园,为学生们传播码头号子精神。定期开展传唱兴趣班,编排适合校园的码头号子音乐剧《码头寻梦》。团队还先后参加了杨浦区非遗节、吴歌论坛展演、森林音乐节、浦江生活节、大世界非遗中国年狂欢节、"元宵行街会"等文艺活动。

(五)项目核心内涵保持状况

上海市国家级传统音乐、传统舞蹈类非遗项目的核心内涵保持状况,普遍较好,这一方面是由其生存状况决定的,许多项目的原生环境变化不大,有利于其保持其核心内涵;另一方面,传统音乐、传统舞蹈类非遗项目大都没有进行商业化的运营,大都是由社区文化中心作为公共文化进行展演,因为没有商业化的侵袭,所以也有利于保持核心内涵。

在项目核心内涵保持状况方面,奉贤滚灯、上海道教音乐、江南丝竹、浦东绕龙灯、马桥手狮舞都属于较好的,得分都在 8 分以上;浦东派琵琶艺术、泗泾十锦细锣鼓、瀛洲古调派琵琶艺术、舞草龙则属于一般的,得分在 6~8 分之间;上海港码头号子则属于较差的,得分都在 6 分以下。具体得分参见表 5。

表5　上海市国家级传统音乐、传统舞蹈类非遗项目核心内涵保持状况得分

序号	项目名称	项目类型	总分
1	奉贤滚灯	传统舞蹈	9
2	上海道教音乐	传统音乐	9
3	江南丝竹	传统音乐	8.75
4	浦东绕龙灯	传统舞蹈	8.33
5	马桥手狮舞	传统舞蹈	8.25
6	浦东派琵琶艺术	传统音乐	8
7	十锦细锣鼓	传统音乐	6.83
8	瀛洲古调派琵琶艺术	传统音乐	6.58
9	舞草龙	传统舞蹈	6.16
10	上海港码头号子(塘桥街道)	传统音乐	5.5
11	上海港码头号子(定海街道)	传统音乐	5.5

当然,个别项目的核心内涵也发生了一定的改变。如近几年,舞草龙功能有了新的扩展,结合滚灯、水族舞,以欢快喜庆的形式出现在各种节庆日和大型活动中,受到人们的喜爱,但从舞草龙核心内涵来说,却由于生态环境的改变而少了份精神与信仰。上海港码头号子也是因为生态环境的改变,所以其功能发生了较大变化,由于现代化科技的发展,码头工人的消失,码头号子也濒临灭绝,从劳动号子到舞台表演,虽然曲调、歌词没变,但其核心功能已经发生了转变。

(六)项目市场拓展状况

上海市国家级传统音乐、传统舞蹈类非遗项目的市场拓展状况总体较差,这主要是由这些项目保护单位的性质决定的,传统音乐、传统舞蹈类非遗项目的保护单位大都是社区文化中心,属于全额拨款的事业单位,单位性质决定其只能开展公益性的活动,而无法从事营利性的市场经营活动。所以即使像浦东派琵琶艺术、瀛洲古调派琵琶艺术这样拥有广大学员,开展培训班

的项目,也只是象征性地收取少量学费,而不能走纯商业化的道路。

在项目市场拓展状况方面,各项目普遍得分较低,只有浦东绕龙灯是6.5分,属于一般的,其他都在6分以下。具体得分参见表6。

表6　上海市国家级传统音乐、传统舞蹈类非遗项目市场拓展状况得分

序号	项目名称	项目类型	总分
1	浦东绕龙灯	传统舞蹈	6.5
2	奉贤滚灯	传统舞蹈	5.25
3	上海道教音乐	传统音乐	5.08
4	江南丝竹	传统音乐	4.83
5	马桥手狮舞	传统舞蹈	4.75
6	瀛洲古调派琵琶艺术	传统音乐	4.41
7	浦东派琵琶艺术	传统音乐	4.25
8	舞草龙	传统舞蹈	3
9	上海港码头号子(塘桥街道)	传统音乐	2.75
10	十锦细锣鼓	传统音乐	2.5
11	上海港码头号子(定海街道)	传统音乐	2.25

一些传统舞蹈类非遗项目,也在尝试将道具,如滚灯、草龙、手狮等进行文创产品的开发,包括手工制作材料、形象设计手绘、卡通表情包设计等。然而整体看来,产品设计和开发能力都还较为欠缺,成果无法令人满意。

三、目前上海传统音乐、传统舞蹈类非遗项目存在的问题及原因分析

虽然目前上海市国家级传统音乐、传统舞蹈类非遗项目的传承保护情况总体良好,但也存在一些问题。

(一) 生存环境改变,核心内涵发生变化

在上海,一些传统音乐、传统舞蹈类非遗项目的生存环境已经发生了改

变,其原生土壤不复存在。其中最为典型的就是上海港码头号子,其原生的生存空间已经改变了。上海港码头号子原本是码头工人在装卸货物时为统一动作和节奏而作,然而随着科技的发展和机械化的普及,码头装卸工人这一群体早已经消失。目前两家保护单位的码头号子表演队,除了几位传承人外,几乎都不是码头工人出身。这些小区里的文艺骨干,以前从来没有从事过码头方面的工作,甚至也没有听过码头号子,仅仅是简单地学唱。码头号子已经从劳动号子变为舞台上表演的节目,其核心功能已经发生了转变。还有舞草龙也存在这一问题,由于城市化、现代化进程和社会的进步,承载着文化空间的庙会已经消失,人们的思想观念、文化环境、生产生活方式也发生了巨大变化,传统的叶榭舞草龙求雨仪式生存环境、民间信仰成分及群众参与热情都有一定程度的影响。

(二)传承人老龄化、青黄不接,年轻学徒上升速度慢

目前,许多传统音乐、传统舞蹈类的传承人及表演队伍成员普遍年龄较大,如上海港码头号子表演队员的平均年龄为六七十岁,泗泾十锦细锣鼓表演队员的平均年龄为五六十岁。出现这种情况,一方面是因为年轻人大都对传统音乐、传统舞蹈的兴趣不大;另一方面,年轻人的工作比较忙碌,业余时间较少,无法保证排练及演出时间。虽然近年来,保护单位也在努力增加年轻人的队伍,但实际上收效甚微。

当老一辈的传承人相继去世,新的学习人员流动频繁,演出人员平均年龄在增长,这些都影响着非遗的传承保护。此外,受当前非遗传承人评审制度的影响,年轻学徒向上发展的路径受到诸多限制,对非遗传承人要求有多少年的从业经历这类不成文的规定,使得传承人的认定存在诸多困难,传承人更新递进的速度有些慢。一些非遗项目没有国家级传承人,或者国家级传承人已经去世(如马桥手狮舞),相应的候补力量不足,也会影响非遗的传承发展。

(三)思维固化,创新、创作能力不足

非遗是活态发展的,既需要传承保护,也需要创新发展。梳理上海市传统音乐、传统舞蹈类非遗项目，可以发现创编的新曲目并不多。受传统保护观念的影响，一些上海市国家级传统音乐、传统舞蹈类非遗项目的传承人思维固化，只知道坚守传承传统曲目，但创新、创作能力不足。其中比较典型的是泗泾十锦细锣鼓，其曲目比较单一，主要是《十锦》一个曲子。传承人认为该项非遗仅是靠《十锦》一个曲子被列入非遗名录，如果演奏其他曲目就不是泗泾十锦细锣鼓了。

（四）集体性项目保护缺乏整体团队意识

许多传统音乐、传统舞蹈类非遗项目，属于集体性项目，需要多人共同完成。如江南丝竹、道教音乐、泗泾十锦细锣鼓、浦东绕龙灯、叶榭舞草龙、马桥手狮舞等都是属于集体性项目。这些集体性项目需要具有整体团队意识，需要成员间相互配合默契，才能更好地表演、传承和发展。然而在有些集体性项目中，由于缺乏整体团队意识，团队成员之间存在隔阂，行当也不全，这些都影响了非遗项目的传承保护。表现之一就是当集体性项目的某位成员因为某些原因，无法保证排练和表演的时间，势必会影响到这些集体性非遗项目的传承和保护。目前，一些集体性项目的人员都是兼职的，平时有其他的工作，需要表演时再临时请假，这种状态非常不利于非遗项目的传承和发展。如叶榭舞草龙就存在这一问题，成员在各个单位兼职，甚至叶榭消防中队舞龙队这样的队伍也出现过成员不固定的问题。而浦东绕龙灯，之前也出现过此类问题。

（五）缺乏市场拓展思维

在目前的保护工作中，上海市国家级传统音乐、传统舞蹈类非遗项目的保护单位大多数都是街道、乡镇的文化中心。受保护单位性质的影响，基本没有市场化开拓的意识。其实，传统音乐、传统舞蹈类非遗项目不仅是重要的文化资源，也是重要的经济资源。目前，一些传统音乐、传统舞蹈类项目也在尝试进行市场开拓，如上海城隍庙将道教音乐录制成光碟销售，一些传统舞蹈类非遗项目，如奉贤滚灯、舞草龙、马桥手狮等，也在尝试将道具进行文创产品的开发，然而整体看来，由于缺乏产品设计和开发能力，成果还不能令人满意。

四、对策与建议

（一）尽可能地保护生存空间，在生存空间破坏的情况下，可以实行功能转换，进行创新性发展与创造性转化

对于传统音乐、传统舞蹈类项目，如果只对音乐曲调、歌词、舞蹈的动作、套路和表演形式进行保护，那只是外在的保护；而内在的保护，则需要进一步了解和掌握与传统音乐、传统舞蹈相关的民族历史、社会形态、风俗习惯、宗教信仰、思想感情以及表达感情的方式，即音乐舞蹈的文化空间。

在当代社会，随着科学技术和经济的发展，人们的生产生活环境已经发生了重大变化，许多传统音乐、传统舞蹈类非遗项目所赖以生存的生态环境已经发生变化甚至消失殆尽。

在此情况下，传统音乐、传统舞蹈类非遗项目一方面需要在文化生态和空间上下功夫，力争恢复或再造相应的文化空间；另一方面可以进行功能的转换，从原先在生产生活中所发挥的功能转向公共文化表演的功能，同时进行创新性发展与创造性转化。如码头号子，在码头工人消失之后，码头号子已经失去了其作为劳动号子的功能，当下的传承保护，主要是对其歌词曲调的挖掘整理和表演，是作为公共文化进行展演的，这实际上就是功能的一种转换。当然，上海港码头号子还可以进行一系列创新性的发展与创造性的转化，如在目前的展览展示厅中设置沉浸体验式的设备，甚至安排相关的表演，实行展演性保护，让民众可以更好地了解码头号子，同时还可以进行一系列文创产品的开发。

（二）探索认定非物质文化代表性传承团体，巩固传承团体形态，加强集体传承意识

许多传统音乐、传统舞蹈类非遗项目都是集体性项目，然而当前政府还

缺乏对于非遗代表性传承团体的认定,对于许多集体性非遗项目只认定部分代表性传承人的做法,容易打击其他人的积极性,不易形成团队凝聚力,有些团队成员缺乏团队意识,对非遗项目的传承保护造成很大影响。因此,对集体性传承的项目,政府可以探索认定非物质文化遗产代表性传承团体,巩固传承团体形态,加强集体传承意识。同时,大力培养年轻传承人。在传承人的评审制度上,适度作些调整,为年轻传承人和学徒提供相应的生活和身份保障,解决其后顾之忧。可以将传承人的认定权限部分下放到保护单位,以便于鼓励年轻传承人的成长和发展。此外,也要对传承人加强监督管理,通过考核、嘉奖等方式鼓励传承人收徒带徒。

(三) 开拓传承人思维,加强传统音乐、传统舞蹈类非遗项目的创新性发展与创造性转化

非遗保护绝不是固守传统、一成不变,万事万物皆在发展之中,随着社会的进步,非遗也要不断发展,才能避免淘汰灭亡的命运。在当代,传统音乐、传统舞蹈类非遗项目,需要与时俱进,根据社会的发展而对形式和内容进行创新性发展和创造性转化。我们审视保护发展较好的非遗项目,可以发现都是具有创新意识的项目。如上海港码头号子,原本是码头工人统一节奏的劳动号子,在现代社会随着机械化的发展,逐渐失去其原本的功能,经过发展演变为舞台上的表演艺术。再如浦东绕龙灯,兴起于明清时期,原是三林及周边地区迎神赛会时一项必不可少的民间传统娱乐活动。现在又融入了舞蹈的肢体语言、戏曲的步伐亮相、武术的精气神韵、杂技的翻滚腾挪,从内容到形式上都有了很大提升。该项非遗也是目前传承保护较好的项目,舞龙队成立以来,多次在国内、国际重大比赛中夺得金牌、银牌,闻名遐迩。

(四) 对于部分有条件的非遗项目,可以试行公司化运作

对于集体性非遗项目,可以培养一支专业专职的队伍,通过公司化运营等方式养起这支队伍,对内可以政府购买服务,对外可以接商演,既保证了队伍的专注力,可以推动非遗项目的传承和发展,又可以为传承人增加收入。

目前,三林镇在传承保护浦东绕龙灯方面,就走出了一条可资借鉴的道路。之前,浦东绕龙灯这一集体性项目也存在人员不固定的情况,舞龙队员都是兼职的,在需要表演时再临时召集。2018年成立了上海三林龙狮体育文化发展有限公司,专门培养了一支队伍,用于日常表演和比赛。从而保证了舞龙队伍的稳定性,提高了舞龙技艺,对浦东绕龙灯这项非遗项目的传承保护有着重要推动作用。当然,这种模式还在探索之中,成立公司之后,虽然可以保证队伍的稳定性,日常的排练和表演都有了保障,然而队员的收入、企业的盈利等问题都是需要考虑的。

(五)尝试市场开拓,探索商业化运营道路

对于具备市场化条件的传统音乐、传统舞蹈类非遗项目,可以尝试进行市场开拓,探索商业化运营道路。不仅可以更好地传承保护非遗项目,同时还可以帮助传承人群增加收入,带动就业。对于传统音乐、传统舞蹈类非遗项目来说,在摸索商演道路的同时,可以尝试文创产品的开发。传统音乐类非遗项目,可以在灌制唱片的同时,开发多种媒体形式的节目和产品。传统舞蹈类项目,目前仅仅是就舞蹈道具,如滚灯、草龙、手狮等方面做过一些开发的尝试,但都不算成功,未来还需要进一步开拓思维,与其他非遗项目相结合,共同开发更具美观性与实用性的文创产品。此外,对于这些非遗项目所在地来说,将传统音乐、传统舞蹈类非遗项目与其他非遗项目共同合作开发,大力发展非遗经济,开展非遗旅游,建设特色小镇,实现一镇一品的特色化经营,未尝不是一条可行之路。如叶榭镇就借助乡村旅游发展的东风,打造了舞草龙的特色文化产品。目前,叶榭八十八亩田乡村旅游区就融入舞草龙竹编工艺产品、舞草龙展示,增加体验者的参与性与互动性,使舞草龙的受众情况得到改善。

上海市国家级民间文学、民俗类非遗项目存续状况调研报告

王群韬①

摘　要　上海市前四批国家级民间文学和民俗类非遗项目共计五项,分别是吴歌(田山歌)、沪谚、元宵节(豫园灯会)、端午节(罗店划龙船习俗)、龙华庙会。这两类项目大多形成于上海地区富有江南特色的传统生产实践及市镇社会生活环境,具有深厚的民间文化传统与地方特色。通过课题组此次开展的调研情况来看,民间文学类非遗项目的总体存续状况不容乐观,存在着传承环境发生较大改变、后继人才匮乏等问题;民俗类非遗项目总体存续状况较好,但也存在着开展活动的实体空间被压缩、相关技艺传承人年龄老化等不足。针对这些问题与困难,我们提出若干改进对策与建议。

关键词　非遗　民间文学　民俗　"活态"传承

上海市前四批国家级非遗项目中,民间文学和民俗类项目共计五项,分别是吴歌(田山歌)、沪谚、元宵节(豫园灯会)、端午节(罗店划龙船习俗)、龙华庙会。2021 年 5 月至 8 月,我们通过问卷调研、召开座谈会、实地考察等方式,对相关项目的存续状况进行了系统调研和深入分析。现将调研情况总结报告如下。

---

①　王群韬,上海社会科学院宗教研究所助理研究员,哲学博士,主要研究领域为中国宗教与民俗文化,近年来在《社会科学家》《中国宗教》《世界宗教文化》《宗教学研究》等刊物发表相关研究论文十余篇。

一、民间文学类项目

(一)基本情况介绍

上海市国家级民间文学类非遗项目包括吴歌(田山歌)和沪谚两项,均形成于上海地区富有江南特色的传统生产实践及社会生活,与中国古代乡村农耕生产方式和市镇社会生活方式有着密切的联系。民间文学类项目的主要特色是基于上海方言的日常运用、蕴含着浓厚的地方风俗内涵。

"田山歌"主要流行于上海市青浦区的练塘、赵巷、金泽、商榻等地,原本为当地农民在稻田、河岸进行劳作的过程中或间隙咏唱的民歌,咏唱形式为一人领唱、众人轮流接唱,具有浓厚的地域特色和民间风格。从类型上看,田山歌大致分为"小山歌"和"大山歌"两类,"小山歌"人数少、旋律平稳、乐句小;"大山歌"则具有集体性、多起伏、多乐句的特点。"田山歌"题材主要表现当地劳动、生活、思想、爱情等,多与农业生产活动相关。"田山歌"于2008年5月作为"吴歌"的扩展项目被列入第二批国家级非物质文化遗产名录。

"沪谚",又称"上海谚语""陈行谣谚",基本类型包括谚语、谜语、歌谣(童谣)、俚语闲话、民间传说和故事等,内涵十分丰富。沪谚的表达方式具有浓厚的方言土语特色,不忌泥土风味,用字较为质朴,并且保留了大量传统农耕社会要素与市井气息。2011年5月,"沪谚"被列入第三批国家级非物质文化遗产名录。

(二)存续状况评析

根据此次调研情况来看,当前上海市国家级民间文学类非遗项目的总体存续状况不容乐观,其存在的突出问题是生存土壤发生了较大程度的改变,传承人数较为有限,保护单位在活动开展方面虽然进行了较大努力,但效果有限。参照课题组设计问卷的综合评分(50~60为优秀,40~49为良好,30~39为中等,20~29为较差,1~19为很差),吴歌(田山歌)的分数为31,属于中等,沪谚的分数为40.9,刚刚达到了良好的等级。由此来看,民间文学类项目的整体存续状况不容乐观。

接下来,我们按照生存环境状况、保护工作状况、传承发展状况、活动开展状况、核心内涵保持状况、市场拓展状况等六项调研指标,对上海市国家级民间文学类非遗项目存续状况进行具体分析。

1. 生存环境状况

经过调研发现,在生存环境状况方面,民间文学类项目的整体状况不容乐观。由于民间文学类项目根植于传统农业生产实践和社会生活环境,主要依靠基层民众的口耳相传和自发传播,因而对于社会生活环境(包括方言环境)及生产方式的依赖程度较高。然而,随着其流行地区的城镇化进程以及大量外来人口的迁入,原来的生存环境发生了较大变化,尤其是农业生产实践的变迁和方言使用人群的缩小,使得其传承条件受到较大冲击。例如,随着原有的社会生活环境和日常风俗习惯发生改变,沪谚的使用人群、流行范围都逐渐缩小,年轻人在日常生活中接触和参与该项目的机会较少,持续传承较难。参照本次调研问卷中对生存状况的评分(满分为 10 分),沪谚为5.66 分;吴歌仅为 2.16 分。由此来看,这类项目的整体生存环境状况堪忧。

2. 保护工作状况

青浦区文化馆和闵行区浦江镇文体中心分别作为田山歌和沪谚项目的保护单位,近年来都积极开展了相关保护传承工作,能够合理制定工作规划,有稳定的经费投入持续保障工作开展,还建立了关于项目发展历史、传承人口头及文字记录等资料数据库。这一情况从本次调研问卷的数据中也有所反映。在两个项目保护工作状况评分中,沪谚为 7.62 分;吴歌为 6.83 分,可见其保护工作开展得比较好。

例如,沪谚的保护单位浦江镇文体中心,近年来制定了"沪谚三化"(普及化、生活化、艺术化)的整体保护规划,多措并举开展保护传承工作。2015 至2020 年,浦江镇文体中心投入保护资金总额 41.8 万元,通过文字记录、编写书籍和影像等形式记录保存了大量相关资料,编辑出版了《上海浦东民间童谣选》《上海抗战民谣选集》《沪谚读本》《浦江土语》等相关书籍,并与浦江镇社区学校合作编印了校本教材《沪谚·沪语》,作为沪谚项目保护传承的重要资料依据。

作为田山歌的保护单位，上海市青浦区文化馆在练塘、赵巷、金泽、朱家角等乡镇都设立了田山歌传承基地，2015 至 2020 年累计投入资金 35 万元，积极开展传承基地建设，对五十余首田山歌歌词进行书面记录和数字化建档，并由青浦区教师进修学院王美华老师、赵巷镇崧泽学校陈伟琼老师等合作编写了《青浦田歌》（2019 年上海少年儿童出版社出版），作为田山歌项目保护传承的重要资料依据。

3. 传承发展状况

当前，两个项目各级传承人数量都比较有限，大多数传承人年事已高、身体条件堪忧，收徒带徒数量较为有限，传承人培养尚未有实际成效，传承效果不容乐观。具体而言，田山歌现有各级传承人 37 人，其中国家级传承人 1 名（张永联先生 83 岁），市级传承人 8 名，区级传承人 28 人。沪谚现有 2 位市级传承人（周曙明先生 74 岁、张石明先生 70 岁）。虽然目前传承人整体上能使该项目正常开展活动，但由于不少传承人年事已高、受众缩小等原因导致目前的传承状况并不理想，面临后继乏人的困境。我们在练塘镇泖甸村进行实地考察时，有传承人反映：当前田山歌传承的一个主要问题是年轻人对田山歌缺乏兴趣，不愿学，加之练塘镇泖甸村的青壮年人口基本上都外出工作，仅在节假日回乡看望老人，即使想学也没时间。近年来，练塘镇文化中心办公室副主任、田山歌项目市级传承人杨晓峰先生在本镇唯实小学积极进行田山歌的教学，但大部分学生到了高年级由于升学压力就放弃学习田山歌了，并未充分实现培养非遗传承人的预期目标。类似地，由于沪谚的使用人群也逐渐缩小，当地年轻人中说上海方言的人数越来越少，保护单位组织开展的一系列宣传推广活动基本上都局限于普及知识层面，难以达到培养传承人的实际效果。

4. 活动开展状况

民间文学类项目的保护单位积极开展了相关活动，并通过"非遗进学校、进社区"等形式宣传推广项目，产生了一定的社会影响。例如从 2010 年开始，沪谚项目市级传承人周曙明先生在浦江一小、二小、世外教育浦江外国语学校、上师大三附小等学校开设"沪谚沪语拓展班"，开展"沪谚"宣讲传承活动。

2018年8月,周曙明先生带领"东乡囡囡沪谚传承队",在上海书展表演"沪谚沪语节目"。2019年6月、2020年10月,周曙明先生与孩子们在东方电视台都市频道表演"沪谚沪语"专题节目。张石明先生主讲"沪谚知多少""舌尖上的东乡文化——二十四节气美食遇上非遗"系列文化配送活动,积极推动沪谚文化与节气、美食文化结合。2018年以来紧密围绕沪谚的"普及化""生活化"和"艺术化"三个主题积极开展"非遗在社区"活动,辐射全镇各居、村活动场所共计86个,2019年配送活动达118场,服务群众约1万人次。2020年开始由两位市级传承人拍摄"沪小谚"系列小视频,在抖音公众号进行沪谚文化的"云模式"推广。

田山歌的活动开展主要以"进社区、进学校、进村居"等形式进行。如近年来青浦区文化馆在延安小学、崧泽学校(小学部)设立了田山歌传承基地,积极开展田山歌进校园活动。自2014年以来,青浦区文化馆每年组织开展田山歌进校园、进社区活动各30次左右。每年9月组织传承人参加"练塘茭白节"暨"农民丰收节"的田山歌展演,部分传承人也自行组建歌队进行表演活动,并积极参加长三角地区民歌节等省外交流活动。市级传承人杨晓峰先生在练塘镇文化中心成立"杨晓峰青浦田山歌保护传承工作室",每年组织歌手在泖甸村田间拍摄演唱视频,向年轻人传承教唱山歌,2021年率歌队参加江南民歌大赛青浦赛区原生态和创新节目比赛。

然而,在这些活动中,民众参与程度较为有限,整体活动效果也大多流于文艺观赏、休闲娱乐的层面,尚未达到使相关民间文学类非遗项目的文化内涵"深入人心""生根发芽"的效果。

5. 核心内涵保持状况

民间文学类项目基本上能够保持其核心内涵。如浦江镇文体中心通过全面整理和深入挖掘沪谚文化,搜集整理了2 000多条传统沪谚,编纂成书,在教学传承、宣传推广过程中有据可循,较好地实现了对项目核心内涵的原真性保持。田山歌的传统曲目大多也得到保存,但有部分已经失传或面临失传,一些传承人能够在继承传统原生态田山歌的同时,创作新曲目进行表演。参照课题组设计问卷中对项目核心内涵保持状况的评分(满分为10分),沪谚的评分为 6.2 分;吴歌的评分为 5.66 分,基本上能够保持项目的核心内涵。

我们在实地考察中了解到,练塘镇的几位传承人在田山歌的词曲内容和表演形式上适当创新,尝试借鉴现代舞台剧形式,将田山歌元素与现代舞台表演形式进行融合,创作了歌曲《水乡故事一筐筐》《水乡杨柳青》等。但是,部分传承人在授徒过程中偏重简单、活泼、喜庆的歌曲,而较少传承演唱难度大、技艺要求高、气氛悲怆的歌曲。

6. 市场拓展状况

从市场拓展方面来看,由于民间文学类项目的形式特点,并不具有突出的产品性质,因而项目传承基本上没有经济效益。近年来,田山歌几乎没有进行过市场拓展方面的实践,培训传承人和授徒、在节庆活动和平时开展演出活动都是以政府配送形式进行,基本上都是公益性的工作。据练塘镇泖甸村市级传承人王叶忠先生(70 岁)介绍,目前他和吴阿多(82 岁)、吴阿妹(77 岁)等几位传承人进行田山歌表演主要是公益性的,但他们很乐意去参加各种活动,因为"这是作为传承人的责任"。沪谚传承过程中尝试将沪谚与其他文化品牌或非遗项目相结合以拓展市场。例如,2019 年浦江镇文体中心依托浦江镇的端午文化品牌,将"沪谚"与"香囊"两大非遗项目有效整合,开发沪谚香囊文创产品,作为文旅伴手礼,2021 年又推出"端午节吉祥高粽",进一步拓展沪谚的文创附加值。但是,这些尝试还处于初步探索阶段,尚未形成体系化运作模式。

(三) 存在的主要问题及原因分析

1. 生存环境和表现形式发生较大改变

本次调研显示,当前民间文学类非遗项目面临的一个突出困境是生存环境的改变。民间口头文学是需要口耳相传的,但在当前上海的现代化大都市环境中,由于传统生存土壤——民间文学原来赖以生存的生活环境与语言环境,都有了很大的变化,这一现实因素导致民间文学类非遗项目的受众群体日益狭小。这一问题在田山歌的保护传承工作中尤为突出。由于青浦区城镇化进程的加快,水稻生产方式快速减少,造成田山歌原来赖以生存的田间劳作环境发生改变,田山歌不再存在于田间地头。再者,传统田山歌原本是农民在田间劳作时自发吟唱,但现在的田山歌主要是作为一种文艺表演,以文艺节目的形式呈现。

2. 项目保护资金不足

通过本次调研也显示,目前民间文学类项目的保护传承工作资金投入不足,一些活动开展较为艰难,传承人的积极性未能充分调动。近年来,民间文学类项目的保护传承工作主要依靠各级政府的财政资金投入,但不少传承人都反映当前保护资金投入不足以推动各项活动的开展。例如,近年来的田山歌传承和宣传表演活动,主要是以政府配送节目进社区、进村居的形式开展,但由于资金投入不足,对传承人的补贴很少。近年来浦江镇文体中心在探索沪谚的市场开拓上进行了积极的尝试,但客观上看,沪谚与其他文化品牌的结合、文创衍生产品的开发尚处于探索阶段,没有形成实质性的经济收益和市场竞争力,在当前阶段其保护传承工作的经费来源主要还是依靠政府投入。

3. 传承状况不容乐观,存在后继乏人的隐忧

田山歌的传承人大多年事已高,传承能力有所减弱。例如国家级传承人张永联先生,由于年事已高,身体状况不好,如今已难授徒传承,其他传承人也大多年高,授徒传承工作开展艰难。同样地,沪谚也存在着后继乏人的隐忧。据沪谚市级传承人张石明、周曙明先生介绍,近年来,浦江地区的迁入人口多为市区的“新上海人”,以及一些动迁户(他们的上一代主要是外来移民),不具备沪谚的方言与文化生活的原生背景。因此,新生代人群在日常生活中并不能充分理解沪谚这一传统口头文学形式,传承工作较为艰难。

（四）改进对策与建议

针对上述问题,我们提出如下几点改进对策与建议:

1. 加大财政经费投入力度,保障民间文学类项目在现代社会环境中的传承和发展

由于该类项目当前尚不具备市场化条件,只能依靠政府通过增加经费投入来进行保护传承,因此亟需加大资金投入扶植传承人培养和相关活动开

展,着力扭转当前传承人数量锐减的颓势。同时,要进一步完善传承培训的经费保障体系、优化激励机制,建议将经费使用情况与培养传承人、开展活动效果等方面的绩效评估结合起来考量,作为下一年度经费投入与具体配置的重要参考指标,进而促使项目保护传承效果的提升。

2. 积极探索调动社会力量广泛参与传承工作的机制,为传承人开展收徒教学、宣传推广活动搭建优质平台和政策支持

非遗项目的保护传承并不只是政府和保护单位的事,还需要全社会的共同参与和支持,尤其是民间文学类项目,需要在"日常语言或音乐表达"的广泛层面进行使用和传播。建议制定相关政策、搭建高效平台,充分调动各种社会力量广泛参与项目传承,有效激活社会公众参与非遗保护传承的内生动力。例如,兼顾专业传承人才培养与普及一般受众的原则,由政府财政大力支持现有传承人集中精力带徒,加快培养后继人才。同时,可以成立非遗传承工作室、文化发展股份有限公司,或采用招投标方式吸引社会资本、社会艺术团体,尤其是具有相关基础的音乐、艺术教师进入项目传承教学、宣传表演活动的开展过程,集中培养一批传承人,充分实现民间文学爱好者向非遗传承人的有效转化,力争在几年内有效增加区级与市级传承人数量,尽快形成比较完整的后备人才梯队。

3. 进一步利用各种网络资源和传播媒介,推动民间文学类项目在当代年轻人中的传播发展

加强对互联网新媒体宣传推广功能的利用,积极利用微信公众号(视频号)、抖音等普及程度高、传播范围广的新媒体平台进行宣传,有效提升项目的知名度和影响力,吸引更多年轻人参与。可以为田山歌、沪谚传承人提供"上电视"的平台,利用现有的或增设方言文化类节目,邀请传承人每期选择一个主题向公众宣传普及田山歌和沪谚文化。

4. 尝试探索相关文创产品的市场化开发模式,提升经济收益,反哺非遗项目传承工作

尝试探索民间文学类项目相关文创产品的市场化开发模式,以衍生文创产品助力非遗项目传承发展。例如,在沪谚的衍生文创产品市场拓展过程

中,更充分地关注和深挖自身文化内涵,同时构建更加合理的市场拓展机制,进一步实现经济收益,以此反哺、支撑非遗项目的保护传承。

二、民俗类项目

(一) 基本情况介绍

上海市国家级民俗类非遗项目包括元宵节(豫园灯会)、端午节(罗店划龙船习俗)、龙华庙会三项,具有节庆民俗特征,大多形成于明清时期江南地区的传统社会生活环境,群众基础广泛,历经长期的社会变迁而延续至今,当前整体存续状况较好,具有强大的生命力和广阔的发展前景。其中,元宵节(豫园灯会)是传统灯会类的民俗活动,形成于清代上海老城厢城隍庙及豫园地区,主要以元宵节举行赏灯集会为特色,民国后期一度中断,1980年重新恢复,2011年豫园灯会列入第三批国家级非物质文化遗产名录。罗店划龙船习俗是每年端午节举行龙舟竞渡的传统节庆民俗,形成于明清时期罗店地区的水乡环境和社会生活,其龙船船体造型、划龙船动作技巧等都具有鲜明的地方风格。明清以来,这一习俗在上海罗店镇持续盛行,民国后期中断,至20世纪90年代再度恢复,2008年列入第二批国家级非物质文化遗产名录。龙华庙会起源于明清时期龙华寺每年三月初三的"香汛",具有浓厚的宗教信仰底色,又兼具商贸、文化娱乐功能,20世纪20年代龙华庙会规模达到鼎盛,由乡村庙会向都市庙会转化,成为典型的综合性庙会;新中国成立后,政府参与组织龙华庙会,2008年龙华庙会列入第二批国家级非物质文化遗产名录,得到了比较充分的保护和传承,2016年以来受市政工程建设影响而暂停举办,但其传承基础犹存,具有较强的生命力和广阔的发展前景。

(二) 存续状况评析

结合相关文献资料和实地考察情况来看,上海市国家级民俗类非遗项目总体存续状况较好,基本上能够在当代都市环境中传承发展并维持其核心内涵,在市场开拓方面也进行了积极的尝试。参照课题组设计问卷的综合评分

（50～60 为优秀，40～49 为良好，30～39 为中等，20～29 为较差，1～19 为很差），豫园灯会的分数为 55.7，罗店划龙船习俗的分数为 46.7，龙华庙会的分数为 15.8。虽然龙华庙会的得分很低，但事实上其保护单位龙华街道办近年来在十分不利的客观因素影响下仍然开展了积极的保护工作，有效地保存了龙华庙会的相关传承基础。因而从整体上看，民俗类项目的存续状况是比较好的。

接下来，我们按照生存环境状况、保护工作状况、传承发展状况、活动开展状况、核心内涵保持状况、市场拓展状况六项调研指标，对上海市国家级民俗类非遗项目的具体存续状况进行分析。

1. 生存环境状况

根据调研显示，上海市国家级民俗类非遗项目生存状况整体上较好，部分项目所依赖的生产方式和生活方式虽然发生了变化，但在当代上海都市环境中仍具备传承发展的基本条件，能够开展相关活动。参照课题组设计问卷中对生存状况的评分（满分为 10 分），豫园灯会的生存环境状况评分为 9.25 分，罗店划龙船习俗的生存环境状况评分为 9.16 分，上海龙华庙会民俗的生存状况评分为 1.75 分。其中，豫园灯会、罗店划龙船习俗的生存环境状况较好，呈现良好的发展态势；这主要得益于上海当前都市环境中现代文娱消费需求与传统节庆民俗文化元素的基础性契合度，能够为灯会、节庆民俗活动提供必要的生存条件。相比之下，龙华庙会因活动场所因素（龙华寺区域的整体改造）暂时陷入困境，但其仍具备传承基础和适应当代民众需求的强大生命力。

2. 保护工作状况

根据调研显示，上海市国家级民俗类非遗项目在保护工作上都做得较为理想。近年来，民俗类项目各保护单位都开展了积极的保护工作，制定了保护工作规划，资金投入能够保障传承工作的开展，并且建立了相关历史资料和传承人口述资料档案及电子化数据库。

作为豫园灯会项目的保护单位，上海豫园旅游商城股份有限公司（以下简称"豫园公司"）设立了灯彩及活动策展事业部，自 2011 年以来每年制定项目保护发展规划与元宵灯会活动方案;每年公司预算中设立专项资金用于豫园灯会活动的筹备规划,2015 至 2020 年累计投入经费超过 5 000 万元,完成了各类书面资料收集以及数字化存档的工作,建立了比较系统的灯会历史和活动方案资料库。这些工作为项目的保护传承及活动开展提供了坚实基础。

作为罗店龙船的保护单位,罗店镇社区文化活动中心近年来也进行了积极的保护工作,并为其设立了财政专项资金。2008 年以来,每年投入近 200 万元,挖掘龙船文化历史底蕴,整理保存了大量关于龙船制作、划龙船技艺等方面的实物资料(包括龙船制作全套工具、龙船及附属伞旗、蜈蚣旗、刀旗、三角旗及相关吹打乐器等),并运用数字化科技手段进行记录建档。2014 年,罗店镇还与上海师范大学合作完成了对罗店龙船制作技艺进行系统分析和船体 3D 建模,有助于罗店龙船制作技艺的保护传承。

作为龙华庙会的保护单位,龙华街道办近年来也做了不少工作。在 2008 年至 2015 年期间,每年举办庙会活动,并由市文化局、旅游局和街道每年投入约 300 万元(其中街道设立非遗保护专项资金 50 万)用于龙华庙会的筹办。2016 年以来虽然大型庙会活动停办,但街道每年仍设有非遗保护专项资金约 30 万元,用于庙会舞龙队训练、"千年龙华民俗大讲坛"等活动开展。

3. 传承发展状况

在传承发展方面,做得较好的是罗店龙船项目。自 2008 年以来,罗店镇社区文化活动中心专门设立了龙船非遗工坊作为专门的传承基地,集中专业力量制作、维护龙船实物及相关道具,积极招募和培训划龙船队员,每年 6 月至 9 月由传承人张国忠先生及其他经验丰富的老舵手带领队员进行集训,取得了一定的传承效果,为相关活动的开展、后备人才培养提供了可靠的保障。但从整体上看,上海市民俗类非遗项目的传承工作仍是任重而道远。

4. 活动开展状况

根据调研显示,上海市民俗类非遗项目在宣传推广活动开展方面整体上较为出色。豫园灯会的活动开展状况较为典型。每年新春及元宵佳节期间举行的豫园灯会,获得了民众的广泛参与,产生了较大的社会影响,实现了社会效益与经济效益的双提升。近年来,豫园商城公司积极创新思路、广泛吸收现代先进科技和审美理念，运用市场化方式支撑非遗项目的保护与发展。自 2017 年开始，以打造"东方新灯彩文化""中华灯彩新国潮"等品牌为目标，营造出更符合当代都市民众的时尚观念和消费需求的数字化灯彩景观，形成了较大的社会影响力。再如罗店划龙船习俗，基本上每年端午节都在美兰湖水域举办一届"龙船文化节"，至 2021 年已举办十五届，盛大的划龙船活动现场，吸引了大量民众前来观赏、参与。

5. 核心内涵保持状况

从调研情况来看，民俗类项目的核心内涵保持情况不一，有的项目对传统核心内涵保持较好。例如，豫园灯会在活动举办时较为注重对传统民俗元素的保持，场所上仍沿袭了九曲桥为中心的活动区域，并将主题灯和氛围灯的聚集布置区也放在这一核心区域，活动时间也基本上与传统元宵灯会一致，在时、空维度都较好地保持了传统内涵。相比之下，龙华庙会的核心内涵保持状况并不理想，缺失了传统庙会的信仰元素和商贸功能。实际上，传统节庆集会民俗形态以信仰活动为重要内涵，然而现在的龙华庙会不再具有信仰空间，成为了"无庙之会"，长此以往并不利于该项目的保护传承。

6. 市场拓展状况

根据调研发现，目前上海市国家级民俗类非遗项目的市场拓展状况并不平衡，其中豫园灯会较好地实现了市场拓展，而罗店划龙船、龙华庙会则未能实现有效的市场拓展和充分的经济效益。自 2011 年以来，豫园灯会每年吸引客流约 300 万至 400 万人次，即使是在受新冠疫情影响的 2020 年、2021 年新春元宵期间，豫园灯会春节期间的客流量也分别达到了 185 万人次和 216 万人次，豫园商圈在 2021 年春节期间成为"沪上最火商圈"。豫园灯会成功的市场化运营也为这一非遗项目的传承提供了持续动力，在相关民俗文化内涵的传播层面获得了更加广泛的受众群体，有效实现了经济效益和社会效益的双提升，堪称民俗类非遗项目市场拓展的成功案例。但是，相比之下，罗店划龙船习俗项目的活动开展、平时训练、传承工作等经费几乎全部来自政府投入，并未充分开拓市场和利用商业机制积极促进非遗项目的保护和传承。龙华庙会的举办也主要依靠政府财政经费投入，没有进行实质性的市场拓展。

（三）存在问题和不足

综合本次调研的实际情况来看，当前上海民俗类非遗项目保护传承工作主要存在以下几个方面的问题和不足：

1. 生存和开展活动的实体空间被压缩，直接制约了这类项目的保护传承

随着上海城市化进程的加快，民俗活动空间受到影响、挤压。这一问题在龙华庙会的传承过程中显得尤为突出。2016 年以来，龙华寺周围地区受市政工程施工的影响，龙华庙会主体活动空间缺失，导致该项目的保护工作陷入困境。近年来，龙华街道办虽然在宣传舞龙、龙华民谣等相关民俗文化方面作了积极的努力，终难实现龙华庙会的"活态"传承。罗店划龙船习俗这一项目虽然具备开展主体活动的场地，但却存在着船体及附属道具存放场地紧缺、存放条件较差等问题，同样受到都市环境中民俗活动空间资源不足的现实因素制约，大大提升了项目保护的经费开支。

2. 相关技艺传承人年龄老化，部分项目传承链濒临中断，现行传承方式单一、传承效率不高

以罗店划龙船习俗为例，目前龙船制作技艺传承人、龙船队队员日趋高龄化（队员平均年龄 46 岁），而年轻人大多对这类民俗活动缺乏兴趣，因此项目传承面临着后继乏人、传承链中断的隐忧。此外，罗店龙船制作技艺的现行传承方式较为单一，主要是师徒之间依靠感性经验、手把手地传授龙船制作技艺，每艘龙船只能供一次教学，导致传承人培养过程长、难度大、成本高。

3. 部分项目长期以来主要依靠政府经费投入支撑，未充分调动社会力量参与以及合理利用市场机制

罗店划龙船习俗和龙华庙会单纯依靠政府财政投入，市场开拓程度较低，没有经济收益和持续动力。例如，龙华庙会的保护传承过程中，取消了传统庙会的商业活动元素，丢失了传统龙华庙会的"商贸性"特征，不但在举办庙会过程中没有获得收入，也制约了活动对民众的吸引力和社会影响。长此以往，项目保护传承难以为继。再如，罗店划龙船习俗项目传承当前也主要

依靠政府经费投入,并未充分调动社会力量参与以及合理利用市场机制,缺乏持续动力。

(四)改进对策与建议

针对当前民俗类项目保护传承工作中存在的问题与困难,我们提出如下几点改进对策与建议:

1. 着力保障开展项目活动的必要场地空间,并对场地空间的使用进行科学规划

空间场地是民俗类非遗项目在当代实现"活态"传承的必备条件。因此,着力保障民俗类项目开展活动的必要场地空间并对场地空间的使用进行科学规划,在接下来的保护传承工作中具有极其重要的意义。相关部门要加快推进龙华庙会活动场所的建设,保证庙会活动核心区域的空间容载量,并科学规划活动方案,优化要素布局及交通条件,有效提升庙会空间承载能力,确保大型庙会活动在当代都市空间的顺利开展。同时,要为罗店划龙船习俗项目提供必要的训练场地、船体道具存放场地,并提升保存技术和效率、切实降低龙船存放和运输环节的损耗。

2. 加强技艺传承与后备人才的培养,尤其是注重吸引年轻人参与,改革传承方式和资金保障机制,提升传承效率

要加强对民俗类项目相关技艺传承人才的培养,形成完整的后备人才梯队,尤其要注重吸引更多年轻人参与。以罗店划龙船习俗为例,要加大在学校、社区推广"罗店龙船文化"的力度,发动当地年轻人参与该项目的保护传承,并尝试在美术工艺类院校、体校等专业学校设立传习基地,培养龙船制作技艺、划龙船比赛等专业人才。同时,要改革传承方式及配套的资金管理机制,组织专业技术力量进一步整理龙船制作技艺,加快形成数字化演示教材,提升传承工作效率。此外,还应进一步完善非遗保护专项资金管理机制,例如可以对传承人授徒、培训活动进行"绩效考评",以此作为下一年度传承资金配置的重要参考指标,按照"高效从优、低效缩减"的原则,切实提升传承效率。

3. 探索构建当代都市环境中保护传承民俗类非遗项目的多方协作机制与市场运营模式,充分激发民俗文化在当代都市空间"活态"传承的内生动力

要逐步改变当前民俗类项目由"政府一肩挑"的举办模式,探索社会资本参与民俗类非遗项目保护传承的高效平台和市场运营模式。例如,可以适度恢复龙华庙会的商贸功能属性,积极搭建商贸平台,激活庙会空间的商业机能。同时,要为民间文化社团及相关企业积极参与龙华庙会活动规划、实施过程提供政策支持,形成政府部门与社会团体(民间资源)的良好协作机制,充分激发民俗文化在当代都市空间"活态"传承的内生动力。

主要参考资料

［1］上海市文化广播影视管理局编,曹伟明、蔡丰明编著:《上海田山歌》,上海文化出版社,2011 年。

［2］上海市文化广播影视管理局编,张乃清编著:《沪谚》,上海人民出版社,2012 年。

［3］蔡丰明:《上海非物质文化遗产项目生存状况考察与分析》,《上海文化》2013 年第2 期。

［4］上海市文化广播影视管理局编,高经建、马连生编著:《上海龙华庙会》,上海文化出版社,2012 年。

［5］上海市文化广播影视管理局编,崔衡编著:《罗店划龙船习俗》,上海文化出版社,2012 年。

［6］吴仲庆:《豫园灯会的文化价值及商旅文联动发展》,《上海商业》2013 年7 期。

［7］上海市文化广播影视管理局编,梅红健、吴仲庆编著:《豫园灯会》,上海人民出版社,2014 年。

［8］蔡丰明、程洁、毕旭玲著:《上海城市民俗史》,上海文艺出版社,2020 年。

［9］陈勤建著:《中国民俗学》,上海人民出版社,2017 年。

［10］张海岚:《民俗经济视角下都市传统庙会市场空间变迁研究——以上海龙华庙会为例》,《广西民族大学学报(哲学社会科学版)》2019 年第 3 期。

四、非物质文化遗产的
保护实践与创新

"非遗来了"抖音号非遗传播实践研究

闫新李①　栾明靓②

摘　要　本文以 2019 年 11 月 16 日至 2021 年 12 月 3 日"非遗来了"抖音号制作发布的视频为研究对象，通过对数据的整理和分析，总结了"非遗来了"抖音号在非遗传播方面的经验，包括：积极创新视频内容，让非遗"出圈"；应对新冠肺炎疫情，赢得口碑与流量；广泛链接社会资源，群策群力传播非遗。本文还对短视频传播非遗的内在局限性进行了探讨，并为"非遗来了"的进一步发展提出了合理规划、专业运营等方面的建议。

关键词　抖音　传播　短视频

---

①　闫新李，上海人民广播电台主任播音员，"非遗来了"抖音号策划人、主持人、运营人。
②　栾明靓，上海社会科学院文学所 2020 级硕士研究生。

抖音是一款短视频软件,用户可以借助软件自带的特效和编辑功能自行制作上传短视频,分享日常生活,打造个人品牌,同时又可以利用零碎化时间收视各种丰富内容。自 2016 年上线以来,抖音便风靡全网全球,成为最受欢迎的短视频软件之一,抖音平台上也不乏致力于传播非物质文化遗产的账号和创作者。截至 2021 年 6 月 10 日,抖音上的国家级非遗项目相关视频数量已超过 1.4 亿。根据公开信息,目前全国有 1 557 个国家级非遗项目,其中98%能在抖音上找到。[①]

"非遗来了"抖音号的建立可以追溯到 2019 年 9 月 1 日开办的东广新闻台长三角之声栏目"非遗在行动"融媒体节目,高瑞阳、闫新李曾从非遗传播与保护实践的角度对"非遗在行动"融媒体节目进行了研究,分析了节目运行的优势、劣势,并对节目提出了相关建议。[②] 作为融媒体节目矩阵的一部分,抖音号凭借其流量和受众优势成为"非遗在行动"融媒体节目的重要阵地。尽管后来"非遗在行动"融媒体节目的整体架构出现了一系列调整,抖音号也由"非遗在行动"更名为"非遗来了",但其运营却并未受影响,继续以"寻找非遗传人,发现非遗之美"为口号,进一步在广大群众和非遗传承人之间搭建连接的桥梁,借助短视频传承弘扬非遗文化。"非遗来了"在立足上海的同时,也将视野投向全国,记录并展示全国各地非遗传承人薪火相传的独特技艺,继续将非物质文化遗产的影响力向全网、全国辐射。主办方上海人民广播电台人文工作室在抖音平台两年多的持续耕耘也获得了可喜的成果,截至2021 年 12 月 3 日,"非遗来了"抖音号累计获赞 465.3 万次,拥有 158.5 万粉丝,总播放量超过 3 亿次,位列抖音非遗垂类内容蓝 V 官方认证账号全国第一。[③] 上海人民广播电台抖音官方账号"非遗来了"也入围国家网信办"百个网络正能量建设者"评选。[④] 本文试图对"非遗来了"抖音号的非遗传播实践进行个案研究。

---

① 李晔:《短视频和直播平台,让非遗活起来》,《解放日报》2021 年 6 月 16 日。
② 高瑞阳、闫新李:《"非遗在行动"节目的长三角非遗传播与保护实践研究》,载《上海非物质文化遗产发展报告(2020)》,上海人民出版社、上海书店出版社,2020 年,第 17 页。
③ 徐婷:《非遗来了是这样破圈的》,《每周广播电视报》2021 年 12 月 2 日。
④ 徐婷:《非遗来了是这样破圈的》,《每周广播电视报》2021 年 12 月 2 日。

一、"非遗来了"抖音号传播数据分析

自 2019 年 11 月 16 日至 2021 年 12 月 3 日,"非遗来了"抖音号共发布视频 227 期,本文对这些视频发布日期、时长、点赞数、评论数、转发数等基础数据进行了整理与分析。总体来看,视频平均每周更新两期,涉及近 50 项非遗项目,共获得超过 250 万次点赞,有 32 期视频点赞过万,平均每期视频点赞破万,另有 1 期视频评论过万,6 期视频转发过万。

本文对 227 期视频的非遗内容根据我国国家级非物质文化遗产名录的分类方式进行了分类整理,结果如下:传统美术类非遗 170 期,传统技艺类非遗 22 期,传统戏剧类非遗 16 期,传统体育、游艺与杂技类非遗 5 期,传统音乐类非遗 3 期,民俗类非遗 3 期,传统舞蹈类非遗 2 期,曲艺类非遗 2 期,传统医药与民间文学类非遗空缺,另有无法进行明确分类的非遗 4 期,其占比构成如图 1 所示:

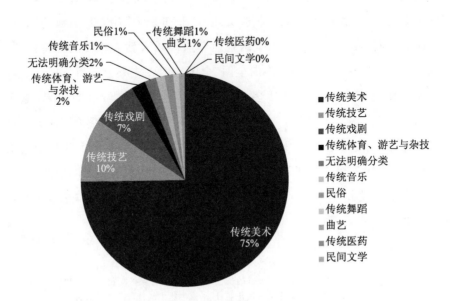

图 1　视频相关非遗项目所属类别构成表

在所有 227 期视频中,有 170 期视频以传统美术类非遗项目为主题,占比近 75%;与传统技艺类非遗项目相关的视频有 22 期,占视频总数的近 10%;与传统戏剧相关的视频有 16 期,占视频总数的 7%;传统体育、游艺与杂技类非遗项目则占据 5 席,仅占视频总数的 2%;传统音乐、民俗、传统舞蹈、曲艺四类非遗分别有 3 期、3 期、2 期、2 期,加起来也仅占视频总数的 4%。还有 4 期视频没有涉及具体的非遗项目,或是因为内容过于宽泛没有聚焦于某一类非遗,这类视频占视频总数的近 2%。在占比最大的 170 期传统美术类非遗视频中,127 期视频主题是剪纸,占传统美术类非遗视频数的近 75%,占所有视频总数的近 56%,如图 2 所示。

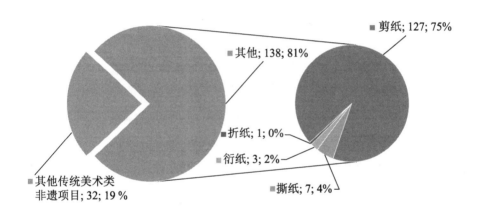

图 2　视频涉及传统美术类非遗项目构成表

本文对上述 227 期视频的时长进行统计,将其分为时长大于等于 1 分钟的视频与时长小于 1 分钟的视频两大类,发现时长大于等于 1 分钟的视频有 177 期,占视频总数的 78%,而时长小于 1 分钟的视频只有 50 个,仅占视频总数的 22%。

本文选取了点赞量最多和最少的 10 期视频进行对比,其视频名称、发布时间、视频时长如表 1、表 2 所示:

表1 点赞量最多的10期视频统计表(按点赞量由高至低排列)

视频序号 (按点赞量 由高至低)	视频发布日期	视频名称	视频时长
1	2021年6月28日	一次剪4个立体春字	04:59
2	2021年5月6日	妈妈教我两剪刀剪成红双喜	04:01
3	2021年3月20日	剪纸还原残损的三星堆黄金面具全貌	03:57
4	2020年5月31日	鼠年生肖鼠,马上教学,2分钟学会	02:59
5	2020年2月11日	非遗剪纸剪荷花,祝愿抗击疫情早胜利,家庭和和美美	02:38
6	2021年3月17日	非遗剪纸传承人居然一次剪出"老虎、富字、铜线",还有一身毛	05:40
7	2020年1月25日	非遗剪纸传承人史萍,鼠年剪鼠,祝您鼠年快乐阖家幸福	03:37
8	2020年8月13日	非遗剪纸传承人尤彩侠,一分钟教你学会剪传统团花	01:51
9	2021年5月4日	妈妈教我两剪刀剪成红双喜,后续	03:08
10	2020年11月29日	非遗剪纸传承人蔡德福2分钟教你剪出4只大白鹅	02:58
平均时长			03:35

表2 点赞量最少的10期视频统计表(按点赞量由低至高排列)

视频序号 (按点赞数 由低至高)	视频发布日期	视频名称	视频时长
1	2020年6月9日	非遗方糕,四代相传,百年历史,小时候的味道	00:37

视频序号（按点赞数由低至高）	视频发布日期	视频名称	视频时长
2	2020 年 6 月 10 日	国家级非遗上海民族乐器制作技艺	00:25
3	2020 年 10 月 25 日	电影八佰皮影原型,国家级非遗济南皮影	01:58
4	2020 年 10 月 25 日	90 后越剧①传承人唐培文,非遗博览会现场清唱引围观	01:08
5	2021 年 4 月 21 日	什么样的紫砂壶,居然卖了 1 个亿!	02:39
6	2020 年 11 月 9 日	进博会非遗百宝箱(上)	02:46
7	2020 年 4 月 8 日	武汉解封,非遗剪纸对你说:武汉,好久不见!	00:11
8	2020 年 6 月 10 日	120 年前的上海光影,非遗七宝皮影戏	00:53
9	2021 年 2 月 14 日	@非遗来了创作的原声	01:09
10	2020 年 11 月 8 日	非遗撕纸传承人华兴富,记者节有礼物送大家	14:40
平均时长			02:39

从上表可以看出,点赞量最多的 10 期视频时长相差不大,平均时长 3 分 35 秒;而点赞量最少的 10 期视频中,有 1 期视频长达 14 分 40 秒,而其余 9 期全部短于 3 分钟,甚至有时长 11 秒的视频,平均时长 2 分 39 秒,短于点赞量最多组的平均时长接近一分钟。

按照国家级非遗名录的分类方法,本文将两组视频进行了分类统计,相关点赞数、评论数、转发数等数据参见图 3、图 4。

---

① 实为"粤剧",此处为原文。

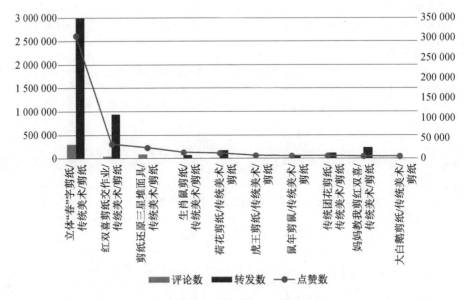

图3 点赞数最多的十期视频基础数据表(单位:次)

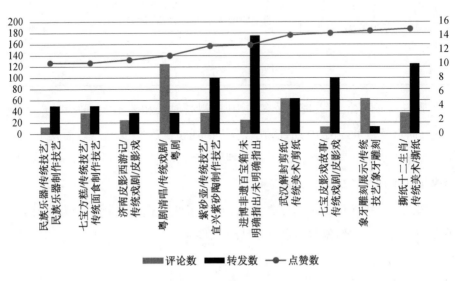

图4 点赞数最少的十期视频基础数据表(单位:次)

显而易见,点赞量最多的 10 期视频均与剪纸这项传统美术类非遗相关。而点赞量最少的 10 期视频主题为传统技艺、传统美术、传统戏剧类非遗。若点赞量代表受欢迎程度,时长 3 分多钟、以剪纸为代表的传统美术类非遗明显成为"非遗来了"的"流量担当",而播放时间过长或过短的视频,比如传统戏剧、传统技艺类非遗视频,则容易被观众忽视。

二、"非遗来了"抖音号传播经验总结

高瑞阳、闫新李在之前研究中详细描述过抖音平台在内的非遗融媒体的运行优势[①],本文不再赘述。在这两年时间内,在新冠肺炎疫情对正常生活严重冲击的大背景下,"非遗来了"抖音号逐渐摸索出了一条短视频传播非遗之路,积累了不少经验,概括如下:

(一)积极创新视频内容,让非遗"出圈"

"非遗来了"抖音号的运营团队来自于上海人民广播电台,其成员的专业出身塑造了他们对新闻事件的敏感性,这也是"非遗来了"与抖音平台其他非遗视频发布者的一大显著区别。正是凭借这一专业素质和优势,"非遗来了"紧跟当下时事热点,创造性地借助重大新闻事件传播非遗,将非遗内容融入到关注更多、流量更大的时事热点当中,使观众在抖音平台浏览时事热点的同时领略非遗的魅力。例如,三星堆遗址考古发掘取得新发现的新闻一出,"非遗来了"主创团队便立即联系了剪纸传承人史萍,就视频形式、内容、话术等方面进行策划,最终制作出了用剪纸形式表现三星堆出土黄金面具的视频。在东京奥运会期间,主创团队一边聚焦赛场,一边与传承人史萍沟通,针对中国健儿的夺金热点提前创作,中国健儿刚有所斩获,主创团队便发布预先制作好的奥运主题剪纸视频。这类非遗视频策划、拍摄、剪辑的过程十分

① 高瑞阳、闫新李:《"非遗在行动"节目的长三角非遗传播与保护实践研究》,载《上海非物质文化遗产发展报告(2020)》,上海人民出版社、上海书店出版社,2020 年,第 17 页。

类似于时效性极强的新闻抢制的过程，但相比新闻，非遗视频不仅更生动活泼，也更聚焦非遗项目本身。

"非遗来了"团队也围绕党和国家的重大决策、时事热点等制作相关非遗视频，比如在中国共产党诞辰 100 周年之际，"非遗来了"主创团队邀请两位剪纸传承人乔美英、何平剪出"中国共产党"5 个字的立体剪纸作品以及党的故事系列剪纸作品，并借剪纸这项非物质文化遗产为党的百年生日献礼。在鸿星尔克巨额捐助河南洪灾地区之后，东阳竹编传承人蔡红光受邀及时制作了相关主题的竹编作品，以国家级非遗竹编的形式答谢企业义举。

面对占据大量流量的追星族群体，"非遗来了"也及时捕捉优质偶像名人的动态，发布相关非遗视频，例如针对关注度较高的张怡宁入驻抖音平台、刘德华出道周年庆、贾玲新片上映等事件，"非遗来了"主创团队邀请剪纸传承人史萍和何玉婷剪出偶像名人的剪纸肖像，并在平台上@相关偶像名人，积极采取各种形式的"出圈"尝试，力图把非遗推广到更多群体中去。

如上述这些将非遗与时事热点、明星动态结合的传播策略不仅为主创团队提供了视频创作方向，也收获了良好的传播效果，仅"剪纸还原残损的三星堆黄金面具全貌"这期视频，就有超 500 万人次观看，并获得了 23.6 万点赞、9 912 评论和 1 665 转发，位居当日抖音"三星堆"相关话题前列，达到了借助时事热点，让非遗"出圈"的效果。

（二）应对新冠肺炎疫情，赢得口碑与流量

2020 年新冠肺炎疫情初期，大量民众居家隔离，"非遗来了"主创团队抓住这一契机，与多名剪纸传承人一起在抖音平台创作并发布了一系列剪纸教学视频，收到了良好效果。在这段特殊的时期，民众不仅可以在抖音平台欣赏剪纸艺术的魅力，从传统美术类非遗中获得精神宽慰，更可以亲自拿起剪刀在传承人的指导下尝试剪纸，剪纸非遗由此真正走进了千家万户。在新冠疫情趋于平稳后，剪纸教程系列视频依旧得到了保留，并且作为"非遗来了"抖音号的一项特色主打内容延续至今，其中"非遗剪纸剪荷花，祝愿抗击疫情早胜利，家庭和和美美"和"非遗剪纸青蛙，一起抗击疫情，愿小青蛙吃

掉病毒"两期视频分别获得了 12.1 万点赞、2.1 万转发和 1.6 万点赞、1 538 转发。

新冠肺炎疫情初期,"非遗来了"也发布了其他抗击疫情主题的非遗视频,比如以琴书这种独特的曲艺形式致敬冒着生命危险在一线抗击疫情的医务工作者,以皮影戏生动形象地讲述疫情期间居民社区的感人故事,都广受好评。"非遗来了"在新冠肺炎疫情初期发布的一系列的视频不仅收获了良好的社会效益,履行了作为官方媒体账号的社会责任,也证明非遗蕴含着巨大的精神和文化力量,可以助人共克时艰。

(三) 广泛链接社会资源,群策群力传播非遗

"非遗来了"抖音号成功的背后是上海人民广播电台人文工作室对外部资源的积极链接。

首先,主创团队与大量非遗传承人建立起了长期互利、合作共赢的关系。"非遗来了"扎根上海,与大量上海本土非遗传承人建立起了合作关系,又依托上海人民广播电台《非遗来了》同名广播节目,与全国各地的许多非遗传承人取得了联系,此外,主创团队还通过参与进博会、中国非遗博览会、上海国际手造博览会、中国传统工艺邀请展等与非遗制品、衍生品相关的大型展会活动,结识了更多各怀绝技的非遗传承人。一方面,非遗传承人有借助"非遗来了"这一平台展现技艺、宣传自我的需要,另一方面,"非遗来了"也需要非遗传承人展示技艺以录制大量优质内容,由此,平台和非遗传承人之间就具备了合作共赢的基础。

其次,"非遗来了"主创团队还与不少学者、专家、非遗保护工作者建立了联系,比如上海市非遗保护协会执行秘书长曾红曾经在视频中出镜为观众介绍进博会上的非遗百宝箱。

三、对短视频传播非遗方式的思考

尽管"非遗来了"运营两年多以来取得了不俗的成绩,但种种现象表明,

短视频作为非遗传播的方式有其内在的局限性，至少在目前技术手段、观众欣赏水平等条件下无法解决。

（一）短视频的传播方式不利于某些类型非遗的传播

本文统计显示"非遗来了"所发布的视频中近85%都与传统美术类非遗、传统技艺类非遗相关，显示出明显的类型倾向性。但这种倾向性的形成主要与短视频本身的特点相关。短视频时长短，要求内容浅显、活泼，耗时短，而以剪纸为代表的部分传统美术和传统技艺类非遗正具有这样的特点，因此在"非遗来了"的平台上取得了很高的播放量。"非遗来了"点赞破万的32期视频中有28期是剪纸内容。剪纸所需工具和原材料简单，十分易于获得，而且入门技术易学，普通人通过传承人的视频教学也能掌握一定的剪纸技巧，因此在剪纸视频播放过程中往往产生频繁的互动，如此可以增加观众的粘性和忠诚度，带动观众对账号内其他类别的非物质文化遗产的关注。正基于这样的原因，"抖音来了"主创团队重视剪纸视频，将其作为主要内容之一，但这种策略同时也说明短视频的传播方式并不是对每一类非遗都适用。

（二）短视频的传播方式不利于对非遗的深入认知

"非遗来了"主创团队在运营抖音号的过程中也认识到短视频与非遗传播之间存在一定的矛盾。短视频本质上是一种快餐文化，而非遗是优秀传统文化的重要组成部分，很多非遗难以用短视频的形式进行表达，但长视频又很难在快节奏的今天吸引观众。

"非遗来了"也曾采用其他形式讲述非遗知识和故事。例如有一期视频是"非遗'新'说"，在这期视频中，主持人对面塑技艺进行了较为深入的知识性讲解，但仅获得了459次点赞、10个评论和11次转发，与剪纸视频上万的点赞量等数据差距实在遥远，说明这样的内容和形式很难在短视频平台上赢得观众的喜爱。此后，"非遗来了"便不再发布类似视频。还有一期视频是"清宫剧里的鸟笼居然是非遗，还传到了现在。传人是一位高颜小姐姐，来听她讲鸟笼的故事!",此视频是上海新闻广播的同名电台节目的互动预告,但也仅获得了 478 次点赞、14 个评论和 6 次转发。因此当前"非遗来了"抖音号便主要播放三类视频:实物作品展示、现场技艺展示和非遗互动教学。这些视频,仅仅能起到启蒙的作用,无法让观众更深入、全面地了解非遗。这既是"非遗来了"的遗憾,也是短视频形式的缺陷。

四、对"非遗来了"抖音号传播实践的建议

"非遗来了"作为一个成立两年多、粉丝近 160 万的抖音账号,已经顺利度过了初创期并站稳了脚跟,结合目前的发展情况,本文认为可以从如下三方面改进其传播实践。

(一)合理规划视频,拓展广度和深度

鉴于主创团队与相当数量的非遗传承人形成了稳定的合作关系,所发布的视频也具有了稳定的粉丝群体,"非遗来了"抖音号目前应该将重心放在合理规划视频的内容与形式方面,尽量拓展视频所呈现的非遗的广度和深度。一方面,互动性强的剪纸教学视频可以以一定频率规律更新,以维系老粉丝;另一方面,针对突发性的时事新闻,主创团队可以继续与剪纸等传承人携手,紧跟当下热点、策划、创作相关非遗视频,吸引更多无明确目的、仅仅是网上冲浪的观众;同时,主创团队也需要逐步增加传统美术和传统技艺之外的其他类非遗视频的播出次数,并依据具体类别采取合理的内容和时长;此外,主创团队也应当对视频类型进行规划和区分,现有的视频基本以作品展示、技艺展示和互动教学为主,缺乏对非遗的深入挖掘,可以尝试增加深度讲解类视频的比例,并合理调整多类视频的比例。比如依托上海新闻广播台《非遗来了》广播节目,主创团队可在广播节目录制的前后邀请嘉宾在现场展开更富趣味的深度互动,以改善"非遗来了"在抖音平台上以剪纸为代表的传统美术类非遗一家独大的局面。

（二）设立专职新媒体平台运营人员，增加抖音平台运营专业程度

随着"非遗来了"粉丝群体进一步增加，抖音平台的运营应得到更高程度的重视。基于对未来的进一步规划和展望，现有的运营架构显然无法满足需要，上海人民广播电台人文工作室在日常工作之余，很难有充足的时间和身心投入抖音平台视频拍摄剪辑、视频规律发布、及时回复评论、联系非遗传承人等等繁多的工作中去，因此十分有必要通过某种渠道或方法设立一名专职负责新媒体平台运营工作的工作人员，以解决"非遗来了"运营过程中出现的拍摄效果不佳、文字描述长度不一等细节问题。

总的来说，上海人民广播电台人文工作室在利用新媒体平台传播非遗方面走出了一条独特的道路，有效地传播了非遗文化，并获得了广泛认可，为新时期非遗传播实践提供了宝贵的经验。同时，"非遗来了"两年来的运营数据，也为非遗传播与保护研究提供了丰富的材料。在国家大力扶持、社会普遍关注非遗的背景下，我们有理由期待"非遗来了"抖音号作为先行者和领军者，能够继续保持特色，坚持创新，在抖音平台上创造更大的影响力，在新媒体领域为非遗保护事业做出更多的有益探索。

主要参考资料

［1］《播放量1 065亿次！抖音成为非遗最大传播平台》，新华网，http://www.xinhuanet.com/tech/2019-04/21/c_1124395009.htm。

［2］李晔：《短视频和直播平台，让非遗活起来》，《解放日报》2021年6月16日。

［3］高瑞阳、闫新李：《"非遗在行动"节目的长三角非遗传播与保护实践研究》，《上海非物质文化遗产发展报告（2020）》，上海人民出版社，2020年。

［4］徐婷：《非遗来了是这样破圈的》，《每周广播电视报》2021年12月2日。

自媒体时代非物质文化遗产
传播新路径探析
——以辽南皮影戏为例

吴玉萍①　彭乙茂②

摘　要　自媒体时代，多样化的传播形式以及独特的技术优势逐渐为大众接受并喜爱，这同样给非物质文化遗产的传承与发展带来了机遇。借助自媒体，非物质文化遗产的传承亦可开辟新径。文章以辽南皮影戏为例，结合其发展现状指出所存在的诸如濒临失传与失真、观演模式过于单一等问题。在探究对辽南皮影艺术的保护与开发基础上，提出自媒体时代非物质文化遗产在传播形式、传播模式以及传播平台等方面的新尝试，以期借助自媒体的技术优势和多样化传播使二维的艺术在三维中生长，让更多的人切实感受到非遗的艺术魅力。

关键词　自媒体　辽南皮影戏　传播新路径

一、辽南皮影戏概况

（一）辽南皮影戏的发展脉络

辽南皮影戏，起源于明代万历年间，是以盖州为中心的新关东影戏。它

---

①　吴玉萍，博士，上海视觉艺术学院副教授；华东师范大学非物质文化遗产传承与应用研究中心研究员。
②　彭乙茂，上海视觉艺术学院 2018 级本科生。

是中国皮影艺术体系中的一个主要支脉,长期流传于辽宁省盖州地区的岫岩、海城、大石桥、瓦房店、庄河等地,并远播吉林、黑龙江一带。① 辽南皮影戏历经两千余年的发展,从最早的军营演出到后来的民间表演;从祈福禳灾的祭祀仪式到单纯戏剧表演样式,其演出的场景和功能均发生了变化。其发展历程大致可分为五个时间节点:

明末清初,辽南皮影戏主要在军营、军府中演出,后传入民间,成为祭祀酬神的民俗活动,以祈求风调雨顺、祈祷病人身体康复,功能在于"酬神娱人"。比如,盖平县(今盖州市)每年正月二十举行果神庙会,听皮影人数多达万人;盖平城内的三江会馆、山东会馆,每逢重大节庆日也要唱影。唱皮影成为当时的一种时髦。

民国年间,皮影戏发生衰落,直到新中国成立后,盖平县的皮影戏才得以恢复,彼时的从业者达三百余人,有影班三十几个。县城内还成立了盖平皮影社,影戏棚内可容纳 50 余人。每年春秋两季演出,多为古典传统剧目,如《杨家将》《封神榜》《薛刚反唐》等。

1960 年 8 月盖平县皮影团成立,也就是今天的盖州皮影艺术团的前身。皮影艺术团分成两个影班,每班 5～7 人,经常下乡演出,全年演出六七百场。当时,皮影班大胆创新,刻制了一批大型影人和时装影人,创编现代皮影戏,1962 年全年演出上千场,很受群众欢迎。

20 世纪 80 年代开始,电视兴起,辽南皮影戏在电视市场的冲击下不断衰落。盖州市政府自 1991 年分 4 次拨专款十万余元,组织专门人员抢救、整理、排演皮影戏,并多次组团参加省皮影汇演。时任盖县文联秘书长张永夫长期关注、研究辽南皮影戏,自费搜集购置影件、影卷,刻制影人,制作乐器,组织老艺人排演节目。

进入 21 世纪,随着互联网的普及,辽南皮影戏的市场不断萎缩。2006 年当地将辽南皮影戏申报非遗,制定了五年保护计划,成立了皮影研究会。

---

① 参见中国非物质文化遗产网,发表时间:2008 年 6 月 14 日,浏览时间:2020 年 5 月 25 日,链接:http://www.ihchina.cn/project_details/13408。

2008 年,辽南皮影戏以"盖州皮影戏"命名申报并正式被列入第二批国家级非物质文化遗产名录,[①]林世敏为传承人,并任盖州皮影艺术团团长。

(二)辽南皮影戏的艺术特色

皮影艺术是一种古老的民间艺术形式,乡土气息浓郁,地域特色浓厚。所谓"一方水土养一方人",皮影艺术扎根于寻常百姓的生产与生活之中,其曲调唱腔、制作技艺、演绎方式等都会因为地域的不同而各具特色。因此,辽南皮影戏以其浓郁的地方特色,独特的造型工艺及原生态的盖州民间唱腔、音乐、影卷、唱词格式见长,已经形成了一套独特的表演模式。

1. 唱腔优美,委婉动听

辽南皮影的唱腔和音乐十分优美,委婉动听。唱腔主要分为影调、外调、杂牌三种;音乐更是具有明显的地方特色,其中"大悲调"凄楚哀婉,催人泪下;声腔创作上则偏向地方口语化。相传,在清咸丰及同治年间,芦屯堡(今盖州芦屯镇)的皮影艺人张振令曾进入乐亭影班拜师学艺,学习、借鉴先进演技和唱腔伴奏,并在联曲的基础上,把大鼓、梆子、京剧等揉入影腔中,注重"以声感人、以动传情",赋予了辽南皮影戏新的表现活力。

如今,辽南皮影戏的曲调唱腔仍较多地保留了原有的曲调唱腔风格,对当代的音乐创作亦产生了一定的影响。如歌曲《苏武牧羊》就是在辽南皮影"大悲调"的基础上创作的。

2. 影人造型精美,装饰性强

在制作技艺上,辽南皮影十分讲究。原料选当年生的幼龄毛驴,取上乘部位的皮。雕刻工艺考究,多种线条巧妙结合,运用不同的"刀口线",结合齐、尖、圆、断各种刀口的使用,着色采用矿物质染料,透明而不易褪色,最终刻出的影件通体透明艳丽,栩栩如生(如图 1)。这与甘肃环县皮影略有区别。甘肃环县皮影的制作工艺同样考究,但是区别在于环县皮影非牛皮而

---

① 辽南皮影戏源于盖州,故在申报国家级非遗项目时以盖州皮影戏为最终申报。本文讨论的是盖州及其周边的地区的皮影艺术,故用辽南皮影戏来统称。这些皮影戏有的入选省级名录,有的入选市级名录。

不用,而且对牛皮质量的要求也非常严格,尤其还要选用青草期口轻的黑色公牛皮。

图 1　辽南皮影:头茬,即皮影的头部,兼具脸谱和头饰的功能①

辽南皮影的影人造型与中原的"秦晋皮影"、南方的"闽粤皮影"、甘肃的环县皮影均有明显区别,它更讲究铺排装饰。其影人造型长约六寸,即所谓的"中影",线条复杂,纹饰多变,注重通透的效果,刀花斑斓,色彩艳丽。加上砌末大小与影人差距较大,更加凸显了影人的造型感,可以说辽南皮影的影人每一件都可独立成为精美的艺术品,目前已有 1 996 件辽南皮影被国家博物馆收藏。② 而前面所提的几种皮影则不然。如甘肃环县皮影,其着色一般会以大红、大绿、滕黄为主色,也会少量运用蓝色、黑色,此外在点染时环县皮影只用纯色。如此渲染而成的皮影通常都色彩绚丽、色调和谐;人物栩栩如生、景物浑然天成。(如图 2)。

---

①　图片来自大连博物馆官方微信公众平台,原文《辽南皮影头茬造型解读(二):帽饰》,发表时间:2020 年 4 月 14 日,浏览时间:2020 年 5 月 25 日。

②　引自戏剧网,原文《一枝独秀报春晓——盖州皮影戏的文化传承》,发表时间:2014 年 10 月 29 日,浏览时间:2020 年 5 月 25 日,链接:http://www.xijucn.com/piyingxi/20141029/62332.html。

图2 环县皮影①

3.题材广泛,地域特色显著

辽南皮影民间口头文学的特征显著,创作上采用地方口语化的方式,念白多为乡音俚语,唱词格式风格独特,有着自己独特的词牌,如"三顶七""三栓"等,十分贴近百姓生活。盖州皮影的剧目内容多是民间的历史故事,题材较广泛,内容丰富,有写忠奸之间斗争的,如《五峰会》《梅花亭》等;有歌颂江湖游侠、绿林好汉的,如《瓦岗寨》《水泊梁山》等;有描述家庭生活的,如《孝道》等;也有表现儿女情长的如《奇缘传》《白蛇传》等。此外,辽南皮影戏还具有民间说唱鼓词的特点,擅长叙事、追求离奇铺张的效果,并且绝大多数是连续故事,人物繁杂,唱词连篇,最长的影卷可达100本之多,能持续演唱数月之久,最短的也可唱三到五个晚上。

二、辽南皮影戏传承发展中的问题

辽南皮影戏以其独特的艺术魅力在关中地区流传,造型精美、题材广泛,然而正如其他传统戏剧类的非遗一样,随着社会环境的变迁,传承与发展也

---

① 图片来自搜狐网,原文《夜听皮影道千古:著名作家走看写环县系列之四》,发表时间:2018年1月2日,浏览时间:2020年7月25日,链接:https://www.sohu.com/a/214214275_99909247。

遇到了一些问题，主要可以归为以下两个方面：

（一）濒临失传与失真

自 20 世纪 80 年代以来，媒介环境不断变化，电视、电脑等媒体对皮影戏造成了巨大冲击，皮影戏市场急剧萎缩，观众和演员越来越少，辽南皮影戏遭遇了生存危机。之后，政府采取抢救、保护等措施，使得大量的辽南皮影得以保存，国家级非遗的申请成功也让辽南皮影艺术团得以继续运营。

然而，辽南皮影戏的传承状况并不乐观。首先，它面临着与其他非遗项目一样的危机——"人绝艺亡"。如今的辽南皮影艺术团由辽南皮影艺术第五代传承人林世敏带领，整个艺术团不过十几人，据林世敏介绍："我们盖州皮影艺术团的 10 名艺人均已年过半百，最年长者近八旬。只要有人愿意学，我就愿意把我的全部技艺毫无保留地传给他。"[①]皮影戏演唱和舞影的技巧难度大，除此之外，初学者还要学习自己制作、设计影人，从工艺制作到唱、念、作、打的基本功，从开始学习这项艺术到能够熟练运用唱腔和手持影人为观众表演，需要两三年甚至更长的时间。[②] 所以，年龄断层的问题对当下辽南皮影艺术传承造成了很大的阻碍。

此外，辽南皮影艺术不仅有结构完整且有书面记载的"翻书影"，还有根据经验即兴表演的"溜口影"。"溜口影"虽为"翻书影"的前身，但皮影艺术作为最贴近百姓生活的民间艺术之一，除具有文本基础的王侯将相、才子佳人、公案传奇等一些完整故事和插科打诨外，就地取材的即兴演绎也是辽南皮影艺术的重要组成部分。但是，目前"溜口影"的传承相对比较缺乏，一是因为其"口传"的特点，难以传承；二是因为表演"溜口影"是一个即时创新的过程，它往往取决于皮影艺人的功底观众互动的能力，不熟悉当地风土人情、民俗

---

① 引自网易网，原文《一枝独秀报春晓——记辽南皮影戏国家级代表性传承人林世敏》，发表时间：2020 年 1 月 7 日，浏览时间：2020 年 5 月 5 日，链接：https://dy.163.com/article/F29LOID105219CL3.html。

② 引自美篇网，原文《盖州皮影》，发表时间：2016 年 9 月 7 日，浏览时间：2020 年 5 月 25 日，链接：https://www.meipian2.cn/5u7rryx? share_depth = 1&user_id = &sharer_id = &first_share_to = 。

文化的皮影艺人很难将"溜口影"完整地传承下去。因此,"溜口影"的传承现状往往不是失传,而是失真。

(二)观演模式过于单一

目前,辽南皮影艺术团的表演仍以露天演出为主(如图3),演职人员在人群密集的区域选好位置,傍晚前搭好演出装置,就地表演,这与世代相传的皮影戏演出方式基本相同。但皮影演出也存在另一种演出方式,比如新西兰艺术家Larry的皮影戏作品《Guji Guji 鳄鱼鸭》就采用了剧场演出的方式(如图4)。①

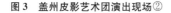

图3　盖州皮影艺术团演出现场②　　　　图4　皮影戏《小鳄鱼 GujiGuji》演出现场③

露天演出的优势是演出场地灵活,可以短时间内聚集大量的观众,而且露天的环境可以使皮影表演全方位地展示给所有观众。但是,这种古老的演出形式随着现代社会的发展也暴露出了很多问题。首先，在过去，露天演出能够在短时间内"聚人"的同时达到"聚财"的目的，但如今露天演出皮影戏只能出于公益的目的，更强调展示性的作用，这对于一个处于生存危机中的古老艺术而言缺乏一定的经济支撑；其次，露天环境是一个非正规的演出场地，观众观看皮影戏演出的过程中常常受到环境嘈杂等诸多因素的影响，观众很难看完一出完整的皮影戏剧目。这些对皮影艺术魅力与价值的呈现均会产生一定的影响，其唱腔、影人造型等艺术特色很难发挥出来，这也是辽南皮影艺术不断走向衰落的原因之一。

相比之下，皮影戏《小鳄鱼 GujiGuji》的观演模式则更为灵活。它从露天走进了剧场，同时采用分合式的幕布，将舞台（幕布）分成了三部分，以弧形的方式围绕着观众，增强了观众的观演体验。而且这种观演模式使得观众观影时不会受杂音影响，一定程度上也解决了露天演出带来的环境嘈杂问题。

三、自媒体时代辽南皮影戏传承新路径

（一）自媒体平台助推辽南皮影艺术传播

由于现代社会的飞速发展，媒介环境不断变化，新媒体的手段越来越丰富，多元的文化元素依托各种媒介，充斥在整个文化市场，人们的文化消费方式也不断发生改变。所以，将辽南皮影戏的传承与发展诉诸大众生活中不可或缺的诸种媒体形态，挖掘受众的文化需求，是当下传承和发展辽南皮影戏的第一步。

自媒体时代是一个"人人皆媒体"的时代，从辽南皮影艺术的现状出发，自媒体将是辽南皮影艺术传播的首选。自媒体又称个人媒体，是一种以个体为单位的通过互联网技术向外发布身边事实和新闻的传播媒介。它有着平民化、个性化、交互强、传播快的特点。常见的自媒体平台包括：微博、微信公众平台、短视频平台等。

当下，"自媒体＋"已经成为一种潮流，非遗与自媒体的融合也不例外。

利用自媒体平台推广的非遗传承人有很多,如快手短视频平台上聚集了 2 万多中国的民间匠人,其中不乏国家级、省级的非遗传承人。2019 年 9 月,快手与景德镇市合作,通过千名非遗手艺人入驻快手、快手大 V 直播逛夜集的方式,把瓷艺的魅力介绍给了更多的观众,帮助瓷器手艺人以一种特别的方式火了起来。① 此外,还有河南省禹州市神垕镇的钧窑传人李雪亚,在快手上,她主要展示手拉坯和瓷器出窑过程,观众能够看到在旋转的拉坯机上的土坯一点点变成造型别致的瓷胎的全过程(如图 5),自媒体成了这类展示性活动的最佳平台。之于辽南皮影而言,因为它精良的制作工艺,静态价值是其艺

图 5　钧瓷艺人李雪亚的快手平台及评论②

---

①　引自地球知识局官方微信公众平台,原文《在快手上复出的 2 万中国手艺人》,发表时间:2020 年 4 月 13 日,浏览时间:2020 年 5 月 25 日,链接:https://mp.weixin.qq.com/s/T8D_iPaRZWnFA9RjdOHWHw。

②　图片来自地球知识局微信公众平台,原文《在快手上复出的 2 万中国手艺人》,发表时间:2020 年 4 月 13 日,浏览时间:2020 年 5 月 25 日,链接:https://mp.weixin.qq.com/s/T8D_iPaRZWnFA9RjdOHWHw。

术的重要组成部分。自媒体平台可以为其营造一种体验场景，让观众领会辽南皮影的造型艺术。同时，皮影艺人也能够借此为观众讲述影人背后的故事，强化对辽南皮影文化的艺术形态以及内涵的宣传。因此，辽南皮影作为一件艺术品，可以从造型的角度，通过自媒体展示制作环节传达其文化内涵，这是区别于当前场馆内展示的更好方式。

当然，在利用自媒体推动辽南皮影艺术传播的同时，我们需要注意，对非遗文化来说，其呈现出来的形态，通常存在与现代社会生活脱节的情况。[①] 所以，辽南皮影在自媒体传播中需要借助现代流行的观念与方式，对局部即辽南皮影艺术元素进行转变，将其置于现代生活的语境，保证既达到对辽南皮影文化的实用功能以及审美价值进行提升的目的，又能使之在自媒体时代中更好地呈现出来。

除了造型的全方位展示，辽南皮影的唱腔和念白也可以结合网络用语，或者一些现代生活中的趣事、场景表现出来，以此达到普及文化和吸引观众的效果。这种方式相当于将辽南皮影这一完整的艺术形式拆分成很多不同的局部，从中提炼出最具艺术价值及魅力的文化元素，以现代流行文化进行包装的形式展现给大众。类似的例子如京剧余派老生王珮瑜经常利用微博，在一个仅有十几秒的视频中用京剧韵白念一首古诗词，或者利用现代网络流行的表达方式展示自己的幕后生活场景等，最终获得了大量关注，成功让很多人对京剧"路转粉"（如图6、7）。古老艺术元素的成功转化实际上是依附于现代媒介环境影响下的文化消费，在自媒体的环境中，人们更愿意接受或消费贴近自身生活、突破常规认知的文化内容。应当说，自媒体的利用无疑是对辽南皮影文化传承与创新的一次突破。

在普及推广辽南皮影文化的基础上，自媒体也将成为辽南皮影艺术真正走向市场的助推器。一个古老的民间艺术要想长久地生存，除了靠政府的抢救与保护，更需要掌握它的艺人们完成将其推向市场的过程。随着普及度和关注度的提高，除了文化传播，自媒体也起到了商业中介的作用。比如快手

[①]　葛艳奇:《"非遗"文化在新媒体时代的呈现与传播》,《传媒》2019 年第 8 期。

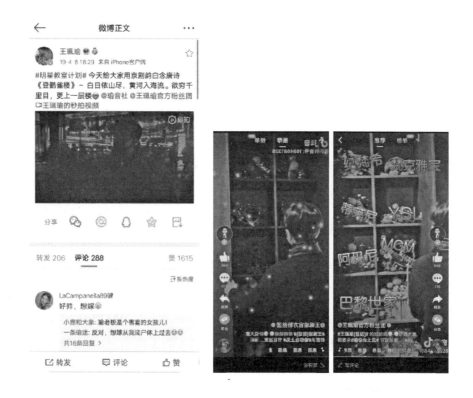

图6　王珮瑜在微博上
用京剧韵白念《登鹳雀楼》①　　　　图7　王珮瑜在抖音上展示盔帽箱②

手艺人大会直播间里,黄渤与一些非遗传承人进行互动,借助黄渤的明星效应向大众介绍这些默默无闻的手艺人,③这是一种变相的"带货思维",由"带货"转向"推人",但其起到的效果相同,线上的关注往往会促成线下商业合作的达成。淘宝众筹平台与故宫合作就是最好的案例。当时上线的高密剪纸

---

①　图片来自笔者手机截图。截图时间:2020 年 5 月 25 日。

②　图片来自笔者手机截图。截图时间:2020 年 5 月 25 日。

③　引自中国新闻周刊官方微信公众平台,原文《黄渤连线快手手艺人,直播"推人"不带货》,发表时间:2020 年 5 月 2 日,浏览时间:2020 年 5 月 25 日,链接:https://mp.weixin.qq.com/s/SVkT8S16VaumLw0e9LuRdw。

仅半天就吸引到了 5 730 人，筹款超过 13 万，项目达成率 1 300%。① 这种"众筹"的方式在今天看，本质上与"直播带货"相同，都是以网络"流量"来带动商业"流量"。

辽南皮影艺术也可以利用这样的模式，但是这位"带货人""营销员"并非一定是明星，只要对自媒体进行有效利用，他既可以是传承人也可以是辽南皮影文化本身。比如，可以将辽南皮影进行拟人化，以"辽南皮影会说话""自卖自夸"的形式在自媒体平台上进行商业推广。借助自媒体将"带货思维"应用在辽南皮影上，将商业思维植入非遗传承与创新的过程中，使之拓展出自己的市场，是自媒体时代"辽南皮影文化"市场化的一个重要途径。

（二）自媒体技术促进观演模式升级

2018 年"首届数字中国建设峰会"上，福建省通过"互联网＋科技＋非遗"的手段向大众展示了不一样的非遗。其中，"学得来的非遗"部分是通过先进的 VR（虚拟现实）技术，以 VR 全景为基本形式，沉浸式、立体化地展示非遗项目，观众只需要带上 VR 眼镜，便可置身在传承人的工作室中，跟着传承人们体验非遗，跟着视频学习非遗的技艺。②

自媒体时代，主体更加多元，内容更加丰富且趋向直观化发展，自媒体技术的深度应用成为未来的趋势。自媒体技术主要包括计算机技术、电子技术和数字化技术，其中涉及虚拟与交互技术、影像灯光投影技术和数字音频技术。③ 它们作为一种信息技术，随着自媒体主体多元化的发展呈现出较强的

---

① 数据统计来源于中国经济网，原文《故宫淘宝启动非遗众筹　老手艺"奉旨卖萌"》，发表时间：2016 年 01 月 26 日，浏览时间：2020 年 5 月 25 日，链接：http://finance.ce.cn/rolling/201601/26/t20160126_8555919.shtml。

② 2020 年 4 月 22 日首届数字中国建设峰会将在海峡国际会展中心拉开帷幕，其中，福建省以"带得走的非遗""听得见的非遗""学得来的非遗"三种简单、贴近生活的数字化方式展示非遗。

③ 薛艺凡：《数字媒体艺术对皮影戏表演的应用研究》，硕士学位论文，南京艺术学院传媒学院，2019 年。从对皮影戏的传承和发展的实用性角度看，虚拟与交互技术大致包括了虚拟现实技术（VR）、增强现实技术（AR）和混合现实技术（MR）；影像灯光投影技术注重临场的体验感和互动性，如全息投影技术；数字音频技术注重声音效果的表现，比如杜比音效等。

适应性和应用性。① 所以,如何充分挖掘自媒体技术使其对非物质文化遗产的传承和创新起作用,是我们当下需要探讨的问题。"学得来的非遗"是利用虚拟现实技术的互动性在非遗项目的展示方面做出进一步的拓展。以辽南皮影戏为例,作为一种戏剧表演艺术,除了静态价值的展现,更需要将其动态价值以多样化的方式表现出来,这就涉及如何进一步利用自媒体技术将其活态的一面展现出来,而不再只是"博物馆的艺术"。

图8 首届数字中国建设峰会"学得来的非遗"②

辽南皮影戏是一种传统的戏剧表演,戏剧的活力和魅力在于观众与演员的互动过程,这不同于"学得来的非遗"的互动体验,它更多地是建立在一种稳定的观演关系之上。所谓"观演关系",主要是指演出场地(环境)的结构形式所决定的演出者与观赏者之间的特殊审美关系。它主要包含两个方面的问题:一是演出场地(剧场的结构形式);二是演出者与观赏者(观众)审美关

---

① 吴永慧:《5G 时代下虚拟现实技术与自媒体产业融合研究》,《中国有线电视》2020 年第 3 期。

② 图片来自福建省非遗博览苑官方微信公众平台,原文《数字非遗亮相首届数字中国建设峰会》,发表时间:2018 年 4 月 22 日,浏览时间:2020 年 5 月 25 日,链接:https://mp.weixin.qq.com/s/ecqgL0RzZIf_JxUEsPNigA。

系的性质。① 辽南皮影戏传统的露天演出方式决定了其观演关系的残缺，观众不能与这一古老民间艺术建立一个完整的审美关系。所以，辽南皮影戏表演首先需要做的就是走进剧场。其次，走进剧场不意味着观演关系的成功建立。因为在场地上竖起架子，用布幔将四周围起，再在前面架起影幕，最后利用单一光源将皮影投射到幕布上进行表演，这种方式并不适用于舞台。皮影表演需要与整个舞台空间融合起来，而不是原有场景布置的复制。皮影戏是在二维平面上表演，进入剧场后需要使其适应舞台的三维空间，这一转变过程便需要新媒体技术的介入，新媒体技术也将赋予皮影戏更大的表现力与想象空间。

辽南皮影戏表演包括了"唱、念、做、打"四个方面，"唱""念"是声音，"做""打"是视觉（造型）。所以可以通过几个步骤展开：

首先是视觉上，可以利用全息投影技术拓展舞台的纵深空间。皮影虽是平面造型，但不同影人之间不仅有横向距离，更有纵向距离，而且巨型影人的造型也能够在舞台上实现，"做"和"打"在此基础上得到了更大程度的发挥。以观众的视角，这将是一个极为震撼的观"影"过程。

其次是听觉上，以往露天的演出中，往往不具备科学的声音环境，皮影艺人的"唱"和"念"在嘈杂的环境中很难得到完整的呈现。而在剧场中，利用数字音频技术，如环绕立体声、杜比音效等可以将辽南皮影戏的唱腔、念白最大程度地还原给每一位观众。比如，辽南皮影戏唱腔中的大悲调，在数字音频技术的作用下会使其悲凉的情绪最大化，与观众达成更深切的共鸣。新媒体技术在为辽南皮影戏带来更好的视听体验的同时，观众与皮影艺术的审美关系也会发生变化，观众对辽南皮影艺术的认知程度也会更深入，辽南皮影的艺术美感能够以更直接有力的方式为观众所接受。

通过上述两个方面建立起基本的观演关系后，辽南皮影戏将呈现出另一种表演形态。新媒体技术既可以将皮影戏的道具、布景虚拟化，以投屏的方

---

① 郭威：《浅析沉浸式戏剧观演关系》，《戏剧之家》2020 年第 7 期。上海戏剧学院导演系的卢昂教授在他的著作《东西方戏剧的比较融合》中概括道："所谓的戏剧观演关系主要是指演出场地（环境）的结构形式所决定的演出者与观赏者之间的特殊的审美关系。"

式展现立体空间,也可以"解放"皮影艺人的双手,全部虚拟化,使皮影艺人独立出来,以一种全新的方式进行表演。以辽南皮影戏经典剧目《孙悟空闹洞房》为例。首先,场景中的山石草木、一桌二椅、屏风等道具可以虚拟化呈现。等到了孙悟空假扮新娘哄骗猪八戒的情节部分,角色的喜剧效果更加依附于皮影艺人的唱、念的功力。这时的皮影艺人完全可以独立出来,站在台前,而非幕后进行表演,过程中更注重通过皮影艺人与观众、影人的互动交流。到剧情的转折处,如孙悟空现真身,主要以武戏为主,影人的造型表现更重要,此时皮影艺人与影人的紧密关系将通过虚拟影像与皮影艺人表演的结合表现出来,达到真假难辨、虚实结合的视觉效果。而最后师徒相认、三人西行的情节则更注重氛围的庄重严肃,此时需要数字音频技术的介入,将戏班伴奏的效果渲染到最大,也能起到升华的作用。所以,新媒体技术在一出完整剧目中能够发挥的空间有很多,它使得辽南皮影戏的艺术特色以更具视听表现力的方式完整地展现出来,使得一种新的表演形态成为可能,观演关系也会逐渐走向稳定。

结　　语

自媒体的发展在改变了人们的文化消费方式的同时,也为非遗的创新与传播创造了很多新机遇、新路径。2020年"文化和自然遗产日"期间,快手、微博、阿里巴巴等网络平台联合举办首届"非遗购物节",借助自媒体技术的力量带观众"云探店"。在此过程中,非遗具有了"展览品"和"消费品"的双重属性,前者是文化魅力的彰显,后者是商业价值的实现。因此,在非遗成为网络热点的同时,也会带来一波文化消费的热潮。

近几年,国内有些地区的皮影文化已经借自媒体得到了很好的发展,比如山东的泰山皮影戏综合利用自媒体的各种形态成功挖掘受众的兴趣点,并借此在线下开辟出一系列皮影创意衍生品项目。这种让皮影艺术更加娱乐化、大众化的方式为皮影艺术赋予了新的活力,使其能够在民间扎根生长。很多其他的中国传统戏剧也是如此,比如一些昆曲与沉浸式技术结合而成的互动表演项目等,都是在寻求传统艺术形式与当代审美方式的契合点,使其能够"活在当下"。

为了能够让"非遗"文化在自媒体时代得到更好的呈现,各个地区应该将自身的地域以及信息等优势全面发挥出来,强化对"非遗"文化现场化存在形态的构建,加大对"非遗"文化的保护。① 基于皮影艺术特色,利用自媒体技术对辽南皮影文化现场化存在形态进行新的构建,能够使一个二维的艺术在三维中生长,让转变成为创新升级原有的观演模式,强化皮影的动态价值,才能让人们感受到辽南皮影真正的艺术魅力。

民间艺术最能反映一个区域的文化特色,它比其他艺术形式更具有发展成人民大众喜闻乐见的艺术潜力。辽南皮影艺术蕴含着辽南地区的文化特色与历史底蕴,一方面需要保护传承;另一方面,需要让它走出"博物馆"。自媒体时代,借助其技术优势和多样的传播形式,以各种符合现代审美的形式开发它的潜力,并与人民大众接触,使之焕发出真正的生机与活力,这无论对艺术还是经营它的人都是最好的方式。

---

① 李琰:《"非遗"文化在新媒体时代的呈现》,《传媒论坛》2020 年第 3 期。

上海都市雅集文化生产中的
非遗保护研究

方　云①

摘　要　非物质文化遗产概念被提出的同时,对其保护的多元化视角与路径也被不断地探索与实践。非遗为人类所共同拥有并世代相传,在各社区、社群等持有者与自然、历史的互动中被再创造,其本身即是一个动态、开放、可持续发展的过程。在通过"文化"来"重构文化"的今天,人类可使用的非遗资源,不仅包括自然环境、人文传统,甚至涵盖满足人类日常生活、社会组织结构以及经济消费需要的方方面面。本文以上海都市文化雅集中非遗参与文化再生产的路径探讨、反思文化消费对于非遗生产性保护的意义。雅集中非遗事项的展示、体验、消费以及传播等环节,呈现了各种文化资本要素的博弈关系,同时亦可将其视为一种延续、激活与更新的文化再生产机制,对于非遗的保护与传承具有不容忽视的重要意义。

关键词　文化再生产　文化消费　都市文化雅集　非物质文化遗产保护

一、文化生产、文化消费与非遗保护之间的关系

(一)文化再生产、文化消费与文化认同

法国皮埃尔·布迪厄(Pierre Bourdieu)结合实践观,于 20 世纪 60 年代末

---

①　方云,上海大学国际教育学院讲师,民俗学博士,研究方向为应用民俗学,非物质文化遗产保护与民俗博物馆,跨文化研究。

提出"再生产"这一概念,试图说明社会文化的动态过程中,目的地社会文化的变迁是一个复杂的社会文化现象。他认为,人类通过调适、再生产与创造等方式,促使文化推陈出新以期不被淘汰。换言之,文化再生产是人类文化的一种生存策略,文化需通过不断的"再生产"来维持自身平衡,以延续和发展,被再生产的文化体系是在既定时空之内各种力量相互作用的结果,不能以静止的态度来对待。[①]

布迪厄在其著作《区隔:关于品味判断的社会批判》(*Distinction*,1984)中,从"品位""惯习""文化资本""生活风格"等领域,对社会阶层的文化消费进行了社会学的考察和分析,认为品位、兴趣、知识和技能等文化资本映射了阶级划分。他认为,在社会实践中,经济资本和文化资本是两种起主要作用的资本或者说是两条主要的建构原则;文化资本是指标志一个人社会身份,世代相传,被视为正统的文化趣味、消费方式、文化能力和教育资历等的价值形式。人们的消费是在一定的场域下进行,是消费者调配资源(包括经济资本、社会资本、文化资本、符号资本)以便将自己与其他消费者区隔开来的行为。通过某种符号,消费者可以确立其独特的地位与认同感。[②]

国内学者也纷纷对消费与认同的关系总结出了切入要义的观点。田兆元提出,民俗经济的本质是一种认同性经济,民俗消费本质上就是一种文化消费。他认为:"当一种民俗物品被民众持之以恒地喜爱,就形成了一种强烈的认同,这种认同产生的生产与消费是民俗经济的显著特征。"[③]王宁也提出"认同框架使消费者获得了某种消费边界,使消费者获得了某种消费分层。消费活动实际上是在特定的认同框架内对消费资源的有序利用"。[④] 消费过程是在消费领域所进行的维护或塑造个体认同的过程。因此,消费既构成塑造认同的原材料,又构成人们用以显示认同的符号、象征和社会交流的工具,消费者并不仅仅在消费商品和服务,同时也在消费"意义"和"认同"。

---

① 萧俊明:《布迪厄的实践理论与文化再生产理论》,《外国社会科学》1996年第4期。
② 刘玉良:《炫耀性消费的经济学分析》,辽宁大学出版社,2008年,第18页。
③ 田兆元:《经济民俗学:探索认同性经济的轨迹》,《华东师范大学学报》2014年第2期。
④ 王宁:《消费与认同——对消费社会学的一个分析框架的探索》,《社会学研究》2001年第1期。

（二）基于文化认同与消费认同的非遗保护

2003 年,联合国教科文组织通过了《保护非物质文化遗产公约》。非物质文化遗产概念被提出的同时,对其保护的多元化视角与路径也被不断地探索与实践。非遗为人类所共同拥有并世代相传,在各社区、社群等持有者与自然、历史的互动中被再创造,其本身即是一个动态、开放、可持续发展的过程。《公约》指南第 116 条中特别指出:"某些形式的非物质文化遗产可能产生的商业活动和与非物质文化遗产相关的文化产品和服务贸易,可提高人们对此类遗产重要性的认识,并为其从业者带来收益。这些商业和贸易活动有助于传承和实践该遗产的社区提高生活水平,推动地方经济发展,增强社会凝聚力。"[1]

在文化消费行为中,人们所使用的语言、所穿的衣服、所品尝的食物、所欣赏的音乐、所交往的圈子、所居住的住宅形式和地段、所喜爱的体育运动项目、所喜爱的电视节目和报刊种类等等,均会成为表达社会认同的符号与象征。通过消费方式、偏好来表达个人认同成为大众传播消费文化的重要组成部分,商品所传递的不仅包括价格、性能等经济信息,还包括权威等级、生活方式和消费者形象等信息,包含着消费者所代表的特定社会阶层。因此把消费视为解释工作动力和社会认同的要素,消费本身也成为社会需求的一部分,这种社会需求包括进入一定社会阶层和建立理想的社会关系,获取特定社会阶层的流行商品从而允许这种愿望的实现。[2] 因此,基于文化生产与文化认同的消费,为非遗的生产性保护提供了发生论的基础。在通过"文化"来"重构文化"的今天,人类可使用的非遗资源,不仅包括自然环境、人文传统,甚至涵盖满足人类日常生活、社会组织结构以及经济消费需要的方方面面。以下,论文将以非遗参与上海都市文化雅集中的文化再生产为例,通过雅集

---

[1]　参阅联合国公约与宣言检索系统《保护非物质文化遗产公约》,https://www.un.org/zh/documents/treaty/files/ich.shtml。

[2]　陈红玉:《消费与身份:20 世纪后期英国的设计产业及理论》,知识产权出版社,2016 年,第167 页。

中非遗事项的展示、体验、消费以及传播等环节，呈现了各种文化资本要素的博弈关系，来反思文化消费对于非遗生产性保护的意义。

二、江南雅集的都市演化路径

（一）中国文人雅集的历史演进

中国古代雅集是文人们为了文化切磋与创作而进行的休闲式聚会，可视作集宴乐饮食与文化创作为一体的文化事件。在古代雅集中，琴棋书画、诗词歌赋综合呈现，士人们在与自然、社会环境、综合艺术形式的交流中产生情感共振，"以文会友"的宴游之乐表达出了逍遥乐天、旷达率性的精神气韵，而文人雅集中产生的大量名垂千古的文艺佳作更是承载着世代文人的价值理念与追求。

随着时代不断演进的雅集，可为我们提供古代物质文明与精神文化结构关系变化的佐证。秦汉时期，崇尚宴饮游观等宫宴型园林雅集与山水游赏的雅集活动。雅集之始可推至汉代梁孝王的"兔园会"，当时梁孝王宴请皇门贵族与社会名流，文士枚乘、司马相如等均有赋作。政治人物引领的雅集，成为政治集团外延性的聚会。到了汉末曹氏父子的"邺下雅集"，即将政治身份与文人身份混同，成为文人雅集之滥觞。

魏晋时期是文化自觉的时代，因受到当时宗教风尚的熏染及对社会的自觉疏离，文人在自然中寻找心灵释放，以释放心性的休闲式聚会增多。如王羲之的兰亭集会，西晋石崇的金谷园之会，东晋陶渊明的斜川之游以及谢灵运的山泽之游。魏晋以后，文人雅集成为文人切磋文学艺术并进行即兴创作的一种方式，如唐代白居易参加的"香山雅集"、宋代苏轼参与的"西园雅集"。

元代承宋、金之后，文人雅集之风更盛。有学者认为："真正的文人雅集直到元代才形成规模效应和深远影响。"以元末顾瑛主持的玉山雅集为标志。玉山雅集在中国文学史、文化史上，具有独特的价值和地位，在参与者的规模和持续时间上，都大大超越了兰亭雅集和西园雅集，成为中国古代文人雅集的一个高标。玉山雅集,在当时吸引了几乎全国诗坛的全部名流,成为影响明清两朝文人思想的重要标识,成为中国文人心中的诗坛神话。① 此后,明代汤显祖参与的"杏花楼雅集"、清朝时的"西湖雅集"都有一时之名。

文会雅集是江南士族涵蕴和激发人文禀性的群体性活动,从一定意义上说,这一活动最典型地体现出江南文化家族的诗性存在方式。纵观雅集之延续,无不体现出江南士族重要的文化特质,折射出历代文人在对山水的眷慕、园林的钟情、市隐的向往、藏书的执著、教馆的偏爱、古玩的雅好、金石的精鉴、书画的擅场、饮茶的讲究等,呈现出"文"化、"诗"化、"雅"化了的文化禀性。②

古代文人向往雅集,一是出于某种社会的需要结成联谊,二是文人精神生活的需要,即通过雅集进行文学艺术的创作。以游园修禊、诗酒酬唱为核心的雅集联谊,成为中国传统士人结社交往的重要活动内容。定期举行的雅集是成员之间维持联系、交流思想、构筑社群交往体系的重要平台,也是聚合社团感情的重要纽带。通过游园修禊与诗酒酬唱的群体活动的开展,既体现了士人的名士气质,又有助于成员间的交流与聚合,对于成员的身份认同与社群交往网络的建构有着重要的价值。

(二)近代上海文化雅集的消费转向

中国古代雅集是纯粹的文人交游,雅兴四溢,并无商业气息。如近代上海著名的爱国文学团体南社雅集,自 1909 年虎丘建社至 1923 年活动基本停顿,短短 15 年间共举行了 18 次正式雅集、13 次临时雅集,其中第 3 次在上海张园,第 4 至 15 次在上海愚园,第 16、17 次在上海徐园,第 18 次在上海半淞园。其举办次数之频繁与形式,颇有"几复风流蔓百首,竹林豪饮一千杯"的气度。③ 总体而言,辛亥革命以前,南社成员的雅集在地点选择上更偏重于表达自身政治诉求的需要,鼎革以后的雅集地点选择则更多地体现出传统文人

---

① 查洪德:《元代文学通论》(中),东方出版中心,2019 年,第 686 页。
② 罗时进:《记忆与再现——明清近代诗文研究论集》,苏州大学出版社,2018 年,第 341 页。
③ 唐力行:《江南社会历史评论》第 8 期,商务印书馆,2016 年,第 222 页。

的士大夫气质。

　　而到了近代,由于资本经济与社会环境的发展,以及中国近代知识分子阶层内部分化的情境当中,"雅集"概念的传统意义被偷换或逐渐消解了。其一,是表现在以美术社团为导向的雅集中。清末民初,传统美术社团的雅集不再固守私人的、封闭的活动性质,而是开始向现代美术活动转变,为现代美术展览制度积累了经验。私密的鉴藏活动和文化垄断积累下来的美术资源为博物馆和陈列所接收,新时代的画家在这些公共文化设施中找到了可供临摹与学习的对象。因此,传统雅集走出了封建文人的小圈子,转变成乐于宣传传统书画的公开展览。客观上推动了中国美术走向开放革新与进步。另外,这些现代的雅集不再一味追求自得其乐,而是开始向关注商业利益和社会公益两个方向延伸,有人将雅集当成卖点来经营茶楼,也有人将举办书画展览筹得的钱用于慈善事业。①

　　其二,是表现在公共开放的商业雅集上。中国社会、尤其是上海这样的大型口岸城市发生了急剧的变迁,中国传统雅集活动的文化土壤在欧风美雨中很快风化,但这并不表示雅集活动骤然消失。新旧知识分子聚会与交流的需求是不会消失的,虽然传统雅集的形式还在,但内涵与意义发生了一定的转变。例如,叶楚伧、柳亚子、朱少屏、曾少谷、李叔同等人,于1911年在上海发起成立的"文美会",是新雅集的实例之一。该团体将会所设在太平洋报社楼上,李叔同主持社团事务会务,社团以研究文学、美术为宗旨,每月雅集一次,其活动包括共同赏析"文美"杂志、演讲、联句、书画创作、举办展览、抓阄交换展品等等。

　　此外,还有创立于1909年1月的"文明雅集",创办人为俞达夫,"初设茶馆于汉口路,后迁城内凝晖阁,嗣盘与松月楼",雅集多于文明茶馆中进行,以"雅"的名义创办了收费的公共活动空间,称为"雅集茶馆"。"光宣之际,海上书画家及鉴赏家,以茶馆为会所,拈画之余,藉可纵谈古今,品茗博弈,兴到则

---

① 　李万万:《美术馆的历史:中国近现代美术馆发展之研究(1840—1949)》,江西美术出版社,第197页。

合作书画,假为寄售之处"。① 灯谜雅集、丝竹音乐雅集等常常到此活动,其生意之兴隆可见一斑。俞氏"文明雅集茶馆"对书画社团还提供聚会后的书画展陈、出售服务。这种"雅""俗"兼备的茶馆兼具了俱乐部、私人美术馆以及画廊的某些功能。"文明雅集茶馆"在上海小有名气,雅集与商业的结合获得了成功,其中体现出了艺术家对公开展览的认同,以及展览对美术交流和美术作品销售的促进。

三、上海都市雅集中的非遗参与模式

沃斯曾提出"城市性主要体现为一种生活方式"的观点。② 当代雅集的复兴和普及,是当前中国文化发展繁荣的缩影,从内容到形式都有着明显的时代烙印。都市化的雅集成为与社会生活息息相关的文化形式,对推动民众文化生活健康发展有积极作用。③ 如今,在北上广深等一线城市,文化雅集十分普遍。大致可划分两类,一是个人意义上的,可视作"圈子"的小范围文化聚会;二是与艺术紧密相关的行业性质雅集,多为依托博物馆、美术馆、文化机构、商业团体等,结合地方性文化与传统举办的小型集会。这类雅集往往邀请顶尖水平的文化学者与艺术嘉宾,于地方文化景观的标识性空间,通过跨界沟通、情感交流、灵感融合的艺术活动,为参加雅集者带来深度新颖的文化体验。无论是第一类还是第二类的雅集,非遗的深度参与,已成为不可忽视的重要现象。非物质文化遗产本身,既是一种文化空间的概念,关注的是社会实践、观念表述、表现形式、知识、技能以及相关的工具、实物、手工艺品和文化场所。都市语境之下的江南雅集所涵盖的非遗事项众多,在雅集文化消费中产生经济反哺,利于非遗事项的传播、传承与保护。

---

① 王扆昌:《中国美术年鉴·1947》史二文明雅集,上海市文化运动委员会,1948 年。
② 鲍德里亚:《符号政治经济学批判》,夏莹译,南京大学出版社,2009 年,第 22 页。
③ 王金晶:《雅集:审美情趣的大成与共振》,《人民政协报》2015 年 7 月 10 日。

（一）立足特殊时间节点与物质空间

1. 雅集的时间选择

在非遗五大领域中,社会实践、仪式和节庆活动是构成社区和群体生活的习惯性活动,由社会成员共享。它们之所以意义重大,是因为重申了那些传统与实践的人作为一个群体或一个社会的身份,并与重要事件、社区的世界观以及对自身历史和记忆的感知密切相关。而另一个类别,有关自然界和宇宙的知识和实践,则是指社区通过与自然环境互动而发展的知识、技能、实践和表现形式。思考自然与宇宙的方式多经由语言、口头传统、对一个地方的依恋感、记忆、灵性和世界观来表达的。这种知识系统强烈地影响着价值观和信仰,是许多社会习俗和文化传统的基础。

现代都市雅集,多遵循中国的时间传统,选择特殊的时间节点,如传统节日、二十四节气等举办,一方面是因为公共节假日为参与者提供了时间上的可能,而另一方面,则是因为传统节日体系丰富的文化内涵,可成为雅集设计活动与内容的主题与依据。"流觞曲水,惠风和畅。"千古名帖《兰亭集序》,即是书圣王羲之记录"上巳节"兰亭雅集的书法作品:"暮春之初,会于会稽山阴之兰亭,修禊事也。"[1]又如大雪节气,古来自有寒天宴集宾客的风俗。唐代的白乐天曾邀请文友围炉煮雪,吟诗作赋,"绿蚁新醅酒,红泥小火炉。晚来天欲雪,能饮一杯无。"[2]诗中的意境为雅集以品味大雪节气"东方留白"的哲思,以及相关的诗词唱和、宴饮酒茗、书法绘画、插花香事等,定下了美学的基调。二十四节气已列入人类非遗保护名录,每一位生活在此时间体系里的中国人均是此项非遗的保护者与传承人。都市雅集对时间的刻意强调,无形中成为助推东方生活理念与传统时间观念的有效方式。

2. 雅集的空间安排

自魏晋以降至元末,园林作为雅集呈现的物质空间传统,已积淀为一种

---

[1]　(清)陈祚明评选,李金松点校:《采菽堂古诗选》,上海古籍出版社,2019年,第393页。
[2]　张春林编:《白居易全集》,中国文史出版社,1999年,第172页。

别具士文化意涵的空间形式。晚明时期,江南地区经济的繁荣为园林的兴造奠定了物质基础,而士文化的发展,为江南园林雅集的繁盛提供了文化上的依凭。如嘉靖时,上海潘允端任四川右布政使,因遭政治排挤而解职,归乡后以愉悦老亲为名修筑"豫园";万历时,华亭人陆树声任礼部尚书,为人淡泊名利,屡次辞官,后在松江城北门外造为"愉怿心志,寄耳目之适"的"适园"。①

江南园林营造技艺于 2021 年入选上海市级非遗。江南园林不仅形式优美,且富有神韵,意境深远,融和各种艺术于一体,具有极高的审美价值;"虽由人作,宛自天开"的造园总则,更是集中体现了中国天人合一的思想价值与文化价值。上海都市雅集,也多设于有历史文化底蕴的江南古典园林。如今,朱家角课植园、松江醉白池、南翔古猗园、青浦曲水园、嘉定秋霞圃等,都是公共文化雅集的承办场所。此外,还不乏沪上私家园林不定期举办的私人雅集。园林营造所涉及的物质景观大多成为非遗保护事项,如园林造石、铺地、花窗,中式家具,海派插花、盆景制作,玫瑰、水仙花、菊花、兰花栽培技艺,海派菜肴、面点等,无一不为雅集品鉴涵括在内。

以在海上文化雅集中频频亮相的区级非遗——中华香事为例。2021 年 8 月 14 日,香事非遗传承人吴清与三兔唐宫盛宴合作,于上海文化之根广富林宰相府举办香事雅集,以品香为由,重现唐宫七夕盛宴之场景。虽然雅集只是该企业香系列产品发布会所采用的特殊形式,但经过香事非遗传承人与专家对雅集的专业策划,以唐朝香文化为基底,以《霓裳羽衣曲》为灵感,还原复刻古香方与用香、品香仪式,将唐代入香文化、服饰妆容、生活方式及经典文物形制融合于香产品之中,从气味、外观及体验三个维度完美诠释了盛唐香事美学。在雅集过程中,参与者习得了古老的用香、品香方式,产生了购买消费行为,而且在自媒体的高流量中,完成了对中华香文化的传播。

非遗通过雅集的时空传播,建构了当代都市群体有别于传统士人的"一套新的社会关系,一套新的经验时间,一系列新的嗜好和欲望……形成了一

---

① 董雁:《江南园林雅集与晚明戏曲的繁荣》,《戏曲研究》第 93 辑。

种新的文化"。① 在雅集消费格局中,一些稀缺性或不被大众所熟识的消费符号,成为消费者在其自我概念中"个性化"的首选,并通过定制消费来加强自我地位的优越感。这种"个性化的公然声称"在主张与消费者自我概念发生共振时,就会产生标签化的魅力,而非遗的传播也会从中获益。

(二)呈现多样态综合艺术形式

1. 表演艺术

在中国,文化消费越来越受到新中产人群青睐,在对物质的消费基本满足之后,趋向于回归于对文化或精神的追求,新中产阶级强调生活的品位和格调,在追求生活舒适的同时,重视文化艺术和科技的含量,以及个性的培养与自由的空间。② 都市文化雅集的参与人群多以生活在都市行业精英、都市白领、文化学者、艺术工作者等城市新兴中产阶级为主,此群体拥有相对较高的经济收入,崇尚自然,对生活品质和精神追求有着较高的期许。他们通过参加雅集,达成对传统文化的追寻,通过购买理想的文化产品和文化服务成为更理想的自己,本质上是为了获得某种共鸣,建构一个同质的文化群体,或是对拥有这种文化特质群体的无限接近。

在以修养心性、提升审美造诣为基本目的的文人雅集中,感官系统的高质量体验感是其必不可缺的内容与形式,而戏曲、曲艺、演乐等视听形式,自古是文人雅集中重要的组成内容。晚明时期,士人以园林雅集作为习常的形式来躬践戏曲艺术,彼时,江南精通音律的士人几乎都曾主持或参与过园林声伎活动,在园林胜境中风雅相和,声气相求,由此推动了戏曲的发展与兴盛。"流连高咏,羽觞醉月,曲水歌风,花之朝,月之夕,摛笺刻烛,杂以丝竹管弦之盛"③,描写的就是园林雅集中的演乐景观。

雅集中重要且多见的视听与表演内容之中,不乏各级表演艺术类非遗代表名录。如,昆曲于2001年5月入选联合国教科文组织首批19个"人类口述

---

① 约翰·斯梅尔:《中产阶级文化的起源》,陈勇译,上海人民出版社,2006年,第115页。
② 徐赣丽:《中产阶级生活方式:都市民俗学新课题》,《民俗研究》2017年第4期。
③ 董雁:《江南园林雅集与晚明戏曲的繁荣》,《戏曲研究》第93辑。

和非物质遗产代表作";2003年,古琴艺术继昆曲被授予这一称号后,成为中国第二个入选的项目;评弹与江南丝竹于2006年同年双双列入国家级非遗代表名录。一方面,此类非遗表演形式与内容古朴深幽,鉴赏时往往需要较高的文学艺术修养,加之演出条件与场地等条件的限制,尚不能形成大规模、常态化演出,造成曲高和寡的清冷局面;而在雅集这一"小而美、短而精"的文化互动空间里,参与者与表演者近距离接触,可赏、可学、可体验,成为弥补舞台距离信息缺失,调整非遗点对点有效传播的有效方式。从另一个角度来看,通过商业雅集的运作,非遗保护的主体——戏曲、曲艺和演乐成员,他们从事业单位的职业演员,转变为与市民文化生活紧密相联的特殊"演艺"社团,成为经济繁荣、文化深厚的长三角地区文化雅集的主要贡献者与受益者。

例如,沪上知名的海派人文艺术雅集"海上集"的发起人——茶文化学者戎新宇,致力于通过雅集来倡导与分享当代东方美学生活方式。历届雅集中,国内外茶界巨量IP、艺术家精英、知名音乐家、戏曲表演家等名望之士齐聚一堂,为全国雅集爱好者共同呈现了一系列当代东方美学的品鉴活动。历经几届活动的耐心打磨,海上集已逐渐孵化成为沪上人文美学的现象级文化活动,赢得了全国雅集文化群体的高度关注。第三届"海上集"就选址在豫园的海上梨园,将百戏之祖与茶等多种非遗艺术形式融合,在传承百年古韵致敬经典的同时,也为中国之萃赋予了新的时代生命力。

2. 传统技艺

齐美尔认为"现代生活最深层的问题来自个人在面对压倒性的社会力量时,要求保有自身存在的自主性与个体性"。[①] 而面对这种压力时,由于消费文化价值观已逐渐深入人心,因此消费成为表现自我的最佳解决办法之一。雅集中充满艺术性与个性化的消费既反应了当代都市群体文化消费模式的变化,也表示出雅集消费在小范围内的个性展示功能,通过雅集的消费更加关注自我、充分地表达自我。此种意义上来说,市民参与的雅集消费解构了传统士人雅集文化权威的系统。

---

① 杨晓光:《关于文化消费的理论探讨》,《山东社会科学》2006年第3期。

以雅集中的传统手工技艺为例。手工技艺是非遗五大领域中的大类。随着中国优秀传统文化复兴进程的推进，传统手工艺复兴的热潮亦在涌动，它以中国传统哲学与审美为指向，建构出一种新的中式生活样态，将"以洋为美，以洋为时尚"的观点扭转为"以中式为正统""民族的才是世界的"，这种中国经验与中国智慧的彰显，建构起国人对于中国文化的自信，而此种自信，正是源于中国传统文化的优秀基因。"手艺中国"概念的凸显，由此带来乡村和城市人文景观、经济结构、审美观念与生活方式的改变也愈来愈显著。由手工艺而引发的生活革命特别受到关注，传统文化精英阶层所主导的生活方式，通过都市雅集的转换，成为手工艺复兴浪潮的重要推手，雅致生活所涉及的器具、衣物、配饰、空间等等，往往涉及各类传统工艺，一个巨大的手工艺消费群体与市场开始形成。①

非遗的生产性保护是指，在保持非遗事项真实性、整体性和传承性的前提下，利用生产、流通、销售等手段，将非遗资源转化为文化产品的保护方式②。以雅集中常常被使用作茶席、服饰、装饰物的上海土布为例，它是国家级非遗上海手工棉纺织技艺的物质呈现。历史中的上海土布纺织，只是小农经济下的手作行当与生存的技能；2016 年被列入国家级非遗名录后，上海土布的生产性保护，更为注重土布的再设计与文创，倡导年轻人通过纺织体验与消费，形成对棉纺织非遗保护的意识。而雅集，正处在这种工业时代机器美学和后工业时代手工艺美学的张力之中。雅集所承载的中国传统美学思想，深受儒道互补的影响，"布衣之士"追求闲适、平淡与中庸，重视以理节情，情理结合，倾心于超出物形之外的精神意蕴。对于手工织物的美学审视，正契合了这种回归东方传统的美学观点。

波德里亚认为当代人们消费的目的是追求差异，符号实际上是一种表达差异的工具。所谓"符号价值"，是指商品符号和语言符号一样，本身不具备意义，其价值表达与意义产生于各种符号之间的差异。因此，对商品符号的

---

① 方李莉：《传统手工艺的复兴与生态中国之路》，《民俗研究》2017 年第 6 期。
② 王文章：《非物质文化遗产概论》，教育科学出版社，2013 年，第 103 页。

消费从表面上看是对文化意义的消费,从深层次来看是对文化差异以至于社会结构差异的消费。人类个体在社会中存在的根本原因就在于能够并乐于区分你我,就是因为这种人类的本性使得追求差异的符号消费得以流行。[①]

在雅集中,学者、艺术家、手工艺人、文艺爱好者等,往往着装上对钟情棉纺织面料的选择,一是凸显当下低碳、有机的环保理念;二是以穿戴区别度高的土布服饰作为其艺术身份的标识;三是以怀旧生活方式重申其生活态度的表达。此外,在雅集的啜茗、插花、品香等过程,大量使用的纯手工土布制品,亦是缘于土布织物的自然物理特性以及所寄寓的人文情感特质。这种"精英倡导"之下悄然兴起的土布消费热,也呈现出对后工业时代以及社会消费观念的各种反思。

都市人文雅集自动将机器时代的审美排除在外,那种规格统一、消除差异,因此而毫无个性、没有感情温度、缺乏人文关怀的物品,绝不会进入雅集者的消费视线。作为后工业时代的产物,高度城市化的文化空间与审美发生转向。通过雅集,手工技艺非遗的审美价值、文化价值、情感价值被无限放大,从以物质为表征的技术领域,向浪漫主义、自然主义倾向转移。雅集对"过去好时光"的追忆、地方性知识的获取、自然原始与古物崇拜等方面表现出来审视,更为强化了当代都市雅集"以人文化成为中心"的美育宗旨,从另一个角度来看,也大大促进了非遗保护的生产性消费,从而达成非遗的可持续性发展。

(三)推动数字化媒介传播

曾经的雅集是一少部分人为特定的文化群体创作的,但在数字化时代,这一特定的文化事件有所改变。近年来,借助于新媒体技术的迅猛发展,上海都市雅集的文化交流活动逐渐形成了一种嵌入于社会结构中,真实与虚拟交织互动的文化空间形式。虚拟文化空间的雅集活动,突破了时间与空间的藩篱,以拥抱的姿态,迎接大众文化的审视,创造了一种更为开放的、动态全

---

① 鲍德里亚:《符号政治经济学批判》,夏莹译,南京大学出版社,2009 年,第 22 页。

息的、互动参与的、感官沉浸的体验式传播方式。这种依托数字媒介技术的传播优势，迅速成为将海派文化向全国乃至世界推广的新途径。

自媒体、网络平台、流量媒体等，促发了都市群体交际圈的急剧扩容。雅集从筹备到实施到回顾，都离不开数字媒介的公众传播。许多雅集主办方维护着自己的微信公众订阅号，对雅集活动始末进行详细的预告与报道，从而使得信息发布渠道与人群定位能准确地联结。新媒介为雅集活动的开展、分众化聚合提供了便利条件，诸如各文化主题的音乐品鉴、艺术沙龙、品聚读书等雅集活动，往往会先通过新媒体发布召集信息；雅集过程中，所有既定受众只要接入端口，在观摩的同时，亦可与现场雅集活动的演绎者进行对话；而雅集活动结束后，各类媒介发表的影像视频、欣赏感受、点评意见等等，又形成了雅集活动的多次个性化传播。①

目前，上海的城市传播已经进入了创意"大产业"发展时代，以微信、抖音、小红书、Vlog 等新媒体为代表的"微时代"传播方式，往往集视觉、听觉、触觉等多种表述方式于一体，以更加即时化、立体化、个性化的方式，展现城市形象，传播城市文化与风格。依托新媒体的立体化渠道以及更趋于微传播的优势，雅集中所展示的非遗事项，不仅可提升公众对非遗的知晓度，增强对非遗的文化体验感，更易形成完整而接近非遗内涵的时代记忆，从而为非遗保护的更多创新形式提供可能。

（四）搭建国际化交流平台

《公约》提出非遗的国际合作，主要是指相互间的交流信息和经验，采取共同的行动，以及建立援助缔约国保护非物质文化遗产工作的机制，目的是达成相互间的理解与欣赏，从而保护人类文化的多样性和人类的创造性。近年来，随着国际社会各层面对非遗保护工作的推进，以及世界范围内对遗产保护认知水平的提高，非遗越来越上升为国家与地区"软实力"的重要指标，各国非遗保护进程日趋紧密合作、相互交流、相互学习借鉴的势态。

---

① 赵君香：《中华文化传承与国际传播研究》，山东大学出版社，2018 年，第 98 页。

2021 年 8 月 12 日,中共中央办公厅、国务院办公厅印发了《关于进一步加强非物质文化遗产保护工作的意见》,其中第 16 条中明确指出:"应加强对外和对港澳台(非遗)交流合作。加强与联合国教科文组织等国际组织在非物质文化遗产领域的合作,拓展政府间多边、双边合作渠道,加强与共建'一带一路'国家和地区非物质文化遗产交流,提升我国在国际非物质文化遗产领域的话语权,维护国家主权和文化安全。"相关举措与指导方向包括:配合重要活动、节庆、会议等,举办对外和对港澳台非物质文化遗产交流传播活动;通过中外人文交流活动等形式,交流非物质文化遗产保护先进经验,向国际社会宣介我国非物质文化遗产和中华优秀传统文化,等等。

上海都市文化雅集恰恰是非遗参与国际文化交流的最佳路径。徐赣丽认为中产阶级消费者的认同是跨文化、跨社区的认同。城市中产阶级的崛起,改变了以往以地方和民族的民俗符号作为认同的传统,而以全球化语境中的共同消费符号为认同,这种超越种族、地区、国籍的共同消费对象和价值观,在形塑新的国际公民,也在形成新的流行潮流因其独特的历史、经济地位与地理位置。[1] 上海都市雅集秉承"大气谦和、兼容并蓄"的城市精神与"融贯中西、承古创新"的人文理念,形成独特的海派雅集特色。如"海上集"的中日韩三国茶道、花道、香道的海内外交流,昆曲、江南丝竹与诗歌的演绎,不乏美国、英国、德国、比利时等汉学家与中文爱好者的拥趸。

2021 年,上海发布"十四五规划纲要"中特别提出,应"发挥各类文化平台的集聚辐射效应,全方位塑造'魅力上海'城市形象,提升上海文化品牌的国际传播力、影响力"。[2] 文化雅集以上海为缘起之地,向中国乃至世界传递东方文化的生活演绎及美学价值观,将中国的优秀传统文化与非遗推向世界,讲述中国故事,成为上海"会客厅"的文化名片,与全世界交流同进、共促发展。通过都市文化雅集达成国际非遗保护合作新格局,畅通交流渠道、共建

---

[1] 徐赣丽:《中产阶级生活方式:都市民俗学新课题》,《民俗研究》2017 年第 4 期。

[2] 《上海市国民经济和社会发展第十四个五年规划和二〇三五年远景目标纲要》,参阅上海市人民政府网站 https://www.shanghai.gov.cn/nw12344/20210129/ced9958c16294feab926754394 d9db91.html。

对话机制，从而保护和传承人类社会共同的精神财富。

结　语

　　中国文化雅集，是在近千年文化土壤中培育出的中华优秀传统文化形式。在城市化语境进程中，雅集文化通过再生产的形式，在满足公众实用性、审美性、本位性等需求的基础上，为非遗的生产性保护提供了前提条件。在文化雅集的技术性操作下，非遗产品及衍生品从自我群体消费转向为他者群体消费，并以所产生的经济效益反哺此非遗事项，从而增强、延续其生命活力。雅集文化消费不仅是推动非遗自我发展的动力，也是丰富城市文化格局，提升消费群体人文精神素养的重要手段。众多非遗事项在雅集经济中完成都市语境之下的文化再生产，以新的文化消费方式完成传播与社会服务功能，增强自我造血机制，提升生命活力，从而达成非遗保护的最终目的。

谱系观念视域下非遗整体性
保护的实践路径研究
——基于楹联保护实践的考察①

 整体性保护是非遗保护的重要原则,谱系观念强调事物内部结构及外部关联因素的整体性与互动性,是立体、动态的研究范式,契合非遗的特性及整体性保护的原则。非遗整体性保护的谱系观念主要有三重面向,分别是保护对象的谱系化、保护人群的谱系化,以及保护实施方略的谱系化。以楹联的保护实践为例,首先,建构楹联的自组织谱系及生态谱系,保证保护对象的完整性;其次,从保护人群的角度,建构楹联保护的族群谱系,形成整体性保护共同体;再次,在保护实践层面,分析楹联的叙事谱系,形成楹联保护的实施方略体系。研究表明,谱系观念不失为非遗整体性保护的一种可行的、有效的分析理论和实践手段。

关键词　非遗　整体性保护　谱系观念　楹联

　　整体性保护是非物质文化遗产(以下简称"非遗")保护的重要原则,这首先是由非遗本身的特性所决定的。其一,非遗是历史上形成并延续至今,且是由诸多要素构成的文化体系,具有历时性维度的连续性和共时性维度的多

①　基金项目:中央高校基本科研业务费项目华东师范大学青年预研究项目(Fundamental Research Funds for the Central Universities)"海峡两岸信俗与中华民族共同体意识建构研究"(项目号 2021ECNU-YYJ037)阶段性成果。
②　游红霞,华东师范大学社会发展学院民俗学研究所助理研究员,主要研究领域为非遗保护。

元性。其二，非遗并非孤立的文化事象，而是与社会运行机制中的其他文化存在着交互共生的关系。其三，非遗的传承和发展离不开特定的人群和环境，构成"非遗-人群-环境"的整体性生态体系。概言之，系统性、整体性，以及文化要素的互动性是非遗的显著特性，这成为整体性保护的基本依据。其次，整体性保护是非遗发展中"文化分割""文化解构"等问题的应对策略。为了便于管理，我国的非遗保护事业采取的是以"代表性项目"为抓手的策略性措施，这也产生了项目边界、行政壁垒等负面效应，十多年前，刘锡诚就指出："文化分割、管理分散的状况，至今没有得到有效的整合。"[①]刘晓春也认为："由于文化行政的介入，一种具有广泛的历史地域联系的文化，被分割成为隶属于不同行政区划的彼此孤立的文化事项。"[②]鉴于此，在整体性保护原则的指导下，便能建立起非遗内部结构及外部关联因素的有机联系，从而使其得到健康有序的传承和发展。

目前学界有关整体性保护的研究也是从非遗的特性出发，并探索了切实有效的实践路径。刘魁立指出，整体性原则要求"既要保护非物质文化事象本身，也要保护它的生命之源"。[③] 王文章认为："从保护方式和形成保护生态两方面创造整体性保护的环境十分重要。"[④]韩成艳表示："整体性保护的首要任务是保护其内容的完整性，直接受其活态性和本真性保护目标的制约。"[⑤]黄龙光论道，非遗的原生地原生传承、原生地次生传承，以及离散地衍生传承构成了互生、互动的整体性传承体系。[⑥] 林秀琴认为，应"从单一个体转向整体的、空间性的视角，强调遗产保护中超越单一、个别的历史遗存物而

①　刘锡诚：《民间传说及其保护问题》，《西北民族研究》2008 年第 4 期。
②　刘晓春：《非物质文化遗产的地方性与公共性》，《广西民族大学学报》（哲学社会科学版）2008 年第 3 期。
③　刘魁立：《非物质文化遗产及其保护的整体性原则》，《广西师范学院学报》（哲学社会科学版）2004 年第 4 期。
④　王文章：《创造"非遗"整体性保护的社会环境》，《中国文化报》2008 年 6 月 18 日。
⑤　韩成艳：《非物质文化遗产保护的"整体性"理念与实践：基于宁波案例的讨论》，《西北民族研究》2016 年第 3 期。
⑥　黄龙光：《当前中国非物质文化遗产传承的三条路径》，《思想战线》2017 年第 1 期。

突显'地方'整体性文化意义的精神。"①李荣启、马盛德等学者则提出,建立文化生态保护区是整体性保护的重要途径。② 综而观之,以上研究一方面从非遗自身的发展规律出发,强调了保护对象的整体性;另一方面,学者们大多将非遗置于更为宏阔的文化体系,在非遗与其他文化、相关人群及环境的互动中提出整体性保护的实施方略。参考已有研究,我们认为,非遗的整体性保护含括多重面向,从保护对象上看,需要建立非遗自身及非遗所处生态环境的整体性;从保护人群的角度,应注重相关群体的联动性及协同性;在保护实践上,则要从非遗的多重叙事入手,构建保护实施方略的体系性。由此,本文依据谱系观念,将整体性保护的几重面向统摄于整体互动的谱系框架中,以楹联的保护实践为案例,试图建立起非遗的完整性结构,表达整体性的文化观,从而探索整体性保护的实施方略。

一、非遗整体性保护的谱系观念

本文所述的谱系观念是基于自然世界与社会文化的整体互动性,认为文化并非单向度的简单体,而是由诸多要素组成的复合性谱系,并讲求在谱系要素的互动联系中探寻文化的发展规律,进行文化功能与价值的开发。林继富曾提出"民俗谱系解释学"的构想,他认为:"民俗谱系学的谱系结构包括亲缘谱系、姻缘谱系、地缘关系、族缘关系、乡邻关系和语言谱系等等,在它们的共同作用下,民俗得以发生、发展和演变。"③田兆元论道,谱系观念"从结构上看,是整体性与多元性的视角,从功能上看,是互动性与认同性的视角。"④段友文指出,谱系学"重在强调事物之间的同源性、连续性和一致性"。⑤ 综合以

---

① 林秀琴:《整体性保护:价值、理念、实践及挑战——关于文化遗产保护创新的若干思考》,《福建论坛》(人文社会科学版)2020年第12期。
② 李荣启:《论非物质文化遗产保护的主要原则与方法》,《广西民族研究》2008年第2期;马盛德:《非物质文化遗产整体性保护与文化生态保护区建设》,《中华手工》2020年第6期。
③ 林继富:《民俗谱系解释学论纲》,《湖北民族学院学报》(哲学社会科学版)2008年第2期。
④ 田兆元:《论端午节俗与民俗舟船的谱系》,《社会科学家》2016年第4期。
⑤ 段友文:《山陕豫民间文化资源谱系建构与乡村价值发现》,《山西大学学报》(哲学社会科学版)2021年第2期。

上观点,"谱系"有一套中国自身的学术话语体系。谱系是对文化结构中"多元"与"一体"关系的统摄与整合,整体性是其首要特征;谱系还有互动性与认同性的重要特征,互动性是建立人群联系、形成文化认同的有力推手,认同性则是谱系的主要功能和目标。依照谱系观念,可将非遗的历史渊源、空间分布、内容形式、生态环境、保护人群、实践路径等要素整合于谱系化的框架中,体现保护对象、保护人群,以及实施方略的整体互动性。

非遗整体性保护的谱系观念主要有三重面向:

(一)非遗保护对象的谱系化

非遗保护对象的谱系化是指非遗的自组织谱系,以及非遗与其他文化和所属环境的生态谱系的建构。从非遗本体的角度考察,任何一种非遗事象都有发生、发展、传承、演变的历史发展脉络,形成纵向维度的时间谱系,表现前后相继的传承关系;非遗的发展必然关联着空间的流布与组合,形成描述地理分布状态的空间谱系,既有地方性的一面,又往往兼具跨地域分布的特点;在内部结构上,非遗并非单向度的存在,而是由多要素构成的、综合性的知识体系和文化系统,各要素间组成有序的、彼此关联的形式结构谱系。在非遗本体之外,非遗还与社会运行机制中的其他文化和生态环境发生密切联系,它们或是非遗所蕴含的技艺、信仰、习俗,或是非遗必须依赖的物质载体和文化空间,或是非遗所衍生的文化现象,均与非遗本体间构成互构共生的生态谱系。

(二)非遗保护人群的谱系化

非遗联系着特定的个人、群体和社区,他们有着多元化的身份指涉。刘魁立认为,在非遗保护实践中,应"处理好非物质文化遗产的创造者、拥有者和保护者之间的利害关系",并"尊重文化共享者的价值认同和文化认同"。[1] 田阡

---

① 刘魁立:《非物质文化遗产及其保护的整体性原则》,《广西师范学院学报》(哲学社会科学版)2004 年第 4 期。

论道,如果传承者、保护者、消费者对非遗的意义和价值在认知上产生了差异,便会造成"意义混乱",其结果是非遗的整体性受到割裂,必将不利于非遗的保护与发展。① 所以,只有平衡好不同人群的价值诉求,建构起互动联合的族群谱系,才能共同推进非遗的整体性保护。

(三)非遗保护实施方略的谱系化

谱系的建立和发展离不开文化的叙事,如果将非遗谱系的构成要件比作珠子,那么叙事便是贯串这些珠子的线索。换言之,谱系搭建了非遗的整体框架和互动系统,叙事则为非遗提供了文化的内容与表现的形式。通过叙事,可建立非遗过去与当下的连续性,以及不同地理空间、不同人群的整体性和互动性,并促成人们对非遗的理解和认同,从而实现非遗的文化价值和社会功能。所以,非遗保护实质上是文化叙事的过程,如田兆元所论:"当我们把非物质文化遗产视为一种叙事,就会找到其传承与发展的新路径。"②非遗的叙事谱系即为非遗保护的实施方略体系。

承上所论,谱系观念是将文化的诸要素置于一个整体互动的集合中进行考察与分析的一种理论。依据谱系观念来研究非遗保护的问题,便可将非遗视为整体性、互动性、有序性的文化系统,从而避免孤立的、无焦点的、缺乏联系的研究。所以,谱系观念具有高度的统摄力和阐释力,契合非遗自身的特性和整体性保护的原则,可成为破解非遗密码、探索整体性保护路径的有效工具。

二、整体性保护视域下楹联自组织谱系及生态谱系的建构

楹联又称对联、对子,③"是书写或勒刻于门壁、楹柱和其他器物上的,用

---

① 田阡、陈雪:《从"意义混乱"到"意义重构"——从 1949 年来木版年画的发展看"非遗"生产性保护中的意义转换》,《吉首大学学报》(社会科学版)2019 年第 2 期。
② 田兆元:《作为文化传统叙事的非物质文化遗产》,《群言》2019 年第 10 期。
③ 本文所使用的"楹联"和"对联"均指涉同一对象。

上下两联形式相对、内容相关的语句结构而成的一种汉语言艺术和装饰艺术"。① 清代梁章钜所撰之《楹联丛话》将楹联分为十门,分别为故事、应制、庙祀、廨宇、胜迹、格言、佳话、挽词、集句(附集字)、杂缀(附谐语),其涉及面广、关联度高、综合性强,但现实中存在着知识的碎片化与体系的分散化,陷入"会编撰的不擅书写,会书写的不懂民俗"等短板。并且,在现代化、城市化、信息化的浪潮下,楹联所处的生态环境发生了很大变迁,在一定程度上限制了楹联的发展。因此,需将楹联自身,以及与之相关的各要素整合为完整的文化谱系,探索整体性保护的实施方略。

从谱系观念出发,楹联整体性保护的首要环节是要保证保护对象的完整性,也就是进行楹联自组织谱系和生态谱系的建构。

(一) 楹联自组织谱系的建构

楹联自组织谱系主要包含描述历史发展脉络的时间谱系、反映地理分布状态的空间谱系,以及表现文化类型的形式结构谱系。其一,楹联时间谱系的梳理。楹联起源于上古时期的桃符,古人认为,桃木具有驱鬼辟邪的神奇力量,于是,在春节,人们便会在桃木板上绘制传说中能够捉鬼降妖的"神荼"与"郁垒"两兄弟,并将其分别挂于大门的左右两面,形成对称结构,是为"桃符"。后来,桃符之"字"与"画"相分流,前者直接写上"神荼"与"郁垒"的名字,为楹联的最初形态;后者则逐渐演变为今日所见之各类门神。所以,楹联一开始便与春节息息相关,是"春节直接催生的最亲民的艺术。"②学界多认为,第一副春联为五代十国时期西蜀国君孟昶所撰之"新年纳余庆,嘉节号长春",而春联的正式创作则始自明代,之后,便逐步成为上至文人雅士、下至普通百姓所喜闻乐见的文化样式。从最初的桃符到第一副春联的诞生,再到楹联的成熟化与普及化,构成了连续性的时间谱系。

其二,楹联空间谱系的组成。楹联在传承与发展的时间谱系中,会进行

---

① 季世昌、朱净之:《楹联知识手册》,商务印书馆,2017 年,第 4 页。
② 龚鹏程:《龚鹏程谈对联书法:莲花化身　再造哪吒》,《对联》2021 年第 3 期。

空间的传播与流布,现已成为各地区流传、各民族共享的文化形态。例如,沈阳故宫保留着清代皇家的春联习俗,由于满族尚白,清初的门神便为白底白框、春联也为白底黑字,具有鲜明的民族特色。山西运城的楹联文化则是当代楹联谱系中的一支劲旅,运城被评为"中国最佳楹联文化城市",并涌现出一大批"中国楹联文化县""中国楹联文化乡镇""中国楹联文化村"等称号,可谓"联卷河东一片红"。各地的楹联文化既有共同性,又呈现出多元化的地方个性特色,组成跨地域的空间谱系。

其三,楹联形式结构谱系的解析。从形式结构上看,楹联蕴含着多层次、多样态的文化类型。一方面,楹联是汉语言文学及书法的艺术,属社会精英阶层所钟情的"雅文化",具有鲜明的艺术性、审美性和神圣性,在作品背后往往还包含着编撰者、书写者的传说故事。例如,明代才子解缙与一位老者所对之"一碗清茶解解解元之渴,七弦妙曲乐乐乐府之心",上下联的"解"与"乐"均为一字三音、一字三用,体现出汉语言文字的音美、义美和形美。其次,楹联亦属深嵌于民众生活的"俗文化",是"文学应用于社会最广的一种文体",①彰显出浓厚的生活性、实用性和世俗性,表现为春联、婚联、寿联、挽联、守孝联、行业联等形式。比如,明代状元林大钦创作的"天增岁月人增寿,春满乾坤福满门"便是流传甚广的春联,表达着人们辞旧迎新、迎福纳瑞的世俗愿望和诉求。总的来说,楹联不是单向度的文化事象,而是蕴含着语言、文学、书法、故事、传说、民俗等文化类型的复合体,这些文化在楹联的传承与发展中构成了相互影响、彼此渗透的形式结构谱系。

(二)楹联生态谱系的建构

楹联生态谱系是指楹联与其他文化及所属环境形成的整体结构。首先,楹联作为综合性的文化谱系,与诸多文化事象有着密切关联,诚如刘太品所述:"楹联是串起诗词、吟诵、书法、篆刻等姊妹传统艺术的一根红线。"②其一,

---

① 龚鹏程:《龚鹏程谈对联书法:莲花化身　再造哪吒》,《对联》2021 年第 3 期。
② 刘太品:《为联教举起一盏明亮的航灯》,《对联》2021 年第 1 期。

楹联在汉语言文学的大家庭中，与诗词歌赋等体裁关系甚密。周黎霞便主张要"诗联互养"，由联到诗、由联到词、由词到联，形成良性互动。① 其二，楹联作为一门书法艺术，与篆刻、雕刻等文化样式密切相关。安徽黟县就将楹联与砚雕艺术结合起来，转化为颇受游客喜爱的旅游纪念品。其三，作为民俗形态的楹联，则与传统节日、人生礼仪、行业习俗等文化相互影响、共存共生。例如，贴春联是中国最具特色的节日习俗，催生了红纸制作等民俗文化，山东高密夏庄镇东李村的大红纸制作技艺已传承数百年，每年可生产 5 000 吨的大红纸春联。楹联还能反映中国传统的丧葬习俗，比如家中若有亲人离世，便要使用非红色的春联，一般第一年为白色，第二年为黄色，第三年为绿色，第四年则恢复为红色，是为守孝联。楹联也关联着丰富的行业习俗，行业联既是招徕顾客的广告语，还叙说着行业规范和职业道德，甚至成为某些行将消失或已经消失的行业的记忆储存器。如湖北恩施汗石村的木匠曹祖均曾自创木工的行业联："曲直自有旁人看，偏正当由社会评"，表明做人做事都要精细规整，是非成败则由外人评说。

其次，楹联与所有文化事象一样，离不开特定环境的滋养。王巨山、夏晓晨曾提出整体性保护的"环境观"，便是意指遗产与周边环境的依存关系。② 在整体性保护的原则下，建立楹联与所属环境的生态谱系尤为重要。一是楹联与其物质载体、文化空间的谱系互动，小到一门一柱，大到一村一镇，甚至一县一城，均是楹联赖以生存与发展的文化土壤。例如，出自于《左传》与《论语》的集句联"惟楚有才，于斯为盛"便是因岳麓书院而成为"史上最牛大门对联"。中国楹联学会还成功创建 20 多座"中国楹联文化城市"，数个楹联文化市县、楹联文化区等保护单位，均"供养"着楹联的传承与发展。二是楹联的编撰、书写、张贴、鉴赏等系列行为还讲求相关仪式的烘托，或者说，楹联本身即是一种仪式的表达，营造或神圣庄严、或活泼欢快的氛围感，同时渗透着编撰者、书写者、使用者、鉴赏者的态度和情感，赋予楹联独特的精神

---

① 周黎霞：《一门入境　万物同春——浅谈我的对联教学观与教学实践》，《对联》2021 年第4 期。

② 王巨山、夏晓晨：《整体性原则与非物质文化遗产保护》，《民族艺术研究》2011 年第 3 期。

价值。比如,在广西灵山县大芦村的劳氏古宅,保留着 300 多副对联,几百年来,当地人始终秉持着传统的书写与张贴的仪式,但文字内容和位置从未更改,成为当地特有的楹联文化样态。

综上,依照谱系观念,可从时间、空间、形式结构等方面实现楹联自身的谱系化,也可建立楹联与其他文化及所属环境的生态谱系,这是整体性保护得以实施的首要步骤。对于楹联的整体性保护不仅要保护当前的形态,还要追本溯源,保护其文化根脉;不仅要保护一地一隅的楹联,还要进行跨地域的联动式保护;不仅要保护此种文化形式,还要保护彼种文化形式;不仅要保护楹联本体,还要保护与之相关的其他文化及所属环境。

三、楹联保护的族群谱系与整体性保护共同体的形成

非遗联系着特定的人群,由人所创,为人所载,被人所传,人是非遗保护与传承的决定性因素,这已成为国际非遗保护工作的基本共识。日本的"人间国宝制度"便确立了国家主导、社会参与、传承人发挥主体作用的保护机制。我国也提出"见人见物见生活"的理念,持续推进非遗保护事业,同样强调了人的重要性。

非遗保护与哪些人群相关呢?王文章指出,传承主体与保护主体是非遗保护的核心因素,二者紧密相连、相辅相成。[①] 吴平认为,区域非遗保护主体主要由当地政府、社区民众(传承人、文化持有者和民间组织)、学术界、商业组织以及文化机构等共同构成,应在多元保护主体间,构筑有效保护合力。[②] 田阡、陈雪着重讨论了非遗生产者、消费者和文化精英等群体的关系,并强调,需要这些群体共同参与重构非遗整体的、平等的、共享的新意义,重建人与遗产对象之间的关系,让"见人见物见生活"的理念成为现实。[③] 以上

[①] 王文章:《非物质文化遗产概论》,文化艺术出版社,2006 年,第 367 页。

[②] 吴平:《区域非物质文化遗产多元保护主体合作共治研究——以黔东南为个案》,《贵州社会科学》2012 年第 12 期。

[③] 田阡、陈雪:《从"意义混乱"到"意义重构"——从 1949 年来木版年画的发展看"非遗"生产性保护中的意义转换》,《吉首大学学报》(社会科学版)2019 年第 2 期。

研究虽各有侧重，但均强调了不同人群在非遗保护中的联动性与协同性，体现了整体互动的谱系性视角。从谱系观念出发，非遗保护相关人群的互动联合可促成族群谱系的建构，从而在他们多样性的意义与诉求中寻求具有共同认同的最大公约数，形成彼此影响、价值互构的整体性保护共同体。

对于楹联而言，与之相关的主要有生产者、保护者、研究者、教育者、传播者、开发者、享用者等人群。生产者指从古至今参与编撰、书写楹联作品的文人、联家、书法家、艺术家、民间精英等人士，他们发挥着楹联保护与传承的核心作用；保护者含括各级政府、非遗保护机构、各级楹联学会、社区民众等群体；研究者是指在高校、科研机构或学术团体中从事楹联研究的各类人员；教育者指从事楹联教育事业的小学、中学及大学教师，以及社会文化团体的楹联教育工作者；传播者指各类大众媒体及自媒体；开发者指进行楹联文化产业开发、旅游开发的企业、组织或个人；享用者的指涉面较为广泛，各地区、各民族的广大民众基本上均在此列。这些人群如若单打独斗、各自为是，势必会使楹联囿于有限的圈子，只能为小部分人所享用，陷入僵化、孤立的境地；只有在不同人群间形成交流、合作与互鉴的族群谱系，才能让楹联真正"出圈"，建立精英与大众、雅文化与俗文化，以及跨地域、跨族群间的互动关系，并在人与非遗对象之间形成整体性的生态系统，助力整体性保护的实施。

（一）建构地方性的楹联保护族群谱系

在非遗保护中，须以特定的地方为传承母体，并在地方中彰显其文化价值，促成相关人群的文化认同。刘晓春论道，非遗兼具地方性与公共性，而地方性是非遗的本质特点。① 因此，非遗首先是一种地方性知识，而后才能被"遗产化"为人们共享的文化事象。地方是我们理解和审视非遗保护问题的入口，也是建构非遗保护族群谱系的基本单位。

楹联保护族群谱系的建构也需要在地方性的文化网络中进行。首先，从

---

① 刘晓春：《非物质文化遗产的地方性与公共性》，《广西民族大学学报》（哲学社会科学版）2008 年第 3 期。

历时性的维度,在地方楹联的时间谱系中厘清保护人群的传承谱系,建立历史与现实的连续性;再从共时性的维度分析地方楹联保护人群的基本构成、各自的角色功能,以及其间的互动联合情形。近年来,中国楹联学会作为楹联保护的核心团体,坚持"联墨双修、影像联袂、媒体联手、楹企联姻、书春送福"的方针,旨在"让楹联成为全民文化",形成"大楹联"的局面,[①]其实质便是一种将各方人群集结在一起,形成联动协同发展格局的谱系性保护思路。很多地方性的楹联学会或相关组织也与地方政府、学术团体、教育单位、文化企业、社区民众等人群建立了良好的互动交流关系。例如,山西运城在以岳民立为代表的楹联人的努力下,提出"三个提升"的战略,即由学会行为提升为政府行为,由一般的联事活动提升为社会文化工程,由联人的圈里热提升为社会热、大众热,并主张联事、联创、联教、联产"四位一体"协同发展。[②]这些实践无疑打破了不同人群的身份壁垒,能将楹联保护人群统摄于整体互动的族群谱系框架下,推进地方楹联的整体性保护。

(二)建构跨地域的楹联保护族群谱系

非遗作为被"遗产化"的对象,往往会超越地区和族群的界限,成为具有公共属性与共享属性的文化事象。于是,需要在地区性族群谱系的基础上,建构跨地域的非遗保护族群谱系。不同地区保护人群的谱系互动,也推动了空间谱系的整合与协同,从而破除行政壁垒,达到整体性保护的目的。

楹联是整个中华民族所共享的文化传统,传播面广、影响力大,在跨地域间建构楹联保护的族群谱系是整体性保护的必然要求,同时也具备可操作的现实条件。在当前,中国楹联学会和很多地方楹联学会等保护团体秉持着"天下联人是一家"的理念,在多地间推进保护人群的联动协同关系。例如,2019 年 4 月 13 日,经中国楹联学会同意,由北京、上海、天津、重庆、深圳、南

---

① 参见"中国楹联学会"网站所载文章《中国楹联都市联盟成立暨"都市楹联文化"研讨会在大连召开》,发表时间:2019 年 4 月 13 日,链接:http://www.china-ysc.cn/。
② 王胜观:《人们为什么叫他"岳帅"——专访全国优秀楹联活动家、运城市楹联学会顾问委员会主任岳民立》,《对联》2021 年第 1 期。

京、西安、大连八座城市楹联组织发起并组成的首批中国楹联都市联盟在大连市庄河市宣布成立。① 值得关注的是,各地的高校已成为楹联保护的主阵地,并搭建起多地联合的互动谱系。高校能将楹联所涉及的汉语言文学、民俗学、书法学、建筑学等学科整合起来,构建相互合作的平台,建立相对完整的楹联理论系统和实践体系。华东师范大学甚至已成为上海市级非遗项目"楹联习俗"的保护单位,并被评为"上海高校中华优秀传统文化(楹联艺术与习俗)传承基地"。2019 年 6 月,中国楹联学会支持成立了中国楹联高校联盟,首批成员单位包括白城师范学院、华东师范大学、东北师范大学、南开大学、天津大学、鞍山师范学院、北华大学、吉林建筑大学等十余所高校。这些举措已经突破地域和人群的边界,在更为广阔的范围内建构起楹联保护的族群谱系。

目前,楹联保护的相关人群已然呈现出互动联合的谱系化发展态势,并取得了保护与传承的初步成效,但还需要进一步加强保护人群的内涵建设,并持续扩大楹联保护的"朋友圈"。首先,提升楹联保护人群的作品创作、传人培养、学术研究、产品创新、市场开拓、产业开发、文化交流等多方面的能力,这也是楹联整体性保护的内生动力。其次,持续发挥各级政府、楹联名家、学术团体、高等院校等方面的领导力和影响力,加大楹联"出圈"的力度,使其真正成为中华民族全民共享的大众文化。再次,延伸族群谱系的空间范围,在各地区楹联的交流互鉴中,形成优势互补、资源共享的整体性保护格局。总之,非遗保护以人为本,须在不同人群间建构非遗保护的族群谱系,形成整体性保护的共同体,以联合、协同的姿态,合力推动非遗保护的进程。

四、楹联保护的叙事谱系与整体性保护方略的探索

如前所述,谱系搭建了非遗整体性保护的基本框架,而整体性保护的具

---

① 参见"中国楹联学会"网站所载文章《中国楹联都市联盟成立暨"都市楹联文化"研讨会在大连召开》,发表时间:2019 年 4 月 13 日,链接:http://www.china-ysc.cn/。

体实施则有赖于谱系中各要素的文化叙事及其互动交流。叙事是非遗保护的根本性策略,厘清了非遗的叙事规律及叙事谱系,便可找到整体性保护的实施方略。

以叙事为切口来探索楹联保护的实施方略,主要包含如下内容:第一,叙事主体,也就是楹联保护族群谱系所指涉的各类人群;第二,叙事内容,即保护对象,具体指楹联自组织谱系和生态谱系中的构成要素。第三,叙事载体和叙事形态,主要包含语言文字叙事、物象景观叙事、仪式行为叙事,以及数字多媒体叙事,几种叙事构成整体性的叙事谱系,架构起整体性保护的实践体系。

(一)记忆与记录:楹联的语言文字叙事

语言文字叙事是以口头的语言和书面的文字为载体的叙事形态。赵毅衡认为,诸如语言文字这类"记录类"叙事体裁,其主导语力是"以言言事","言事"是叙事的目的。① 楹联本身属于语言文字的艺术,是天然的叙事文本,既是"言"之本体,又是用以"言事"之载体。在楹联保护中,首先是通过楹联之"言"的叙事唤起楹联所保存的文化记忆和价值体系。楹联是一种"记忆之场",凝聚着从过去到现在的人们的智慧、机锋与哲思。例如,明代顾宪成的"风声雨声读书声声声入耳,国事家事天下事事事关心",清代蒲松龄的自勉联"有志者事竟成破釜沉舟百二秦关终属楚,苦心人天不负卧薪尝胆三千越甲可吞吴",以及林则徐的"海纳百川有容乃大,壁立千仞无欲则刚"等名联,均是流传至今的联中瑰宝,其中蕴含的精神价值更是需要反复叙事,进行重点保护与传承。其次,还要以楹联为载体,记录与传播时代故事,体现其"言事"的文化功能。例如,近年人们所创作的传递抗疫精神的宣传楹联,讴歌中国共产党百年华诞的赞颂楹联,反映脱贫攻坚取得全面胜利的庆祝楹联等作品,便是联家对当下重大事件的积极参与,这一方面赓续了党和国家的伟大精神和优良传统,另一方面,则发挥了楹联在国家大政方针中的精神导向及价值引领

---

① 赵毅衡:《广义叙述学》,四川大学出版社,2013 年,第 34 页。

的作用,能够自上而下地形成广泛的文化认同,无疑是行之有效的保护方式。

(二)"魂""器"互动:楹联的物象景观叙事

物象景观叙事同样属于"记录类"叙事体裁。马修·波泰格、杰米·普灵顿阐释"景观叙事"是指"产生于景观和叙事间的相互作用和彼此联系"①,并认为"景观不但确定或用作故事的背景,而且本身也是一种多变而重要的形象和产生故事的过程。"②余红艳认为,景观叙事是"以景观建筑为核心,由传说图像、雕塑、文字介绍、导游口述等共同构成的景观叙事系统"③,所以,景观既可成为叙事的背景,也是表达主体意识的叙事载体与叙事对象。物象景观叙事的显著特点在于其鲜明的具象性与可视性,以直击人心的视觉冲击力,促成人们对文化意义与价值的理解和认同。

楹联与景观关系匪浅,景观是楹联的物质载体,为楹联之"器";楹联则是景观的有机组成部分,也是景观的阐释系统,为景观之"魂"。景观之"魂"与楹联之"器"相互渗透、彼此成就,主要从以下方面推进整体性保护的进程。第一,景观为楹联的叙事背景或叙事载体。从古至今,很多楹联作品都是在特定的景观情境中得以创作与传播的,此类楹联普遍见诸于不少风景名胜和人文古迹之中。苏州拙政园梧竹幽居亭的"爽借清风明借月,动观流水静观山"由明代文人文征明所作,渗透着他本人的心得和体悟,寄情于景、情景交融。第二,运用楹联讲述景观的故事。楹联写景状物、记录历史,在其简洁对仗的文字背后,往往蕴藏着景观的丰厚底蕴,不少楹联甚至已成为景观的文化品牌。昆明大观楼最为人所熟知的便是清代文人孙髯所作之"天下第一长联",上下联各90字,无不规则重字,意境绝美,为联中精品。如今,景区管理方推出背诵大观楼长联免门票的措施,吸引不少游客跃跃欲试,不失为楹联

① 马修·波泰格、杰米·普灵顿:《景观叙事——讲故事的设计实践》,张楠、许悦萌、汤莉、李铌译,中国建筑工业出版社,2015年,第3页。
② 马修·波泰格、杰米·普灵顿:《景观叙事——讲故事的设计实践》,张楠、许悦萌、汤莉、李铌译,中国建筑工业出版社,2015年,第3页。
③ 余红艳:《走向景观叙事:传说形态与功能的当代演变研究——以法海洞与雷峰塔为中心的考察》,《华东师范大学学报》(哲学社会科学版)2014年第2期。

保护的有效方略。第三,楹联的景观式保护与传承。楹联为语言文字的艺术,也是可展示的人文景观,楹联的景观化是保护的应有之法,大多在文旅融合的背景下实施。比如,广西贺州市昭平县的黄姚古镇将全镇各个古典建筑上的 194 副传统楹联转化为旅游资源,成为景观式保护的成功范例。景观化的楹联为人们所观瞻、诵读,甚至可吸引人们参与创作和评论,能够实现楹联的精神价值,使其得到活态保护与传承。

(三)展演与体验:楹联的仪式行为叙事

仪式行为叙事主要以人们的身体动作、仪式活动为媒介,属"演示型"叙事体裁,主导语力是"以言行事",[①]或被理解为"以演行事",动态性、参与性与体验性是其显著特点。

楹联的自组织谱系与生态谱系本身含有多种类型的民俗、仪式、礼仪等文化要素,其中,数春联最能代表楹联的仪式行为叙事形态,如张志春所述:"须知春联不是纯文学,而是一场文化仪式,仅仅一个文本远远不能成立。它既要有文学文本,还需要用特别色彩的纸张,配以精美的书法,在特定的时间,张贴在预定的特殊位置。"[②]在中国,几乎人人皆可成为春联习俗与仪式的践行者与叙事者。如今,春联早已不限于以家庭为传承单位,而是步入到社会各界人士集体参与的公共文化阵列,在更加宏大的谱系性框架下进行综合性的叙事。如中国楹联学会将腊月二十四定为"全国书春日",每年这一天各地会组织书写和赠送春联的活动。再如,甘肃舟曲的松棚楹联灯会,南京近几年兴起的"为城门挂春联""赏城门春联"等新民俗,西安城墙灯会与上海豫园灯会、南京秦淮灯会联袂开展的春联展演活动,均是对楹联的仪式性保护与传承。楹联的仪式行为叙事亦不少见于人们的日常生活,例如,山西省闻喜县寺底村的村民常常在日常劳作之余举办对联擂台赛,传承着"对对子"的民间游艺活动,留下诸多优秀楹联作品。江苏太仓三小将楹联编入"雅韵对

---

① 赵毅衡:《广义叙述学》,四川大学出版社,2013 年,第 34 页。

② 张志春:《春联更是一场文化仪式》,《对联》2020 年第 1 期。

对操",在小学生们的身体力行中,感受到楹联的隽永韵味。楹联的仪式行为叙事可让人们获得直接的参与感与体验感,从而建立与楹联的情感联结,形成对楹联的理解与认同。

通过对楹联叙事规律的分析,我们发现,楹联的语言文字叙事、物象景观叙事,以及仪式行为叙事,成为楹联保护与传承的实践路径。在互联网高度发达的当下,以各大公共媒体,以及"两微一抖"(微信、微博、抖音)等新媒体为代表的数字多媒体叙事在楹联传播与保护中的作用也不容忽视,与传统的"线下"叙事形态交互为用,共同组成楹联的叙事谱系,从而实现非遗保护实施方略的谱系化,这是整体性保护在实践层面上的具体面向和要求。

结　　语

整体性保护的根本要义是对非遗系统性、整体性,以及相关要素互动性等特性的遵从,也是"文化分割""文化解构"等现实问题的应对策略。在谱系观念的观照下,可从时间、空间和形式结构等方面建构楹联的自组织谱系,以及楹联与其他文化及所属环境的生态谱系,从而保证保护对象的完整性。在保护人群方面,则需要建构地方性及跨地域的楹联保护族群谱系,将楹联的生产者、保护者、研究者、教育者、传播者、开发者、享用者等人群整合于谱系化的系统中,以联合、协同的姿态,构成整体性保护的共同体,合力推动楹联保护的进程。在实践层面,需要探索体系性的实施方略,否则便会导致保护的单一化、平面化。于是,从非遗的叙事规律入手,分析到楹联的语言文字叙事、物象景观叙事、仪式行为叙事,以及数字多媒体叙事等诸多形态,其间的互构关系形成楹联的叙事谱系,同时也是楹联整体性保护的实施方略体系。

本文的研究旨在为非遗的整体性保护提供一种分析理论和实践手段,谱系观念从自然世界与人类文化的发展规律出发,强调事物内部结构及外部关联因素的整体性与互动性,是立体、动态的研究范式,与非遗的特性及整体性保护原则高度契合,不失为审视非遗整体性保护问题的有效工具和研究视角。

桂林团扇技艺回归中华文化谱系的实践研究

邱燕珍① 覃 霄②

摘 要 中华优秀传统手工技艺曾远播海外，并得到当地民众的认同，融入国外的文化谱系中。由于种种原因，有些技艺在国内一度失传甚至消失，造成了中国文化谱系断裂。随着非物质文化遗产运动的兴起，部分民间艺人重拾技艺，致力传承，积极寻求回归中华文化谱系的路径。本文以广西传统技艺类非遗项目桂林团扇为研究对象，通过华东师范大学非物质文化遗产传承与应用研究中心与其合作共建的案例，结合文献、田野调查等方法，研究其在回归中华文化谱的实践中，如何得到文化身份的认同。

关键词 传统技艺 身份认同 文化谱系

中国是世界四大文明古国之一，中华文化深刻地影响了其他国家。尤其是到了隋唐时期，政治、军事、文化、经济、科技上达到前所未有的发展，外交事业也达到历史的高潮。中国成为诸多国家争相模仿的对象，许多国家到中国朝贡、学习，带回中国的书籍和技艺等。中华优秀传统文化、传统技艺等沿着海陆两地丝绸之路流传海外。有些在国外落地生根，融合成他国文化的一部分，产生深远影响。但在国内，由于社会的变迁、近代化进程、工业化影响等因素，一些民间技艺相继失传或者出现传承断层的现象。随着非

---

① 邱燕珍，桂林团扇传承人。
② 覃霄，桂林理工大学副教授，华东师范大学社会发展学院民俗学研究所博士研究生，研究方向：非物质文化遗产、经济民俗学、神话学。

物质文化保护运动的开展,部分民间艺人意识到保护优秀传统文化的重要性,又开始重操旧业,甚至到海外再次学习曾经失传的技艺,像昱珀、柿子漆制作技术等。但是,一些传统技艺面临这样一个问题:由于断层太久,国内一度消失,而其又在国外传承得很好,就被打上外国传统技艺的标签。那么这些技艺再度传回国时,就面临如何实现文化身份认同、回归中华文化谱系的问题。

桂林团扇也是如此,它的圆竹剖丝技术曾经是我国南部沿海地区主要的团扇制作技艺。大约在唐宋时期,该种类团扇从广东、福建等地经由泉州港口等流传到韩国、日本等东亚地区,并得到进一步发展。作为中华文化输出的类型之一,影响了其他国家的风俗、艺术等,但与其他传统技艺相同,由于社会发展和历史等原因,该项技艺一度在国内失传。桂林团扇非遗传承人参考国内、国外相似种类团扇将此项技艺复原。然而,由于此项技艺长期在日韩等国流传,普遍被认为是国外的民间技艺结晶。桂林团扇传承人通过近十余年的努力,在政府和社会各级人士的帮助下,终于完成了自我身份的构建和社会认同,重新成为中华文化谱系中的一支,回归到祖国的大家庭。

本文通过认同理论,对桂林团扇进行田野调查、参与实践,分析回归路径中身份认同的变化和社会认同的互动关系。

一、文化身份认同的内涵

文化认同中的认同,译自英文 identity。弗洛伊德认为,认同是指"个人与他人、群体或模仿人物在感情上、心理上的趋同过程"。Thedorson,A·G(1969)认为,认同是一个人将其他个人与群体的社会角色同化并内化为他或他个人的行为与自我的概念,是包含了兴趣、价值、标准、角色、期望等社会心理学过程。认同理论根据自我和社会之间的交互关系来解释社会行为,认同应该包含"自我认同"和"社会认同"两个方面,这个概念是通过埃里克森区分了自我同一性和集体同一性发展出来的。自我认同指个体自觉意识到个体身份的过程；社会认同则指个体通过意识到自己属于特定社会群体，并认识到作为该社会群体的成员的情感、意义和期望的社会分类的过程。这两种认同相互关联、相互作用。

Barth（2002）提出另外一个身份概念——文化身份认同（cultural identity），指人们参照一个文化传统为自己身份做的一个自我定位。Hamers and Blance认为，文化身份认同是复杂文化结构整合进入个体人格并与之相结合，即构成个体的文化身份。

根据斯图亚特·霍尔的观点，文化身份认同的含义包括两种维度。第一种维度认为"文化身份"是一种共有的文化、集体的"自我"，藏身于其他诸多肤浅的甚至人为地强加的"自我"之中，与历史或祖先共享一种"自我"。第二种认为，文化身份是"存在"又是"变化"的问题。它属于过去亦指向未来。它不只是既存的，亦是超越时间、地点、历史和文化的东西。

综合以上几个定义，我们认为文化身份是个体通过社会分类，将其归类为某一文化群体成员对该成员身份及文化归属感的认同感，包括个体的自我认同和社会认同两个层面。文化身份向世界表明"我（们）是谁"，并通过个体归属为某个社会群体成员的所言、所行、所思、所想体现出来。

文化认同的概念在人文社会科学学科中被广泛使用，特别是文化研究，还有心理学、传播学、历史学、语言学和区域研究等。田兆元教授认为："民俗的核心问题是一个认同性问题，民俗的本质属性是一种以认同性为中心的集体文化形式，没有认同就没有民俗。……没有认同就不能构成一个群体，也就不能成为一个民族国家。"①与一般的文化认同不同，田教授所述民俗认同所反映的是传统传承的民间积累和群体性共享的价值观与生活方式，并在此基础上形成民俗认同，这种认同性基础是构成不同群体互动和新传承形成的驱动力。在此基础上，田兆元教授进一步指出："认同性是民俗经济的消费心理基础，是民俗经济生产与消费的显著特征。"②

---

① 田兆元，程鹏：《旅游民俗学的学科基础与民俗叙事问题研究》，《赣南师范大学学报》2017年第1期。

② 田兆元：《经济民俗学：探索认同性经济的轨迹》，《华东师范大学学报》2014年第2期。

二、非遗传统技艺桂林团扇的回流和形成

桂林团扇的厂址位于广西桂林荔浦市（2019 年改市）马岭镇，一个偏僻的小山村。马岭镇位于广西东北部、桂林市南部，距离荔浦市 15 公里、距离阳朔县 27 公里左右，人口约 4.42 万，农业人口 3.83 万，是少数民族杂居的多民族地区。但无论从地理位置还是历史，除了熟知的"荔浦芋头"和"衣架之都"两个称号跟马岭所属的荔浦市有关外，马岭实在是名不见经传。值得一提的是，这里盛产竹子。

由于竹子原材料丰富，马岭的竹编芒编产品在广西小有名气。或许正因为如此，造就了桂林团扇在此落地生根的机缘。桂林团扇能在国内复原并发展应归功于第一代传承人邱先生。邱先生出生于新中国成立前，20 世纪 70 年代末，为了补贴家用，他开始在荔浦县马岭镇联办工艺美术厂加工竹编芒编产品。恰逢集体所有制改革，马岭镇联办工艺美术厂面临倒闭，邱先生为了养活一家七口人，将该厂盘点过来。

1982 年，此时正值改革开放，中外贸易互通，日本团扇中间商意欲在国内寻求合作，在江浙地区辗转考察却没能找到合适的合作企业。后来在广交会上，广西外贸局拿到几把圆竹剖丝样扇，发通知到各县市征集有此技术的能工巧匠。因当时博白、荔浦的竹编和芒编工艺水平较高，产品曾远销国外，于是其中一把团扇被带到荔浦。这把日本带来的团扇样品因制作工艺复杂，制作团扇的圆竹剖丝技术毫无经验可循，制作难度和耗时量超乎想象。因此，当时荔浦县的 68 家外贸工艺品生产企业无一能承接团扇制作、生产任务。邱先生根据已有的竹编芒编经验，抱着试试看的态度把扇子带回家研究，经过反复琢磨、试制与完善，终于攻克圆竹剖丝难关，将团扇做成。后来他不断改善产品质量，得到了客户的肯定，开辟了出口团扇的业务。在 1982 年到 1992 年间，他带领 10 来个工人，在小工坊里一边做竹编、芒编，一边做团扇。

这样，圆竹剖丝团扇，也就是后来的桂林团扇生产技术，回流到国内。但这时的桂林团扇，并不能称之为"桂林团扇"，仅仅是日本团扇在国外生产而

已。整个扇子的设计、材质均由日本企业把控,邱先生也只不过是日本企业的代生产商。

1992 年,随着国家政策进一步开放,邱先生与日本、香港的工艺品公司三方联合成立了中外合资广西荔浦荔都工艺品有限公司,专门生产团扇,但被约定所有产品均供货同一中间商,产品的样式、纸面等由客户指定,不能自己开发产品对外销售,约定供货期限为 10 年。但仅过了 5 年,中间商为了谋求更大的利润,联合其他厂家鼓动邱先生厂里的熟练工自立门户承包团扇业务,并以高薪带走一批工人,致使邱先生培养的人才流失,研发出来的技术泄密,订单减少,利益受损。邱先生对此提出抗议,但中间商威胁如不妥协则终止合作。邱先生没有妥协,这使他丢掉了所有订单,濒临破产的边缘。最后他决定亲自去日本寻找合作商。他克服种种困难,在外贸局和留日学生的帮助下,抛开中间商,在日本联系到客户,让公司起死回生,并结识了后来成为主要合作伙伴的日本某公司董事长上野氏。同时,在管理上为防止技术泄密,他将工人分成几个小组,每个小组只负责团扇制作的一个或几个流程,而核心技术则掌握在自己手中。

在这个过程中,由于客观的和主观的原因,邱先生切断了最早的被动式的贸易方式,转型成独立的贸易公司,尽管依然是来料订购的订单模式,但是邱先生掌握了生产和销售的主动权,为以后的转变奠定了基础。

2002 年底,原成立的广西荔浦荔都工艺品有限公司合约到期后,邱先生与上野氏取名字中的二字,合资成立桂林广恒工艺品有限公司。这时,年产量达到几十万把,但仍然供货给日本市场,还是由客户指定团扇样式、提供团扇纸面。公司员工增加到 50 个人左右,邱先生买下旧电影院,改造成厂房,从原来的公社仓库搬出来。经历了大约 20 年的时间,工厂终于稳定地向前发展。

2009 年,邱先生年事已高,将工厂交给跟随自己工作快 10 年的女儿邱女士。但她上任后立即遭遇工人罢工。一些老资格的熟练工趁着老板更迭之际要求大幅度涨工资。这件事情让邱女士陷入危机,但她开始认真思考如何提高工人工资待遇以达到留住人员的目的。她参考大企业的做法,逐步进行改革：设立奖励制度，为职工购买五险，简单地成立各个事务管理部门，划分员工职能：如厂长、财务员、业务员、质检员、套袋员、仓库管理员、后勤人员等。此外，还向合作日资公司申请美元贷款按照防火、卫生等要求新建厂房，设立员工食堂等。这个经历让团扇厂走向更规范的现代化企业的管理模式，保证了产品的质量和较大的生产能力，同时，也保证了从事手工技术生产者的稳定，这时的厂内外员工数量达到 200 多人，大多为农村劳动妇女。团扇厂的影响力在区内也逐渐扩大，积极参与到地方扶贫等活动中来。

在此之前，因供货日本市场，桂林团扇在国内市场默默无闻，不为人注意。2012 年，邱女士开始转战国内市场，这是"桂林团扇"形成的一个重要的转折点。转战国内市场本是缘于一位朋友的建议，他曾在日本高价购买团扇作为伴手礼带回国，但没想到这团扇恰好是邱家出口的产品。他建议邱女士考虑一下国内市场，在国内发展。当时国外市场正值中日关系紧张，订单量受到影响，再加上之前贷款建厂房的还贷压力，还有国内日益上涨的人工成本等因素，也需要另辟市场。这时，国内非物质文化遗产保护运动已经开展近十年，人们对"过去的、遗留的"传统事物的看法发生改变，邱女士觉得是时候转型了。于是她跟日本方面重新谈了合作条件，在保证日本订单按时、按质、按量完成的情况下，自主开发国内产品。

这个转型引发了邱女士对自己产品的思考，是她今后认识、发扬和传承非物质文化遗产传统手工技艺的重要转折点。2013 年，邱女士正式进军国内市场。起初，邱女士从市场角度出发，认为"我们目前最需要的就是好的扇面图案设计"。除了跟美术界的专家合作，她还积极参加各类工艺品展会，寻找创作灵感。后来，在这些交流活动中，她对从家族继承的手工技艺的热爱，引发了她对其他民族传统手工技艺的注意。于是，她尝试改进传统的团扇制作技艺，改变扇面形状，并将将麦秆、剪纸、蜡染、刺绣等多种优秀民间艺术与扇面结合，创造出丰富的扇面艺术表达形式。传统的团扇手工制作技艺革新后本土化，结合了各地优秀的非遗技艺的精华，这样，富有中国地方特色的新的团扇样式——"桂林团扇"诞生了。

2014 年，邱女士结合剪纸艺术、桂林旅游景观创作的"日月双塔"团扇获得联合国杰出手工艺品徽章认证。从此,多项结合中国传统技艺而创作的团扇作品获得国家级、省部级奖项。2016 年,"桂林团扇"被评为桂林市级非遗项目,2018 年被评为广西省级非遗项目。邱先生被评为省级、邱女士被评为市级非遗传承人。

2018 年,邱女士注意到工厂位置偏僻对业务拓展的阻碍,在朋友的建议下,于桂林市旅游旺地东西巷投资 20 多万建了一个专卖店,并注册"邱广初"商标。专卖店作为对外窗口,提供了游客购买桂林伴手礼、了解广西非遗的途径。此外,专卖店的展示作用还带来了非遗进校园的项目和入驻高级宾馆、景区的机会,不仅得到了更多商机,还让区内外游客认识到"桂林团扇",喜欢上"桂林团扇",这样的社会认同,如同田兆元教授所论述的民俗经济那样,增加了民俗商品的经济效益,带来了有效的生态循环。

2020 年,邱女士参加华东师范大学举办的"海上明月国际团扇展",之后得到政府资金支持筹建大师工作室,但她又自掏腰包再投入 100 多万元,在华东师范大学的帮助下,将以前电影院的青砖老厂房改建成以岭南团扇为主的,集博物馆、研学基地、活态演示、产品销售为一体的"桂林团扇艺术馆"。并委托华东师范大学民俗所进行桂林团扇源流调查研究,力图寻找文化谱系归属。在这个过程当中,邱女士也致力于完成自己的非遗传承使命,推动"桂林团扇"走向更广阔的天地。

三、桂林团扇的文化身份认同实践

文化身份是人类在社会化过程中逐步形成和发展的一种个体社会化的结果,并会受到社会和心理事件的影响而不断改进,同时强调个体自我认同在这种动态机制形成过程中起主要作用。社会化过程是一个永不完成的动态过程,这就暗示了个体文化身份的变化发展性。从以上对桂林团扇的调查情况来看,大约可以区分这样两个时期:桂林团扇复原成功、创立公司的邱先生时期,转战国内市场、被评为省级非遗项目的邱女士时期。第一个时期,邱先生凭借自己良好的编织行业的功底,从众多同行中脱颖而出,将圆竹剖丝技艺复原成功。但在这一时期,一直到 2012 年转向国内市场之前,均较稳定地供货给日本市场,活动比较单一。除了扩建厂房、在生产上进行改进外,邱先生更像在谋求一种"营生":获取利润——扩大生产——再获取利润。尽管掌握了团扇圆竹剖丝技术,也还没有意识到这种技术在传统文化上、中外交流史上的意义,单纯作为一种商家掌握的经营的"秘密"。这种技艺习得的方式,与民间技艺的传播方式相同。例如在对其他地区的团扇调查时,我们发现,大多数传承人在描述如何掌握技术时,叙事内容具有相当程度的类型化:祖辈在某地看到某人手持漂亮的扇子,或求购或模仿,进而钻研制成相似的产品。例如德阳潮扇,是居住在四川德阳的人看到别人从广东买来的潮扇后,觉得新奇,仿制而成。而江西靖安也有相同的制扇技艺,手艺人描述是在京城看到贵人家拿着扇子,觉得好看,回家也动手做起,因不知其名,便命名"掌扇"。潮扇、德阳潮扇、掌扇,都是制作技艺为同一类型的扇子,有相似的流传经历,这也是民间技艺流传的规律之一。与此不同的是,邱先生掌握了技术后,创建公司生产经营,将其发扬光大。但桂林团扇在这时期,始终是作为一种外商代工的贸易商品而存在,邱先生只是掌握某种民间技艺的"商人",这种与生俱来的文化身份认识并没有被唤醒。

而到了邱女士时代,我们看到文化身份的多元性发展。个体身上的文化身份认知受到个体所属以及周边文化群体普遍价值观念的影响得以发展。随着时间的流逝,当人们在更广阔的社会里与不同的文化团体确立了忠诚的归属感,文化身份就会变得日趋复杂和多样化。邱女士通过朋友在日本买团扇的经历,意识到团扇同样受到国人的喜爱,能够得到消费者的认同,桂林团扇在国内市场可能有需求空间。于是通过与同行的交流、到各地参加展会,接触到非物质文化遗产保护的相关知识,了解其发展趋势,开始尝试转到国内市场。但在此之前,产品一直被称为"日本团扇",如何界定这种"外来"的民俗文化产品,成了当务之急:这是日本的团扇,还是中国的团扇谱系中的一种?这种身份上的困扰和对国内市场的期望,让她不断调整自己的认知并且渴望在文化身份上得到认同。她从 2013 年起,每年参加省级、国家级举行的工艺美术行业的各项比赛,由于工艺精湛,设计新颖而获得较好名次,逐渐崭露头角,引起多方关注:在央视拍摄的象山晚会、《奔跑吧兄弟》等知名电视栏目出镜,吸引 LV、哈根达斯等高端品牌陆续建立合作,订购特供产品。原来国外市场较高的质量要求和自身迎合市场需求做出的调整,使桂林团扇也在国内市场中具有竞争力。这种文化环境的影响,让她对"日本团扇"的文化属性产生怀疑,诞生了自主寻求文化身份归属的念头,继而聘请华东师范大学民俗学专家为其溯源,明确了桂林团扇在中国历史上团扇谱系中的地位:这种工艺源于岭南团扇的制作技术,隋唐时期随商船流传海外,发展成新的样式,但仍能从广东、福建等地找到此种工艺团扇的雏形,在福建的琉球馆记录有清代当地团扇外销日本的情况。

这样,通过"自身—专家—当地政府"的努力,2018 年"桂林团扇"定名,入选区级非物质文化遗产项目,成为中华文化谱系中的一支。邱先生被评为桂林团扇省级传承人,邱女士被评为市级传承人,完成了个人文化身份和社会文化身份的认同。

另一方面,这种对文化身份的整合和认同带来了积极的影响。她在2020 年参加由华东师范大学组织举办的"海上明月国际团扇展"后,深受启发,将近年来的全部收入投入到桂林团扇艺术馆的建设中去,与华东师范大学民俗学研究所合作,建设以岭南团扇为主体的团扇展示长廊,依托工厂的优势,将生产、展陈、体验、销售、文化普及等环节联系在一起,力求建成良性生态循环的博物馆。教授团扇制作技术、传播团扇文化知识、推广中华优秀传统文化、宣扬爱国主义教育,完成传承人的使命任务,赋予了这个身份认同的角色意义。

四、余　论

文化身份具有多样性,也具有可选择性。桂林团扇在寻求自身文化认同时,恰逢国内传统文化复兴,《保护非物质文化遗产公约》推行十余年,非遗保护相关部门积累了较成熟的经验,政府的扶持和帮助让邱女士接触到更多业内同行,不断学习他们的先进经验。公民对传统文化的热爱日益增高,市场环境相对较好。这为邱女士转向国内市场提供了空间,也坚定了她的文化身份选择。

邱氏两代传承人的经历和我国发展史之间的关系,也是身份意识中体现的人与人、人与社会之间归属和互动关系的缩影:20世纪80年代改革开放,使邱先生有机会接触到流落在异国他乡的民间技艺,将它重新拾回,并发扬光大;90年代遭遇合作危机、濒临破产边缘时,又因外贸局和留日学子的帮助重新找到合作伙伴;在21世纪初,国外市场不良,邱女士转向国内市场时,非遗保护运动推行,较成熟的经验和环境又为她保驾护航;在面临文化身份归属的困境时,政府和专家及时出手,肯定溯源、将桂林团扇纳入非遗项目体系,也推动她完成选择,使外传民间技艺回归到中华优秀传统文化的谱系中。从而使她更加坚定地沿着自己的道路前进,成长为优秀的传统文化继承人。这既有个人对大局的认识和选择,也有国家发展带来的巨大影响。既是个人坚持、努力的回报,也是国家欣欣向荣的具体体现。强大的国力,为各种角色提供了自我认同的基础,提供了强有力的社会认同支撑体系,从而能够实现文化身份的认同,发挥个人与社会的能动作用。

另一方面,从文化传播的角度来看,从中国团扇的域外传播史不难看出这样的一条传播路径:中国团扇自南北朝时期便传入日本,在日本奈良县明日香村的高松塚古坟(约隋唐时期)中发现的壁画,有"中国月扇"的样式(与如今江浙一带的宫扇样式相近),但这种样式没有在日本流传下来。唐宋时期福建泉州成为世界海上贸易的中心,这时期广州潮扇和福建鸭脚扇随着贸易商船被带到日本,在日本经过本土化的改造,形成了今天日本团扇的主要样式。日本团扇在20世纪70年代又因供货需求回流到桂林,经过邱氏两代对技术的复原、改造,形成新的团扇样式,并被命名为"桂林团扇"。这就像自家的娃儿到国外喝了几年洋墨水,又回家了,面貌虽然有些微变化,但有谁会否认这娃因留洋了就不是自家的娃了呢?民间技艺本身就具有流动性,是劳动人民集体智慧的结晶,团扇这项技艺只不过走得更远,到国外绕了一圈又回来罢了。中华文明在历史上对东亚影响深远,中华文化辐射到的日本、韩国,也用来源于中国的优秀文化,申报成为世界非遗,从而成为拥有世界非遗项目较多的国家之一。再者,我们的文化也是包容吸收了各民族的精髓发展而来的,同样吸收了其他国家的先进技术和文化。所以,中华文化是海纳百川的文化谱系,在吸收、融合和选择中形成广泛的文化认同,成为独有的特色文化。因此,"桂林团扇"这样的优秀民间技艺回归中华文化谱系的路径,其所提供的案例典范,为我们如何看待同类传统技艺问题提供了独特的参考价值。我们也期待学者们深入研究,让更多的优秀传统技艺回归祖国的怀抱。

主要参考资料

[1] 田兆元:《民俗研究的谱系观念与研究实践——以东海海岛信仰为例》,《华东师范大学学报(哲学社会科学版)》2017年第7期。

[2] 田兆元:《经济民俗学:探索认同经济的轨迹——兼论非遗生产性保护的本质属性》,《华东师范大学学报》2014年第2期。

[3] 姚莉、田兆元:《基于民俗叙事路径的"认同性经济"建构——以传统手工技艺类非遗侗族刺绣为研究对象》,《贵州民族研究》2021年第4期。

[4] 何学威:《经济民俗学》,中国建材工业出版社,2000年。

[5] 戴维·莫利、凯文·罗宾斯:《认同的空间——全球媒介、电子世界景观和文化边界》,南京大学出版社,2001年。

[6] 罗虹、颜研:《透视语言与"文化身份"》,《中南民族大学学报(人文社会科学版)》2009年第1期。

[7] 周晓红:《认同理论:社会学与心理学的分析路径》,《社会科学》2008年。

[8] 胡文仲:《跨文化交际学概论》,外语教学与研究出版社,1999年。

[9] 马蕾:《传统文化符号与高校青年文化身份认同》,《当代青年研究》2019年第3期。

[10] 张雄:《习俗与市场》,《中国社会科学》1996年第5期。

五、非物质文化遗产的
传承路径与方式

高校非遗文化通识教育体系建构研究
——以驻镇高校为例①

余红艳②　孟宇卿③　陈保君④

摘　要　　非遗文化是中华优秀传统文化的重要组成部分,是高校人才培养的
　　　　　重要教学内容。当前高校人文通识教育课程尽管较为丰富,且往往
　　　　　有明确的选修要求;但是总体来说,课程设置相对自由,非遗课程类
　　　　　型覆盖面不高,教学手段主要以课堂理论教学为主,专业选修课与
　　　　　公共选修课之间仍然存在衔接不够等问题。高校人文通识教育体
　　　　　系的建构以非遗文化保护为价值导向,以弘扬和传承中华优秀传统

① 本文为江苏大学教改课题(重点)“中华优秀传统文化通识教育体系建设研究”(2017JGZD027)
　　阶段性成果;为江苏大学第 20 批大学生科研立项课题“镇江非物质文化遗产资源在来华留
　　学生文化教学中的应用”(20CE0223)阶段性成果。
② 余红艳,博士,江苏大学文学院副教授,硕士生导师,主要从事中华文化传承传播研究。
③ 孟宇卿,江苏大学文学院汉语国际教育 2021 级硕士研究生,主要从事中华文化国际传播
　　研究。
④ 陈保君,江苏大学文学院汉语国际教育 2019 级硕士研究生,主要从事非遗文化国际传播
　　研究。

文化为主旨,充分发挥地域文化优势、高校特色学科优势,打通课堂内外的时空限制,打通专业与通识之间的学科壁垒,打通中国学生和来华留学生的人文通识教育课程的限制,创新教学改革及考核模式,建构具有地域文化特色、高校优势学科特色,面向中国学子和来华留学生的非遗文化通识教育体系。

关键词 非遗文化 通识教育体系 建构 地域文化 优势学科 驻镇高校

2021 年 7 月 17 日,在教育部与联合国教科文组织合作举办的"面向未来的世界遗产教育"主题边会中,前教育部部长陈宝生明确阐述了遗产保护与教育的内在关系,他指出"遗产保护事业需要教育,教育工作者也特别关注遗产保护""在世界遗产教育领域,中国既是倡导者,更是实践者,将世界遗产教育纳入国家教育发展总体规划,纳入各级各类学校的教育教学,形成了具有中国特色的世界遗产教育理念与实践"。[①] 8 月 12 日,中共中央办公厅、国务院办公厅印发《关于进一步加强非物质文化遗产保护工作的意见》(以下简称《意见》),强调"要加大非物质文化遗产传播普及力度,促进广泛传播并融入国民教育体系",并"引导社会力量参与非物质文化遗产教育培训,广泛开展社会实践和研学活动,建设一批国家非物质文化遗产传承教育实践基地,鼓励非物质文化遗产进校园"。[②]《意见》凸显了"国家主流意识形态在非遗保护工作的主导地位",[③]同时也对非遗教育提出了更高更为系统的规划和要求。

自 2003 年联合国教科文组织发布《保护非物质文化遗产公约》(以下简称《公约》)、2004 年中国宣布加入《公约》、2005 年正式启动首批国家级非遗名录遴

---

① 《世界遗产教育:培养今天的参与者与未来的引领者》,人民网:http://edu.people.com.cn/n1/2021/0729/c1006-32174302.html。

② 《关于进一步加强非物质文化遗产保护工作的意见》,新华网:http://www.xinhuanet.com/politics/2021-08/12/c_1127755913.htm。

③ 萧放:《开启非遗保护传承的新时代》,《光明日报》2021 年 8 月 17 日。

选工作以来,中国非遗保护与传承已走过近 20 年。在非遗教育方面,已经初步形成了具有中国特色的遗产教育理念与实践路径。以华东师范大学为例,田兆元教授带领团队在非遗传承方面,完成了"从输入型到输出型""从研究非遗保护单位到成为非遗保护单位"的转变,[①]为高校积极探索非遗教育与非遗传承提供了很好的研究与实践个案,同时也为我们聚焦以非遗文化保护为价值导向的高校人文通识教育体系建构提供了理论指导与实践经验。本文在厘清"人文通识教育"概念和范畴的基础上,结合国内外高校人文通识教育理念和课程设置,细致分析驻镇高校人文通识教育课程现状及存在的问题,以"提升文化自信,培养具有文化实践能力的现代人才"课程思政为宗旨,以"三重"("重传承传播""重实践应用""重现代技术")为教育理念,充分运用现代教育技术,创新改革教学及考核模式,让非遗文化教学走进"文化语境",尝试建构高校非遗文化通识教育体系。

一、高校人文通识教育概念的界定及研究现状

国外通识教育研究最具代表性的是美国。美国高校通识教育改革始于哈佛大学的课程选修制。[②] 20 世纪 40 年代,哈佛第 23 任校长柯南特组织来自文学院、理学院和教育学院的 13 位专家教授组成委员会,专门研究并发表为报告书《自由社会中的通识教育》(1945),指出普通教育是高等教育不可分割的一部分,普通教育与专业教育不能相互取代。该计划在美国各高校掀起了进行普通教育改革的浪潮,实现了普通教育与专业教育的有机结合。1976 年,哈佛大学进一步提出主张在本科生教育的专业课程和选修课之外,建立一套共同的基础课程即"核心课程",加强学生人文、社科和科学基础知识的学习。此后,通识教育的"核心课程"模式在西方国家得到推广应用。

---

① 田兆元、苏娟:《上海高等学校非遗的传承实践与学术话语——以华东师范大学非遗研究实践为例》,《上海非物质文化遗产发展报告(2020):推动长三角非遗的一体化保护与发展》,上海人民出版社,2020 年,第 130—139 页。

② 洪艺敏:《对我国高校通识教育改革的再思考》,《现代教育科学》2021 年第 5 期。

　　国内关于高校通识教育的研究总体数量不多,以"高校通识教育"为主题,在中国知网(2021-11-4-9:44)检索,仅见论文1 882条,这与国内近年来开展得如火如荼的通识教育课程建设相比,实显薄弱。但是值得关注的是,包含"高校通识教育"的各级课题数量却较为可观,有128项省部级及以上课题获批立项,其中国家社科基金课题高达19项。由此可见,高校通识教育研究已得到国家及各地社科、教育部门的热切关注,但目前尚处于课题研究阶段,发表或出版的科研成果数量有限。这一研究现状为当前高校通识教育体系的建构实践带来了一定的困惑,同时也对围绕高校通识教育体系建构的研究提出了更高的要求。

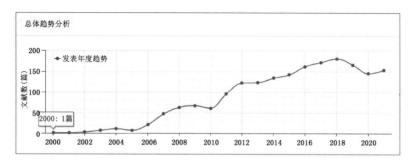

图1　高校通识教育研究总体趋势图①

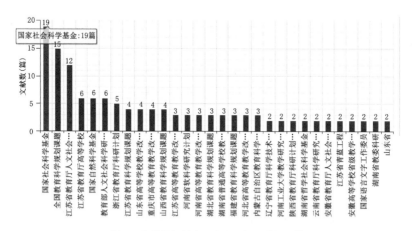

图2　高校通识教育研究立项课题分析图②

---

① 本图来源于"中国知网"可视化分析图·高校通识教育研究总体趋势图。
② 本图来源于"中国知网"可视化分析图·高校通识教育研究立项课题分析图。

在高校通识教育研究成果中，相对集中地探讨"文化素质教育""文化素质教育选修课""人文精神""人文教育"等主题的成果数量相对较少，仅占3.7%。

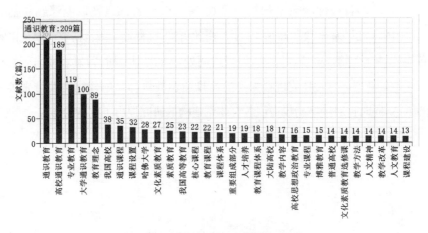

图3 高校通识教育研究主题分析图①

具体到高校人文通识教育研究，目前主要集中于两大方面。一是理论研究。1998年，教育部《关于加强大学生文化素质的若干意见》明确指出，通过对大学生进行文学、历史、哲学、艺术等人文社会科学的教育，提高他们的文化品位、人文素养和科学素质。由此，"通识教育"概念被普遍使用。学界对"通识教育"的概念阐释见仁见智。总体来说，就性质而言，通识教育是高等教育的组成部分，是所有大学生都应接受的非专业性教育；就目的而言，通识教育旨在培养积极参与社会活动的、有社会责任感的、全面发展的社会的人和国家的公民；就内容而言，通识教育是一种广泛的、非专业性的、非功利性的基本知识、技能和态度的教育。具体到人文通识教育，主要是指大学通识教育课程中的人文科学课程和一部分社会科学课程。二是具体研究。主要集中于通过对各高校人文通识教育现状的分析，提出高校人文通识教育核心课程体系建设的实施方案。作为热点，此类研究是近年来各级教改项目

---

① 本图来源于"中国知网"可视化分析图·高校通识教育研究主题分析图。

指南的必选课题之一。研究内容主要包括人文通识教育的内涵研究[1]、人文通识教育核心课程的设置[2]等方面。现有研究为本文进一步探讨以非遗文化为核心的高校人文通识教育体系的建立奠定了扎实的研究基础，但也存在明显不足，一是未能在理论上明确高校人文通识教育对传承与发展包括非遗文化在内的中华优秀传统文化的重要意义；二是在实践研究上，尚未能将人文通识教育体系与各高校自身特色学科、地域文化等紧密相连，充分发挥高校自身优势，建立具有地域文化特色、高校特色的非遗文化通识教育体系。

二、驻镇高校非遗文化通识教育建设现状

高校人文通识教育是培养大学生正确的价值观和文化素质的重要平台，是增强大学生文化自信，提升文化传承力与文化传播力的重要课程形式。非遗文化尤其是省级及以上的非遗项目是中华优秀传统文化的代表，是涵养青年人社会主义核心价值观的重要文化基因。因此，高校人文通识教育体系的建立与非遗文化的传承发展息息相关，二者互为载体，共同承担着传承中华文化与培养中华人才的文化使命和教育使命。高校需"主动适应新时代对传统文化教育的新要求，积极推进非遗文化教育融入校园文化建设、日常教学、学科研究等领域"，[3]逐步建构非遗文化高校通识教育体系。

本文所涉及的驻镇高校主要包括校址设在镇江的江苏大学、江苏科技大学、镇江高等专科学校、南京师范大学中北学院、江苏大学京江学院、江苏农林职业技术学院六所院校，其中又以江苏大学、江苏科技大学两所综合性大学为主要调研对象。为较为全面地了解相关驻镇高校在人文通识教育课程

---

[1] 左岩：《人文通识教育转变的一个维度：从"显性知识"到"隐性知识"》，《湖南第一师范学院学报》2012年第5期。

[2] 李加林，徐谅慧：《高校通识教育核心课程体系建设研究》，《宁波大学学报》（教育科学版）2015年第1期。

[3] 《南京师范大学：推进非遗文化融入教学，构建优秀传统文化教育体系》，《光明日报》2021年8月31日。

方面的设计理念、课程安排、教学情况等,课题组分别采用了问卷调查、半开放访谈等调研方法,通过对高校教务管理部门、一线任课教师、大学生群体的调查访问,尽可能地梳理驻镇高校在人文通识教育体系建设方面的现状,特别是以非遗为代表的中华优秀传统文化通识教育体系建设现状,并依据国内外基于高校人文通识教育体系提出的相关理论、概念,进行梳理分析,以期为驻镇高校非遗文化通识教育体系建构提供数据支撑。

据调研,驻镇高校人文通识教育课程涵盖文学、语言学、书画、音乐、艺术、历史、医学等多种学科。以江苏大学为例,学校现面向全校本科生开设的人文类校选课程共计83门,包括语言、文学、书法、绘画、音乐、历史、地域文化等学科领域,开设学院主要包括文学院、艺术学院、外国语学院、马克思主义学院、教师教育学院、材料学院、法学院、管理学院、土力学院等,形成了百花齐放的人文通识教育课程群。具体到非遗文化通识教育课程,目前,共开设民间文学、传统美术、传统音乐、戏剧曲艺、传统技艺和民俗六大非遗类型的11门通识课程。

图5 2021—2022 学年江苏大学非遗课程类型

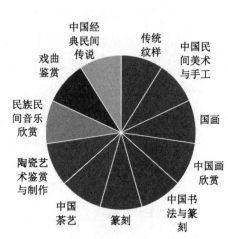

图6 2021—2022 学年江苏大学非遗课程名称

总体来说,驻镇高校人文通识教育课程涵盖面较广、总数较多,并且对本科生选课有着较为明确的类型限制和学分要求,能充分考虑到专业课程与公共选修课程之间的互补性、人文通识知识的普及性。但是,相对于镇江丰富的非遗资源而言,现有非遗文化通识教育课程显然较少,且尚未能更多覆盖镇江非遗类型;同时,也与驻镇高校较为全面的学科类型不相匹配,未能较好地凸显镇江非遗文化地域特色和驻镇高校学科优势。

三、建构高校非遗文化通识教育体系的建议

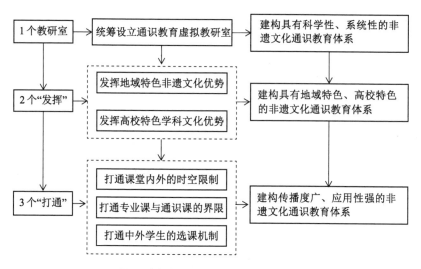

图6　高校非遗文化通识教育体系框架图

(一)1个虚拟教研室:建构具有科学性、系统性的非遗文化通识教育体系

非遗文化作为中华优秀传统文化的重要载体,是进一步增强民族自信、民族凝聚力的重要历史文化内容,也是当代大学生必须具备的中华传统文化知识和地域文化知识,是高校人文通识教育体系中最为核心的价值导向。构建以传承与发展非遗文化为代表的中华传统文化高校人文通识教育体系,紧紧围绕中华优秀传统文化传承与传播的国家战略,依托相关专业课程、人文通识课程、专题讲座、文化体验等多种教学模式,建构以非遗文化教学为核心,深度融合革命文化和社会主义先进文化的课程思政教育体系,让青年学

子在演讲、辩论、吟诵等实际应用中,在活动组织、文化体验等实际参与中,理解中华民族崇仁爱、重民本、守诚信、讲辩证、尚和合、求大同等思想理念,树立文化自信。

人文通识教育不单单是人文学科的责任,各高校应结合自身优势学科,充分挖掘非人文学科的文化内涵,开设具有鲜明学科特色的人文通识课程,建设非遗文化特色人文通识教育体系,通过人文通识教育进一步加强大学生对我国优秀传统文化的传承与弘扬,将高校人文通识教育的建设与国家文化传承与发展战略紧密结合。这就需要高校教务管理部门及相关专业学院统筹协调,合理设计,有意识、有计划地安排人文通识教育课程。各高校可设立1个专门的虚拟人文通识教育教研室,由教务处指定人员专门负责协调各院相关课程,拟定人文通识教育课程大纲和培养目标,真正发挥教务管理对人文通识课程的统筹和设计。

(二) 2个"发挥":建构具有地域特色、高校特色的非遗文化通识教育体系

1. 充分发挥具有镇江地域特色的非遗文化优势

镇江是一座有着3 000多年文字记录史的江南古城,古称"宜""朱方""丹徒""京口""润州"等,是国家第一批历史文化名城。它是吴文化的重要发祥地;是"甘露寺刘备招亲""白娘子水漫金山""董永与七仙女"等知名传说的发源地。镇江非遗资源丰富,地域文化特色鲜明,依托得天独厚的江运、水运优势,形成了丰富、多元的非遗资源,现有人类口头与非物质遗产项目1项,国家级非遗项目9项,省级非遗项目31项,市级非遗项目55项,以及县级非遗项目208项。① 其中,国家级非遗类型包括民间文学、传统音乐、传统戏剧、传统美术、传统技艺等五大类;省级及以上非遗项目涵盖非遗十大类别。

---

① 镇江非遗网:http://www.ichzj.com/www/index.php。数据依据镇江非遗网整理而得。

表1　镇江国家级非遗项目表

序号	非遗类型	项目名称
1	民间文学	白蛇传传说
2		董永传说
3	传统音乐	古琴艺术(梅庵琴派)
4		佛教音乐(金山寺水陆法会仪式音乐)
5		道教音乐(茅山道教音乐)
6	传统戏剧	扬剧
7	传统美术	灯彩(秦淮灯彩)
8	传统技艺	镇江恒顺香醋酿制技艺
9		酿造酒传统酿造技艺(封缸酒传统酿造技艺)

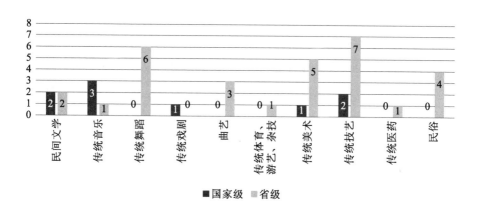

图4　镇江省级及以上非遗项目类型图

　　镇江高层次的非遗文化在全国具有较大的社会影响力,是镇江闪亮的城市文化名片,更是镇江开展中华优秀传统文化传承传播的代表性载体,是驻镇高校共享的人文通识教育资源。因此,在构建高校人文通识教育体系的过程中,驻镇高校应充分发挥镇江地域文化优势,鼓励学院、教师开设具有鲜明地域文化特色的非遗文化通识教育,将中华优秀传统文化落地在镇江,让大学生在可知、可感、可触、可摸的非遗文化中,提升对中华文化的理解、增强文化认同。

2. 充分发挥具有高校学科特色的非遗文化优势

高校人文通识教育体系的建设在以传承与发展中华优秀传统文化的基础上,深入挖掘高校特色资源,开设独具镇江地域文化特色、驻镇高校学科魅力的非遗文化通识课程。以江苏大学为例,农业机械是学校优势学科,其蕴含的深厚丰富的农耕文化应该与镇江高级别非遗文化相结合,成为学校非遗文化通识教育的亮点课程之一;此外,医学院、药学院所承载的中国悠久的中医药文化,食品学院的饮食文化,艺术学院的传统音乐、传统戏剧、传统技艺等,都应开设出扎根镇江地域、发挥学校学科优势的非遗文化通识课程,让青年大学生在跨学科、跨领域的课程选修和交流中,较为全面地了解中国非遗文化;并能结合本专业的课程学习,一定程度上打通专业壁垒,实现跨学科思维的综合人才培养。以镇江高等专科学校为例,该校人文与旅游学院师资在非遗传承方面具有特色,如古琴技艺、茶艺等,可充分调动具有非遗技艺的师资开设相关校选课或专业选修课,并利用非遗专业师资与镇江相关非遗传承人的师承关系,吸引更高级别的非遗传承人走进高校,以外聘教师的形式进入通识课程教育体系,以相对系统的通识课程代替相对零散、随机的非遗实践或非遗讲座,并尝试构建结合镇江地域特色和院校学科特色的非遗文化通识教育体系。

表2 驻镇代表性高校与非遗相关的优势学科文化

驻镇代表性院校	驻镇高校与非遗相关的优势学科文化
江苏大学	农机文化、饮食文化、中医药文化、民间艺术、民间文学等
江苏科技大学	船舶技艺文化、海洋文化等
镇江高等专科学校	古琴文化、茶文化等

(三)3个"打通":建构传播度广、应用性强的非遗文化通识教育体系

1. 打通课堂内外的限制、打通专业课与通识课的界限,形成具有学科融合性、技术参与性的高校非遗文化通识教育

传统的高校人文通识教育课程往往以课堂理论教学为主,这一方面受限

于选修课程人数较多,活动相对难以组织开展等客观因素,但更多体现的仍然是高校人文通识教育课程设置的理念局限。高校非遗文化通识教育体系应充分体现"新文科"教育理念所强调的实践性、应用性等原则,从课程大纲的安排、教学内容的设置等方面,鼓励教师打通课堂内外的限制,加强非遗文化的实践性和应用性,鼓励教师带领学生走进"希望的田野",将非遗文化通识课程设置在广阔的文化土壤中,通过田野调查、文化考察、田间交流等形式,让学生在文化实地中感知、理解并研究非遗文化。另一方面,高校人文通识教育课程还应打通专业选修课与公共选修课之间的壁垒,实现从专业到通识再回到专业的非遗文化学习系统,将专业学习和非遗文化的通识学习相结合,将培养了解中华文化、认同中华文化的当代大学生作为专业人才培养的必备要求之一,才能真正实现以非遗文化为代表的中华优秀传统文化的传承与教育。

以高校民间文学类非遗文化通识教育课程为例。教务部门应引导人文通识教育课程教师建立以文化传承传播为"体",以实践应用和现代技术为"翼",形成提升文化自信、培养实践应用人才的非遗文化传承传播教育创新体系。具体来说,首先,要提升非遗类课程在加强学生文化自信方面的"课程思政"能力。从教学内容来看,非遗文化教学本身就蕴含着课程思政教育精神,是典型的、内在的课程思政。高校非遗文化通识教育平台旨在以课程思政教育为导向,从教学目标、课程设置、教学形式、考核形式等各环节渗透课程思政教育理念,通过对非遗文化的解读与交流,对非遗文化的普及与研究,实现课程思政教育目标。其次,非遗文化通识教育课程应解决文化类课程"重理论轻应用"的问题。传统的文学、文化类课程教学主要采取教师讲解、理论知识传授为主要目标的教学模式,一定程度上存在学生参与度较弱、死记硬背较多、理论知识难以转化的教学问题。因此,非遗文化通识教育课程应重视实践应用,强调课堂教学的实践性、学生的参与度、考核形式的多样性、理论知识的应用性,以及课外非遗文化实践、文化服务和文化研究,将非遗文化类课程教学延伸至现实文化语境,增强人文教学的现实性、应用性和服务性。此外,还要解决文化类课程"现代技术运用"较为薄弱的问题。受专业影响,文科教师和学生往往在形象思维和文字表达方面具有较为明显的优势,但在抽象思维和技术表达方面存在畏难思想和技术困难。非遗文化通识课程可与专业技术公司合作,建设"非遗文化传承与传播教学云平台",打开文科教学"云"思路;建设"非遗文化虚拟仿真实验教学项目",开启文科教学实验性;设置开放性、应用性强的多元考核形式,提升大学生现代技术运用能力。

2. 打通中外学生的选课机制,面向来华留学生开设非遗文化通识课程,提升中华文化走出去的教学能力

2018年,教育部颁发了《来华留学生高等教育质量规范(试行)》,明确规定"来华留学生应当熟悉中国历史、地理、社会、经济等中国国情和文化基本知识,了解中国政治制度和外交政策,理解中国社会主流价值观和公共道德观念,形成良好的法治观念和道德意识",这对高校国际人才培养提出了具体要求。驻镇高校特别是江苏大学,近年来坚持以国际化为学校发展战略,十分重视学历留学生招生和人才培养工作,留学生数量居江苏省前列,目前有2 400余名来自100多个国家和地区的留学生在校学习。此外,江苏大学每年还会承办教育部语合中心、江苏省教育厅、江苏省侨联等组织的来华留学生短期文化交流项目、海外华裔青少年"寻根之旅"项目、"亲情中华·为你讲故事"网上夏令营等文化交流项目,是驻镇高校国际文化交流的主要单位。尽管江苏大学目前面向来华留学生开设了部分人文通识课程,包括中国概况、汉语、跨文化交际、法学、中国历史等必修和选修课程。但是,尚未将来华留学生群体纳入到人文通识教育,特别是以非遗为代表的中华优秀传统文化通识教育体系之中,留学生可以修学的与非遗文化相关的课程相对较少。基于驻镇高校较多的来华留学生群体,我们认为高校应充分重视面向来华留学生进行的非遗文化传播教育,针对来华留学生的汉语水平及专业特点,专门设置来华留学生非遗文化通识教育课程,建构一个适用于留学生的高校非遗文化通识教育体系,系统的课程学习有助于进一步推动中国文化走出去以及中国国家形象的建构。

习总书记多次强调对中华优秀传统文化的创造性转化与创新性发展,当

代大学生作为中华优秀传统文化的主要传承人和传播者，面向其开展的非遗文化通识课程需统筹规划、协调发展，需进一步加强非遗文化教学的应用性与服务性，充分利用地域非遗文化优势和高校特色学科优势，真正使文化遗产"活起来"，真正让高校人文通识教育课程"活起来"，因地制宜地建构一个非遗文化高校通识教育体系。

关于非物质文化遗产融入
高校思想政治教育的思考

刘　捷①

摘　要　非物质文化遗产融入高校思想政治教育是推进"三全育人"、创新思政教育的重要举措。非物质文化遗产恰恰是中国精神最直观的载体，也是思政教育最好的素材。在当前各高校的思政教育体系中还存在教育体制、教学团队、教育资源、教学方法等方面的不足。但是通过对部分高校非遗传承活动的考察与借鉴，我们依旧可以对非物质文化遗产融入高校思政教育的现实路径展开有意义的探索。也由此，为非物质文化遗产的传承提供新方案，为当代大学生提升文化自信、弘扬中国精神提供新方案，也为如何善用"大思政课"提供新答卷。

关键词　非遗　思政教育　三全育人　大思政课

党的十八大以来，以习近平同志为核心的党中央高度重视非物质文化遗产保护工作，多次对非物质文化遗产保护做出过重要指示批示；健全非物质文化遗产保护传承体系、加强各民族优秀传统手工艺保护和传承也成为了《中华人民共和国国民经济和社会发展第十四个五年规划和 2035 年远景目标纲要》中深入实施中华优秀传统文化传承发展工程的重要内容；而随着2021 年 8 月中共中央办公厅、国务院办公厅《关于进一步加强非物质文化遗

---

① 刘捷，文学博士，华东理工大学马克思主义学院讲师，主要研究领域为民俗学、中国民间文学、思想政治教育。

产保护工作的意见》的印发,又进一步强调了"非物质文化遗产是中华优秀传统文化的重要组成部分,是中华文明绵延传承的生动见证,是连结民族情感、维系国家统一的重要基础"①,并对加强分类保护、融入国家重大战略、促进广泛传播、融入国民教育体系等方面的工作提出了明确要求。可以说,在新时代的变革与机遇中,非物质文化遗产的保护并不是传承人个人的事业,而是关乎爱国主义思想与民族文化精神之传承的大事,其本身就与高校思想政治教育工作有着天然的联系,而且也应该通过融入高校思想政治教育工作来达到加大传播普及力度、提高保护传承水平的效果。因此,有必要对非物质文化遗产融入高校思想政治教育的重要意义、现实困境与实践路径进行深入的研究和探讨。

一、非物质文化遗产融入高校思政教育的重要意义

在《关于进一步加强非物质文化遗产保护工作的意见》中,对于非遗融入国民教育体系的问题,不仅要求"加强高校非物质文化遗产学科体系和专业建设,支持有条件的高校自主增设硕士点和博士点",同时也指出应该"加大非物质文化遗产师资队伍培养力度,支持代表性传承人参与学校授课和教学科研。引导社会力量参与非物质文化遗产教育培训,广泛开展社会实践和研学活动。建设一批国家非物质文化遗产传承教育实践基地。鼓励非物质文化遗产进校园"②。我们应该注意到,这一对非遗进校园工作的倡导,是在"三全育人"理念于各高校不断深化推进的大背景下提出的,更是在新时代善用"大思政课"的思政教学新要求不谋而合,有着重要的现实意义。

2021年3月6日,习近平总书记在看望参加全国政协会议的医药卫生界教育界委员时,从武汉抗击新冠肺炎疫情的斗争讲起,强调"'大思政课'我们

---

① 《中办国办印发意见:进一步加强非物质文化遗产保护工作》,《人民日报》2021年8月13日。
② 《中办国办印发意见:进一步加强非物质文化遗产保护工作》,《人民日报》2021年8月13日。

要善用之,一定要跟现实结合起来"①。这种"大"绝不是教室的大、规模的大,而是内容形式上的大。无数鲜活的实践、生动的现实中都蕴含着理论之源、信念之基、是非之度、情怀之根,蕴含着丰富的教育元素;当我们能够自觉地将其中的教育元素挖掘出来、整合起来,运用于立德树人的过程之中时,它们便会成为极具教育效力的"大思政课"②。而非物质文化遗产的传承历史、创新保护本身,就是这样极具教育效力的鲜活实践与生动现实。

实现中华民族伟大复兴的中国梦,必须弘扬中国精神,非物质文化遗产恰恰是中国精神最直观的载体。经过数千年来的历史发展,中国人民的勤劳与智慧培育了独具魅力的中国精神,伟大创造精神、伟大奋斗精神、伟大团结精神、伟大梦想精神共同构成了对中国精神内涵的系统阐释,而非物质文化遗产正在传承着这些宝贵的精神基因。虽然不及"四大发明"那样有着改变人类文明进程的重要贡献,但是像源于宋末元初黄道婆自崖州带回之纺织技艺的乌泥泾手工棉纺织技艺、源于清朝康熙年间安徽歙县岩寺镇曹素功所开创的墨锭制作技艺、源于清代光绪六年上海浦东张江镇的钱万隆酱油酿造技艺等非遗项目,依旧作为独具特色的传统技艺,满足我们衣食住行的需要,在传承"大国匠心"的同时,体现了中华民族伟大的创造精神。虽然没有像李大钊、陈树湘、钱学森、焦裕禄那样真真切切的革命奋斗事迹,但像格萨尔中岭国英雄降伏妖魔、救护生灵的英雄赞歌,像苗族古歌中所记述的苗人先祖拓垦田土、辗转迁徙的艰辛奋斗史,还有精武武术、中医诊疗等民族技艺也都是中华民族发扬伟大奋斗精神后的经验总结。时至今日,从国家到区县,非遗名录和传承人的认定早已惠及全国各地、兼顾各民族的文化传承与保护;无论是壮族的史诗布洛陀,还是蒙古族的长调民歌,亦或是藏族唐卡,可以说非物质文化遗产的保护名录本身就是中华民族伟大团结精神的最好见证。而开天辟地的盘古神话、炼石补天的女娲神话、遍尝百草的神农传说、治理山河的大禹传说等等非物质文化遗产,也都寄托着中华先民认识宇宙、改造自然的伟

---

① 《"大思政课"我们要善用之(微镜头·习近平总书记两会"下团组"·两会现场观察)》,《人民日报》2021年3月7日。
② 沈壮海:《"大思政课"我们要善用之:思考与探索》,《思想政治教育研究》2021年第3期。

大梦想精神,并依旧鼓舞着中华民族向着实现伟大复兴的中国梦不断前行。

实现中华民族伟大复兴的中国梦,必须弘扬中国精神。而非物质文化遗产恰恰最能够以其厚重的历史、鲜明的特色帮助当代大学生树立以爱国主义为核心的民族精神,同时又可以将当代非遗传承人们为保持非遗之"活态"而不断探索创新的真实事例来向大学生说明以改革创新为核心的时代精神。应该说,将非物质文化遗产有效融入高校思政教育体系中,可以大大帮助学生们更好地树立民族精神,从而自觉承担起新时代的使命和职责、自觉生发出中华民族的文化自信。当然,随着中华优秀传统文化不断融入高校思想政治教育,非物质文化遗产的价值也在不断地得到正视。甚至可以说,认识非物质文化遗产、传承非物质文化遗产就是思想政治教育的题中之意。但是也不得不承认,非物质文化遗产融入高校的实践还处于不断探索的过程中,还有许多问题和困难有待解决。

二、非物质文化遗产融入高校思政教育的现实困境

2004 年 8 月,第十届全国人民代表大会常务委员会第十一次会议决定批准于 2003 年 11 月 3 日在第 32 届联合国教科文组织大会上通过的《保护非物质文化遗产公约》;2006 年 6 月,国务院公布第一批国家级非物质文化遗产名录;2011 年 2 月,《中华人民共和国非物质文化遗产法》颁布;再到 2021 年8 月中共中央办公厅、国务院办公厅发布《关于进一步加强非物质文化遗产保护工作的意见》;中国的非物质文化遗产保护事业处于稳步向前、系统发展的阶段。但与目前高校中许多历史悠久的研究领域相比,非物质文化遗产的研究与保护还是一门相对年轻的学问,这也造成了非物质文化遗产融入高校思政教育的许多现实困境。

第一,部分高校非物质文化遗产研究团队的建设滞后,造成了非物质文化遗产难以有效融入高校思政教育的困境。对于许多以理科、工科见长的高校而言,本身社会科学、人文科学的学科建设就存在一定的不足,甚至没有人文或艺术类的相关院系,没有民俗学学科点、没有非物质文化遗产保护的相

关专业和相关课程的现象也是屡见不鲜。当然一个专业的开设、一个学科点的建立都不可能一蹴而就,作为缓解相关课程资源不足的一种方式,部分高校往往会采取专题讲座的形式,挖掘本校内部有相关学术背景的教师或者邀请校外非遗研究专家来进行授课。但这种专题讲座往往只能就非物质文化遗产某方面的问题进行浅尝辄止的介绍,很难真正达到价值引领、人格塑造的教育目的。

第二,在部分配备非物质文化遗产相关研究与教学师资力量的高校,相关课程的课程思政建设也有待完善。非物质文化遗产虽然是不同民族、不同地域最具代表性的优秀传统文化,但绝大部分仍处于衰落甚至濒危的境地,面临着传承危机。在现有的高校学科体系中,社会学、民俗学、艺术学、文学等学科的相关院系都会开设非物质文化遗产的相关课程。但最重要的并不仅仅是这些专业课程开设了多少,而是有没有把非物质文化遗产中所蕴含的中国精神提炼出来,有没有把人类优秀传统文化中的当代价值与世界意义弘扬出去,有没有切实提高当代青年保护和传承非物质文化遗产的意识,有没有增强文化自信,进而树立正确的历史观、民族观、国家观与文化观。这些都需要相应的任课老师,不断提高课程思政的深度和精度后方能达成。可是纵观当下大多数高校的非物质文化遗产相关课程,往往在课程体系、方法体系和教学体系上一味地偏重于专业知识的传授,在课程思政的建设上还有很大不足。

第三,非物质文化遗产的传承主要依靠社会力量、特别是各地的非遗传承人,学校如果不能进行系统化的资源整合,那么就不可能在非遗传承和非遗融入思政教育上形成合力。一方面,非物质文化遗产的教育需要社会力量的参与,无论是专题讲座还是系统的课程,非物质文化遗产的保护和传承问题都需要相关传承人的现身说法,更需要让学生亲身体验非物质文化遗产的制作工艺或传承方式。而另一方面,社会力量的参与需要学校党委为首的各部门统筹协调,解决好诸如传承人以什么方式参与课程建设、专业教师和思政教师如何与传承人一同制定课程思政方案、如何参与建设非物质文化遗产的教育和传承基地、能否使用学校的数字化设备对非物质文化遗产进行保护等等问题,都不是一两名专业教师可以解决的。但就当下国内各高校对非物质文化遗产的重视程度而言，很难做到学校党委、马克思主义学院、民俗学等专业院系、团委、学工部、后勤处等各单位的协同育人，资源的整合与系统分配仍是一大难题。

第四，当代大学生对非物质文化遗产的关注度低，在浮华喧闹的社会文化环境下很难在短时间内提升对以非遗为代表的中华优秀传统文化的认同度。随着互联网时代信息媒介的便利以及各地日益推进的城市化进程，大学生接触的信息越来越丰富而复杂，感官也长期收到各种视频、游戏的刺激。在较为混乱的信息接受环境下，很多学生对于非物质文化遗产没有很深刻的认识，对于国家颁布的有关非遗文化保护以及传承的法律法规也没有基本的了解，甚至很多大学生受到一些不良的外来文化的影响，对非物质文化遗产，甚至中华优秀传统文化缺少认同感和自信心。这也是我们在深化思想政治教育、树立文化自信的道路上需要长期面对的问题。

三、非物质文化遗产融入高校思政教育的典型案例

虽然非物质文化遗产融入高校思政教育还面临着这样或那样的困境，但我们已经能够通过许多高校的探索与奋斗看到了走出困境的希望。正如某些学者总结的："以传承实践的主体为线索，中国高校非遗传承大致经历了三个阶段，分别是以教师为主体、课堂传承为核心的理论准备阶段；以学生为主体、校园传承为核心的多点发展阶段；以学科为主体、社会传承为核心的文化服务阶段。"[①]在此，我们不妨以华东师范大学的非物质文化遗产相关研究与保护工作为例，考察非物质文化遗产融入高校思政教育的诸多可能性。

华东师范大学海上风民俗学社于 2008 年成立，社会发展学院人类学与民俗学研究所于 2009 年成立，民俗学家田兆元教授既是学生社团的指导教师，又是研究所的第一任所长，在他的带领下，非遗课堂逐渐打通了理论研究与社会实践之间的壁垒，非物质文化遗产的保护与传承不再局限于课堂的讲

---

① 孙正国：《十余年来中国大学"非遗"传承的实践形态》，《文化遗产》2017 年第 1 期。

授,而开始以校园为平台凝聚各方资源、辐射社会影响。以端午游园会为例,为了传承和弘扬"端午民俗"这一国家级非物质文化遗产,自 2009 年开始,华东师范大学每年都会举办端午游园会,游园会的活动内容包括行街表演、屈原情景剧、白蛇传情景剧、点雄黄体验、打莲湘体验、划旱船体验、舞龙表演、端午诗会等等,使得全校师生都能在校园中对端午节的各项习俗进行观摩或体验。活动的每一次举办,都离不开民俗学专业的学生们的策划、筹办和参与,而校园中不同国籍、不同民族的学生也都因此沉浸在浓浓的民俗文化氛围之中。可以说,端午游园会就是非物质文化遗产保护课程的一种延伸,不但让学生们实践了非物质文化遗产保护与传承的过程,而且扩大了端午民俗这样的国家级非遗的影响,使其真正地"活了"起来。而最难能可贵的是,以这样的活动为契机,校内校外形成了非遗保护与思政教育的合力。以 2013 年的端午游园会为例,当年的主题是"体验传统文化,添彩校园生活",主办单位是华东师范大学社会发展学院和长宁区文化局,承办单位则有华东师大社发院团委、民俗学研究所、海上风民俗学社和长宁民俗文化中心,长宁民俗文化中心的民间文艺工作者成了传授学生打莲湘、舞龙、划旱船等民俗活动的老师,而东方网等媒体也对此次活动进行了报道,形成了非遗课堂与校园生活、与社区文化、与社会舆论之间的密切联系①。

华东师范大学的清明节日文化祭祀活动,则更能凸显非物质文化遗产与学校思政教育紧密融合、并且由点及面地不断扩大影响的可能性。自 2014 年开始,由华东师范大学社会发展学院主办、华东师范大学民俗学研究所和华东师范大学非遗传承与应用研究中心指导、海上风民俗学社承办的清明忆师大先贤祭祀活动在每年的清明节举办,师生们为老校长孟宪承的雕像戴柳、进香、奠酒、献花,并诵读祭文,共同感悟孟先生之志向和博大的教育理想:智慧的创获、品性的陶熔、民族和社会的发展;还会结合大夏大学迁校碑碑文领略创业先贤的艰辛、传承校园之文脉。这就将作为非物质文化遗产的清明节

---

① 田兆元、游红霞:《高校社区节日文化的构建与民俗学学科发展研究》,《文化遗产》2017 年第 2 期。

俗,升华到了学校精神、中国精神的层面;将中国特色社会主义核心价值观,融入到了沉浸式的身体体验中;将非物质文化遗产与思想政治教育有机融合到了一起。不仅如此,自2015年开始,华东师范大学联合华中师范大学、江苏大学、山西大学等八所高校,发出清明节"纪念大学大师,继承传统文化"的倡议;之后北京师范大学、中山大学等高校又陆续加入,使得高校清明文化联盟已经扩大至二十余所高校,实现了以高校联盟的模式对清明节日文化进行建构性传承①。同时,这也证明了非物质文化遗产融入学校思想政治教育的工作,是可以通过具有"共性"的主题、结合不同学校(或区域)的"特性",而不断复制、推广的。

另外,华东师范大学以民俗学研究所为主体建设为"楹联习俗"的非遗保护传承单位以及上海高校优秀传统文化传承基地,在开展非物质文化遗产相关研究的同时,还积极参与"文化部、教育部中国非物质文化遗产传承人群研修研习培训计划",积极为来自五湖四海的非遗传承人提供理论提升、思维碰撞、不断创新的平台。参与"民俗文献与民俗生活"课程的师生们还定期与普陀区回民小学展开实践合作,通过书写楹联、手绘汉服文饰、体验扎染制作、体验三月三节俗等活动。田兆元教授及其弟子们还长期在《少年文艺》杂志上以专栏的形式,向广大少年读者介绍中国各地的非物质文化遗产及民俗典故。可以说,华东师范大学在推进非物质文化遗产融入高校思政教育的过程中已经不断扩大了影响力,达到了大中小思政教育一体化、研究与传承相融、校园与社会相融的效果。虽然在不断探索和发展的过程中并非尽善尽美,但这一经典案例仍旧为我们归纳物质文化遗产融入高校思政教育的现实路径提供了宝贵的经验和有益的启发。

三、物质文化遗产融入高校思政教育的现实路径

高校通过采取切实有效的路径将有丰富教育资源的非物质文化遗产融

---

① 田兆元、刘慧:《高校联盟模式下的节日文化谱系建构——以清明祭祀为例》,《长江大学学报》(社会科学版)2017年第6期。

入思想政治教育,既是对非物质文化遗产的传承、保护和发扬,也能够为高校思想政治教育创新内容与方法,不断促进学生的全面发展。要做好这一工作,还需要通过不断深化"三全育人"理念,不断探索现实可行、行之有效的路径。笔者根据多年非物质文化遗产研究与思想政治教育的经验,认为以下几方面是可以进行实际尝试的。

首先,需要贯彻"大思政课"理念,不断完善高校思政教育体系。2019 年8 月,中共中央办公厅、国务院办公厅印发了《关于深化新时代学校思想政治理论课改革创新的若干意见》,其中明确提出要推动建立高校党委书记、校长带头抓思政课机制,将高校党委书记、校长作为思政课建设第一责任人。所以在非物质文化遗产融入思想政治教育这个问题上,首先需要以高校党委的清醒认识和顶层设计为前提,形成合力。高校应当普遍建立党委统一领导,马克思主义学院积极协调,教务处、宣传部、学工部、团委、研究生院等部门密切配合的思政工作体系,在制度上为非物质文化遗产融入思想政治教育创造有利条件。比如可以以非物质文化遗产为载体推进不同课程的课程思政,可以引入传统美术、传统音乐、传统戏剧等方面的非遗项目,充实校园美育课程;可以引入传统技艺、民俗等方面的非遗项目,充实校园的劳动教育课程。甚至可以从思政课或非遗相关的专业课中划出一定的学分,用于实践教学。引导学生们主动投身到非物质文化遗产的调查、保护或传承中去,在对家乡、对祖国、对传统文化的新认识中践行社会主义核心价值观。

其次,各高校可以因地制宜地推进思政课课程内容建设,通过非物质文化遗产的案例来加大思政课教学资源的供给。正如前文所述,非物质文化遗产的保护与传承蕴含着我们坚持中国道路、弘扬中国精神、凝聚中国力量的丰富素材,思政课本身就不应该忽略这些素材,而应该通过思政教师与专业团队的集中研讨、集中培训、集中备课,来把非物质文化遗产的相关素材充实到思政课程中去。例如"中国近现代史纲要"可以基于四史教育,从非物质文化遗产的历史价值和坎坷命运来阐释"四个自信"的重要意义;"马克思主义基本原理"则可以从认识论和方法论的维度出发,阐释非物质文化遗产背后中华民族独特的文化逻辑,不断厚实中华优秀传统文化的理论根基;"毛泽东思想和中国特色社会主义理论体系概论"课则可以突出马克思主义中国化进程中非物质文化遗产的与时俱进，特别是以非物质文化遗产的保护为例，从实践进展的维度诠释习近平新时代中国特色社会主义思想的时代价值；"思想道德与法治"则可以从人生观、价值观、道德观、法治观等各个方面出发，从情感和价值维度阐释非物质文化遗产与社会主义核心价值观之间的关系。在素材和案例的选择中特别应该注意不要千篇一律、人云亦云，不同省、市、自治区的高校，可以结合当地的非物质文化遗产案例展开与思政课程内容的融合，更有效、更细腻地培育学生的家国情怀。

另外，各高校还可以在全面推进"三全育人"的工作进程中，不断完善非物质文化遗产融入思政教育的体制机制。除了思政课、专业课相关理论讲述的"第一课堂"之外，如何在教学设计、课程考核、创新创业等方面充分发挥非物质文化遗产在"第二课堂"的作用，是非遗融入思政教育的关键问题。比如在学校党委、团委、学工部、教务处等部门的配合以及专业教师的协调下，可以与非遗传承人合作，建设学生实践基地，使得校内外资源得以形成合力，实现"全员"参与的非遗保护及思政教育。也可以将相关的调查、研究、实践，特别是非物质文化遗产相关技艺的学习、传承、创新，作为课程的平时成绩，不再局限于理论答题，实现对课程学习的"全过程"考核。还可以依托学生社团，在将非物质文化遗产请进校园，在校园中展开各种非遗体验活动；同时还可以走出校园，将在学校中所学到的非遗保护知识辐射到不同社区，推进"全方位"的思政实践。另外还可以鼓励学生参与制作非物质文化遗产的影像资料库，用 VR 仿真技术等数字化手段保护非物质文化遗产；鼓励学生走进中小学，学以致用，使非遗助力思政教育的大中小一体化进程；鼓励学生基于非物质文化遗产的传承开展创新创业项目，真正学以致用、探索创新等等。

结　语

正如习总书记所强调过的："增强做中国人的骨气和底气，让世界更好认识中国、了解中国，需要深入理解中华文明，从历史和现实、理论和实践相结合的角度深入阐释如何更好坚持中国道路、弘扬中国精神、凝聚中国力量。"①立德树人是各高校的根本使命，思想政治教育是立德树人的中心环节，而非物质文化遗产作为中华优秀传统文化的一部分，正是是立德树人的最好素材。非物质文化遗产的保护与传承，正是我们从历史和现实、理论和实践相结合的角度深入理解中华文明的最佳途径，也是我们坚持中国道路、弘扬中国精神、凝聚中国力量的必然选择。所以说，非物质文化遗产的保护与传承，有着与思想政治教育天然的共生关系。虽然各级政府都有对非物质文化遗产及其传承人的相关资金和政策扶持，但在微信、抖音等新媒介影响下的当代社会，要让非物质文化遗产保持"活力"，还需要青年人的认同与传承。而通过非物质文化遗产融入高校思想政治教育，恰恰能够保证广大青年学子广泛认知非物质文化遗产的非凡魅力、领略其中所蕴含的中国智慧与中国精神。这一方面能够促进学生更好地认识中华优秀传统文化、牢固树立"四个自信"，另一方面也可以为非物质文化遗产的创新性保护培育更多、更优秀的接班人。

---

① 《习近平给〈文史哲〉编辑部全体编辑人员回信》，《人民日报》2021 年 5 月 11 日。

江南水乡古镇"非遗进校园"的美育路径及其课程实施调研报告①

徐耘春②

摘　要　江南水乡古镇丰富的非物质文化遗产中蕴藏着可促进现代社会发展的智慧。通过学校美术课程,开展融入非遗的美术教学实践活动,有利于当代儿童与青少年了解江南水乡古镇的优秀传统文化,增强文化自信,激发家国情怀,逐步树立保护、继承非遗并发展社会主义新文化的志向。本研究对江浙沪三个省市的水乡古镇非物质文化遗产项目、非遗美术教材课例、非遗美术课程等进行调研,梳理江南水乡古镇"非遗进校园"的美育路径与课程实施现状,分析其存在的困境,提出课程与教学实施的可行性建议。

关键词　江南水乡古镇　非物质文化遗产　美育

一、研究背景

（一）江南水乡古镇"非遗"的传承与保护是国家发展战略的重要组成部分

非物质文化遗产是中华优秀传统文化的重要组成部分,是中华文明绵延

---

①　基金项目:本报告系 2022 年度上海市教育科学研究一般项目《美育视域下"社会＋高师教育＋基础教育"一体化的非遗传承与发展的协同育人模式研究》(项目编号:C2022383)与2021 年度上海市级高校重点课程《美术论文写作》阶段性成果。

②　徐耘春,美术教育学博士,上海师范大学美术学院讲师、上海师范大学基础美术教育研究中心研究员,主要研究方向:学校美术教育、非物质文化遗产美术教育、美术鉴赏及其教学等。

传承的生动见证，是连结民族情感、维系国家统一的重要基础。保护好、传承好、利用好非物质文化遗产，对于延续历史文脉、坚定文化自信、推动文明交流互鉴、建设社会主义文化强国具有重要意义。2020 年 11 月，《中共中央关于制定国民经济和社会发展第十四个五年规划和二〇三五年远景目标的建议》中明确要求："传承弘扬中华优秀传统文化，加强文物古籍保护、研究、利用，强化重要文化和自然遗产、非物质文化遗产系统性保护，加强各民族优秀传统手工艺保护和传承。"但是大多数非遗项目没有被给予足够关注，且极少被纳入到地方非遗美术课程中。

长三角地区历史文化悠久，有着丰富的水乡古镇资源，每一个古镇都有体现当地特色文化的非物质文化遗产，挖掘、传承与保护好江南水乡古镇的非物质文化遗产是传承创新江南文脉、推动江南文化乃至长三角文化一体化发展战略实施的重要组成部分。2019 年 12 月中共中央国务院印发《长江三角洲区域一体化发展规划纲要》中要求"推动文化旅游合作发展，继承发扬优秀传统文化，共同打造江南文化等区域特色文化品牌……加强重点文物、古建筑、非物质文化遗产保护合作交流。"江南水乡古镇孕育了丰富的非物质文化遗产，古镇非遗作为一种特殊的文化符号，为江南地区塑造了人文地理意义上的整体形象，也为长三角一体化高质量发展打下了历史认同的基础。

（二）开展"非遗进校园"美育课程与教学实践具有重要价值与意义

2021 年 8 月中共中央办公厅、国务院印发《关于进一步加强非物质文化遗产保护工作的意见》中明确要求健全非物质文化遗产保护传承体系，需要完善区域性整体保护制度，要求加大非物质文化遗产传播普及力度，融入国民教育体系，构建非物质文化遗产课程体系和教材体系，在中小学开设非物质文化遗产特色课程，鼓励非物质文化遗产进校园。同年，教育部发布《中华优秀传统文化进中小学课程教材指南》指出应当充分发挥中小学课程教材承载的中华优秀传统文化教育功能。在艺术课程方面以优秀艺术作品以及特色技艺为主要载体，用以提高审美与人文素养，坚定中华文化立场，提升文化艺术传承能力与创新能力,增强民族自豪感。

在长三角地区江南水乡古镇丰富非物质文化遗产中蕴藏着可促进现代社会发展的智慧。通过学校美术课程,开展融入非遗的美术教学实践活动,有利于当代儿童与青少年了解长三角地区的优秀传统文化,增强文化自信,激发家国情怀,逐步树立保护、继承非遗文化并发展社会主义新文化的志向,讲好家乡故事,赓续中华民族的根与魂,坚守中华民族的共同理想信念。

二、国内外研究现状述评

为全面了解关于古镇文化融入学校课程的相关学术研究成果,本研究以"非遗进校园""非物质文化遗产""古镇非物质文化遗产""美术课程""教学策略""学生核心素养提升"等为主要关键词,对国内外相关文献、地方非遗美术课程与教学案例进行研究。

联合国教科文组织《保护非物质文化遗产公约》(2003)《保护世界文化和自然遗产公约》(1972)《世界遗产教育手册》(2013)和世界遗产委员会《世界遗产青年教育苏州宣言》(2004)中都强调要采取措施,通过教育的方式来传承非物质文化遗产,确保非物质文化遗产的生命力。我国从 21 世纪才开始意识到学校教育的作用。从各类期刊文献可以看出非遗进入中小学美术课程的教学研究逐渐从无到有,并且成为各类学校的热点课题,部分学者已经开展一定的现行研究,但总体来说还存在较大的不足。

(一)学校美术教育传承江南水乡古镇"非遗"可行性路径研究亟需增强

近年来,随着《中共中央关于制定国民经济和社会发展第十四个五年规划和二〇三五年远景目标的建议》《中华优秀传统文化进中小学课程教材指南》等政策文件的颁布实施,国家大力提倡"非遗进校园"进课程教材,明确了学校教育是非常重要的非遗传承途径,对于中小学生了解中华优秀传统文化、提升文化认同与家国情怀、人文底蕴等核心素养具有起到重要作用。

但国家政策文件对于"非遗进校园"在课程与教材建设的内容、方法、评价标准上缺乏顶层设计上的指导,特别是对于以学校美育为视角传承非遗的路径研究不足。目前同类研究以美术教学设计与散状式的课程案例研究最多,现有研究中提出的地方"非遗进校园"过多聚焦于开展特色校本课程与创设校园文化环境两种途径,"非遗进校园"政策缺乏完整的美育课程教材体系支持,也没有良好的评价方法来验证课程学习的有效性。

同时,同类研究对于江南水乡古镇的资源挖掘更多聚焦于有形文化遗产(名人、建筑)等方面,对于古镇内无形文化遗产——水乡古镇非遗资源的挖掘关注度不够,在古镇非遗保护与传承的理论研究、方法研究也相对较少,周边学校对于江南水乡古镇非遗资源挖掘与美育课程教材开发亟待增强。

(二)江南水乡古镇中小学"非遗"课程教学与推广存在诸多困境

当前中小学在政策落实、学校教学、传播推广方面仍存在不足。研究发现教学中对各类课题研究缺乏一定的针对性和深入性。首先,课例以单课和小单元居多,然而系统性的项目化学习研究与课程案例较少,其次,当前国内同类研究中没有覆盖1~9年级的非遗系列美术教材、缺少江南古镇非遗美育课程内容与教学方法、也缺乏非遗课程学习评价标准的研究,在古镇水乡非遗的推广除了将非遗传承人引入学校外,没有"走出去"与社会资源进行对接的策略,同时也没有很好地利用"互联网+"教育的特点,非遗推广的方法与路径不足。

(三)江南水乡古镇"非遗"类美育课程体系构建与教学策略研究不足

研究发现江南水乡古镇美育课程在课程体系建构与教学策略上首先应当树立正确的非遗传承观、其次是要确认各年级非遗美术学习的目标,论证美育途径传承非遗实施的可行性,进而确立课程教材内容与学习评价的标准,现有研究更多存在于理论于建议探讨中,并没有进行理论的落地性研究,对于合理构建1～9年级一贯制的非遗美育课程体系、教学实施方法以及学习评价标准的策略研究,特别是结合当前"互联网＋"、新媒体、信息技术开展学校非遗美育课程与活动的方法、途径的研究非常缺乏。

(四) 非遗传承从单纯知识技艺向全方位、有深度的传承进行转向

研究发现当前学术界对于非遗的关注热点从"传承非遗的重要性"向"如何将非遗有深度地传承"进行转变。"如何将非遗有深度地传承"是项目的灵魂,不是"一阵风"式的热度,不是将非遗文化教学停留在技艺的模仿,而是要实实在在融入学校教育体系中,融入到校园环境、教学课堂和学生头脑中,强调让学生明白每一项非遗背后的缘由与意义,并且要用传统技艺表现学生熟悉和感兴趣的内容的同时也要求用非遗传承的匠人精神打动学生,激发学生的非遗保护与传承意识,使学生能够主动投身于保护与传承非遗的事业中去才能有效实现其保护和传承意义。

三、调查研究方法与问题

(一) 样本选择与调研设计

本研究采用实地调研法分别对上海、浙江、江苏三个省市的16个水乡古镇、29所中小学和8个非遗工作坊进行考察;选取了江浙沪地区美术教研员、全国美术教育权威专家、高校教师、基础领域教育专家、古镇的非遗传承人以及上海、浙江、江苏各大江浙沪地区美术教师为对象进行访谈,共计22人;问卷调研了上海、江苏、浙江三省市共286名中小学教师与1 620名学生;同时还对义务教育阶段全国、上海、江苏、浙江五个版本美术教科书(1～18册)1 834课中的105课非遗主题课例进行了统计分析;最后,对2018年以来江浙沪三个省市教育部门、文化部门、宣传部门以及地方电视台官方联合拍摄制作的42节上海的海派非遗空中美术课程、5节杭州中小学名师非遗美术课程以及10节江苏非遗名家微课程进行观察、比较与分析(图1至图5)。

图 1　采访乌镇竹编传承人钱金明

图 2　采访乌镇文化旅游公司负责人

图 3　采访乌镇植材小学彭校长

图 4　采访上海帕丁顿双语学校小学唐校长

图 5　采访中小学生

(二)调研目标与问题

1.政府、教育主管部门维度

了解国家对于"非遗进校园"的政策支持及三个省市古镇"非遗进校园"的整体现状、优点与瓶颈。

2. 美术教师、基础教育专家维度

了解中小学非遗美术课程的现状、实施现状与改进措施。

3. 中小学生维度

了解学生对古镇非遗的学习情况、认知度、意愿度以及相关"非遗课程进校园"的期望度。

4. 非遗传承人维度

了解江浙沪三个省市古镇非遗文化保护与传播现状以及对于古镇"非遗进校园"的途径与课程教学现状。

5. 中小学美术课程维度

通过对现行义务教育美术教科书中的非遗课例与线上线下中小学美术非遗课程案例的分析,从各省市教委、学校、校外青少年活动机构等三方面深入了解江浙沪地区中小学江南水乡古镇"非遗进校园"美术课程的现状、优点与不足之处。

四、调查研究结果分析

(一)教师对江南水乡古镇"非遗"课程的期待度及重视程度高

多重分析结果显示江浙沪地区学校教师对古镇非遗课程的重视程度存在显著性差异,江苏地区的教师认为学校对当地古镇非遗课程的重视程度高于上海和浙江两地,当地学校会组织更多与古镇非遗相关的活动(见表1);不同年级的教师对古镇非遗的认知程度没有显著性差异,但在深入访谈过程中可以了解到,小学低年级阶段(1~3年级)的老师更愿意开发关于相关课程。

表1 不同地域学校教师对江南水乡古镇"非遗"课程的重视程度事后多重分析

(I)地域	(J)地域	平均值差值(I-J)	标准误差	显著性
浙江	上海	− 0.129*	0.171	0.000
	江苏	− 0.170*	0.112	0.000

续表

(I)地域	(J)地域	平均值差值(I-J)	标准误差	显著性
上海	浙江	0.129*	0.171	0.000
	江苏	-0.412*	0.111	0.000
江苏	浙江	0.170*	0.112	0.000
	上海	0.412*	0.111	0.000

师资是非遗教育的核心,江苏、上海、浙江三地的教师在古镇非遗美术课程的开展上持支持的态度,其中86.7%的教师表示学校能给予教师更多时间进行美术课程资源的开发;66.7%的教师期望能组建美术课程资源开发团队,60%的教师表示需要补充对美术课程资源开发和利用的理论认识;46.7%的教师希望教研人员对美术课程的开发和利用指导的占46.7%。部分教师已经尝试开展了大量的非遗美育资源特色课程,并尝试挖掘古镇中的非遗资源,将活动办的有特色,也有极个别教师自主设计学材,将国本课程校本化。根据当前美术教师的教学能力,中小学教师希望高等师范院校在未来培养教师实现古镇非遗课程开发时能在美术史等学科中加大对传统文化的开发和利用能力,为实现古镇非遗文化进校园美育体系起到更大的帮助。

(二) 中小学生对江南水乡古镇非遗有进一步了解的意愿

不同地域、性别、年级的学生意愿水平差异显著,但总体呈积极性趋向,具体来看江苏省中小学生学习古镇非遗的热情最高,上海则最低;性别因素来看江苏省女生表现出浓厚的兴趣;年级因素来看小学高年级学术学习非遗文化远高于小学低年级与初中学段。

项目组发现江浙沪三省市中小学学生对学习当地古镇非遗的意愿水平分布情况呈中间多、两端少的特征(见表2),说明大多数学生还是对学习当地古镇非遗充满一定的热情程度,愿意积极投入到当地古镇非遗文化的学习之中。

表2 学生学习当地古镇"非遗"的意愿水平分布(人数及百分比)

意愿水平情况	上海市	江苏省	浙江省	合计学生人数
水平5 (非常愿意)	294(59.9%)	286(47.6%)	275(55.9%)	855
水平4 (比较愿意)	98(20.0%)	158(26.5%)	69(14.0%)	325
水平3 (一般)	44(9.0%)	52(8.5%)	89(18.1%)	185
水平2 (不太愿意)	34(6.9%)	82(13.6%)	44(8.9%)	160
水平1 (不愿意)	21(4.2%)	23(3.8%)	15(3.1%)	59
合计	491(100%)	601(100%)	492(100%)	1 584(100%)

通过进一步描述性统计分析可知,从意愿水平的平均值来看,江苏省的中小学生对学习非遗文化的热情最为热切,达到了4.36(0~5分),略高于上海、浙江两地的意愿水平均值(3.98与4.29);上海市中小学生对学习古镇非遗文化意愿水平略低于平均值,但仍维持较高的水平。总之,从学生意愿水平的描述性统计指标来看,不同省市的中小学生对学习非遗都具有较高的热情(见表3)。

表3 学生学习当地古镇"非遗"意愿水平的描述性统计

班级	人数	均值	标准差	标准误差	极大值	极小值
上海市	491	3.98	0.93	0.17	5	0.5
江苏省	601	4.36	1.07	0.19	5	0.5
浙江省	492	4.29	0.77	0.13	5	0.5
总体	1 584	4.22	1.00	0.09	5	0.5

从地域角度出发,通过方差分析显示上海市、江苏省、浙江省的学生在认知能力发展水平上存在显著性差异。上海与江苏、上海与浙江、浙江与江苏

两两组间显著性值均小于 0.05(见表 4),说明江浙沪三地中小学生间对学习非遗的意愿水平存在显著性差异。不同地域、性别、年级的学生意愿水平差异显著,但总体呈积极性趋向。

表 4　年级特征的事后多重分析

(I)地域	(J)地域	平均值差值(I-J)	标准误差	显著性
上海	江苏	- 0.38*	0.118	0.010
	浙江	- 0.31*	0.127	0.023
江苏	上海	0.38*	0.118	0.010
	浙江	0.07*	0.112	0.042
浙江	上海	0.31*	0.127	0.023
	江苏	- 0.07*	0.112	0.042

从年级角度出发,中小学生对学习当地古镇非遗意愿在年级维度存在显著性差异,小学高年级学段对古镇非遗学习意愿最为强烈,远高于小学低年级与初中学段,初中学段的学生较小学低年级、高年级这两个学段的热情都低。

五、江南水乡古镇"非遗进校园"美育 课程实施与推广的困境

通过调研,项目团队发现了目前国家与政府相关政策对古镇"非遗进校园"的支持力度大,在校园中已经达到一定的普及效果。不过在这一表面的背后,也发现了很多问题与实施中的瓶颈,主要如下:

(一)"非遗进校园"从美育角度传承与推广古镇非遗的多样路径不足

首先,政策与实际落实仍有差距,对外推广路径不足。仅仅靠一两次的教育活动并不能让中小学生真正了解到地方非遗的特色,在具体实施过程

中,政府还存在监管上不到位、在下属学校的考核和监管上存在一定难度、政府宣传的力度不够大等问题,因此在长三角地区古镇非遗的传承中社会参与程度低,活动开展并未形成长久突出的效果,全民非遗保护意识并未形成,没有"走出去"与社会资源进行对接的策略。

其次,"非遗进校园"美育路径较为单一,非遗的传承缺乏深度。调查研究显示,84.6%学校在"非遗进校园"的美育路径上以单一线下课程为主,只有15.4%的学校会采取非遗传承人进校园、线上线下课程、校园非遗艺术节等多样的方式向学生推广与普及当地的非遗知识,且均为上海地区的学校。大多数学校在美术课堂中仅仅只是简单地请非遗传承人来做1~2次活动或者上几节手工课,课程安排系统性、深入性不够,因此学生并未真正认同非遗的文化价值,对非遗的传承不关心,其文化传承的主体意识和自觉性逐渐减弱,致使非遗的传承面临着后继乏人的严峻局面。

再者,非遗美育课程与教材的顶层设计亟需完善。将"非遗进校园"的活动当成是学校的一张招牌,通过一学期一两次的特色美术课程来提高学校的知名度,并未将非遗传承作为学校的一项常规活动纳入课程教学体系,课程缺乏系统化的设计,学生难以从中掌握非遗知识与技能。国家提出要构建非物质文化遗产课程体系和教材体系,但目前教育部在开展"非遗进校园"的活动中并没有从顶层设计上对教材与课程体系的建设有明确的指导意见,各学校编写和研发的非遗美术校本学材呈现知识内容有广度、缺深度,课程结构零星、散状化的现状。因此,构建完整的古镇非遗美术课程体系,从顶层设计上解决非遗进校园实施过程中课程不系统、不深入、少方法、缺创新等问题就显得确有必要。

(二)长三角地区中小学古镇非遗美术课程数量少,课程体系与配套教材缺乏

2021年初,教育部发布了《中华优秀传统文化进中小学课程教材指南》指出应当充分发挥中小学课程教材承载的中华优秀传统文化教育功能。在艺术课程方面以优秀艺术作品以及特色技艺为主要载体,用以提高审美与人文

素养,坚定中华文化立场,提升文化艺术传承能力与创新能力,增强民族自豪感。近年来传统文化课程关注度高,但是,地方非遗美术课程在内容、质量等方面还存在很多不足,具体如下:

第一,长三角地区义务教育阶段的美术教科书中地方非遗课例数量少,内容缺乏逻辑、方法以单一知识技能为主,无法体现守正创新、五育融合的理念。

1. 课例数量少、类型单一

通过对长三角地区现行人美版、人教版、江苏版、浙美术版、上海教育版等5个版本的义务教育阶段美术教科书总共1 834个课例进行统计,结果显示与非物质文化遗产相关的一共有105个课例,其中与江南水乡古镇"非遗"有关的为13个课例,仅占总课例数的0.7%(表5)。

表5　中小学教科书的非物质文化遗产课例表

四个版本中小学教科书的非物质文化遗产课例总表

版本	册数	总课例数	非物质文化遗产课例
人民美术出版社	18	459	34
人民教育出版社	18	362	13
浙江人民美术出版社	18	353	24
江苏凤凰少年儿童出版社	18	344	16
上海教育出版社	18	316	18
总计	90	1 834	105

2. 课例结构缺乏螺旋形上升的梯度,对江南水乡非遗相关内容支撑度低

在5个版本中小学美术教科书中的105课非遗主题课例中,本报告围绕课例数量、课例内容以及课例深度进行分析,结果如下:

第一,课例中非遗的数量没有随着学段的增长呈现出递增式关系,所有的非遗课例都以单一的课程形式出现,课程零散;

第二,课例中非遗的内容没有做到广度与深度的结合,目前大多非遗课例内容都是大众熟知的非遗,如皮影戏、剪纸和泥塑等,忽视了小众的非物质

文化遗产;

第三,课例的编排结构没有呈现梯度增长的趋势,不同年级的非遗课例,没有体现出内容深度的纵向增长,在相同课程内容的前提下,高低年级的课例都只注重了非遗技法的学习,没有体现非遗的本质特征和价值意义。

为了更加深入了解江南水乡非遗,本报告在105课例中将与江南水乡非遗内容关联支撑度做了以下三种分类。105课例中低相关度课例有26课,中度相关课程有24课,而高度相关课例共有13课,完全符合江南水乡古镇非遗课程仅有2课。分类标准如下:

高相关度课例:整课课例内容都是介绍江南水乡古镇中某一项或几项非遗,江南水乡古镇非遗所占比重超过50%;

中相关度课例:课例中出现部分内容与图片江南水乡古镇非遗有关,江南水乡古镇比重为20%～50%;

低相关度课例:课例中仅有个别图片与江南水乡非遗有关,江南水乡古镇非遗比重为20%以下。

本报告选取浙美版二年级上册第六课《剪影》与苏少版三年级下册第二十课《小泥人》这两课进行说明,前者仅展示了非遗剪纸的图片,并没有深入介绍相关知识与技艺,也没有涉及古镇,因此这一课为低相关度课例;而后者则主要介绍了泥人这一非遗传统技艺,并重点说明了无锡惠山泥人的起源、技法、作品等,也展示了大量与惠山古镇泥人相关的作品图片,因此这一课为高支持课例(图6)。

图6　江苏版美术教科书三年级下册第二十课《小泥人》

由此可以看出现有的中小学教科书中课例在古镇非遗的数量、内容和深度上没有呈现出螺旋上升的梯度,其次课例与江南水乡非遗的关联支撑度低。从相关非遗的呈现方式上来看,仅以图片展示,并不能体现活态传承的理念,没有将传承现状和新颖的传承形式在教科书中体现。

另外,长三角地区中小学生对传统非遗类美术课程有较为强烈的需求,现有课程不能满足其需求。经过对 1 584 名学生调研后发现,学生对于地方非物质文化遗产的了解程度均低于 26%,学生有较少的机会去欣赏制作过程和参与体验活动,在将非遗文化将现代生活联系起来有困难,对于中小学生来说更为陌生和疏离。经过调研发现中小学生对于传统非遗类课程的期待度高,60.4%的学生表示非常期待传统非遗类课程,因此如何将活动形式变得更为丰富,与现代生活相连接,如何让青少年产生对于文化传承的责任感,这是学校、家庭、社会教育所要共同思考的。

再及,中小学美术教师受学习背景与自身知识能力所限,难以有效研发与开展高质量的江南水乡古镇非遗美育课程。接受调查的 22 位江浙沪地区的中小学美术教师中对古镇非遗类课程的期待值较高(64%),但仅有14%的教师能说出 2 种以上江南水乡古镇中的具体某一项非遗项目,对古镇非遗的认知非常缺乏。同时,在授课内容与形式上,美术教师多以单课方式开展,大单元的深入学习类课程很少,无法满足学生的学习兴趣与课程需求,也没有配套性的完整教材,再加之学校投入资源不足,因而课程有效性有待加强。

(三)"空中课堂"中的非遗主题课程对象针对性不明确、内容形式较为单一,学习方法缺乏互动

本研究对江浙沪三个省市 57 节非遗美术"空中课堂"在线课程所涉及的非遗门类统计后发现,传统美术类非遗课程占总课例的 68.4%;传统技艺类占总课例的 3.5%;传统戏剧类占总课例 8.8%%;传统舞蹈类占总课例的3.5%;民间戏曲类总课例的 12.3%。具体情况如下表 6 所示:

表6 江浙沪三地空中课堂中"非遗"类课程统计表

课程类型	课例总数	课时
传统美术	39	51
传统技艺	2	2
传统戏剧	5	6
传统舞蹈	2	3
民间戏曲	7	8
总数	55	70

首先,从课程的类型来看,大多数传统文化线上课程偏重传统美术类的非遗类型,而传统技艺、民间戏曲、传统戏剧及传统舞蹈等涉及的较少,其中传统体育与游艺类完全没有呈现;同时三地课程在内容上重复较多,剪纸、面塑、盘扣类课程每个省市都有,另外京剧应不属于江浙沪三地的非遗门类,虽然上海的空中课堂强调了"上海非物质文化遗产"的这一课程主题,但三个省市的非遗空中课程地域特点不明显,对于本地区的特色非遗介绍的不够深入,更没有涉及到任何1项古镇非遗的内容。

其次,课程结构缺乏体系,教学对象不明确,没有根据不同年级学生学情上的差异设计更有针对性、梯度式要求难度的课程内容。一方面,课程中没有明确具体的教学对象。课程内容没有基于不同年龄段的学生知识理解、技能表现、动手能力上差异化出发,设计具有梯度式内容难度的课程。另一方面,课程缺乏完整的结构体系,较为笼统地以"上海非物质文化遗产""探寻非遗文化"等为主题,遴选出一些具有代表性的非遗门类进行介绍,但是课程之间缺乏联系,也并没有说明非遗入选进课程的标准,课与课之间重复性较多。

再者,课例内容与形式以知识与技能教授为主,课程环节设置不清晰,课时较短,学习活动方式单一,不利于学生探究性学习的开展,缺乏有效的课程评价,难以检验课程学习成效。课程在环节上较为简单,类似于非遗普及性讲座,而非真实课堂授课。

最后,课程在传承与普及非遗的理念上缺乏守正创新的动态传承观念。本系列课程在拍摄上基于专家与传承人视角,在镜头语言、剧本台词、拍摄手法等方面很难引起年轻一代的共鸣。同时，课程以传承和弘扬中华优秀传统文化为宗旨，授课的专家、教师或非遗传承人均为 50 岁以上的中老年人，年轻的新一代非遗传承人或教师很少，在创作理念上，没有体现习近平总书记说的"推动中华优秀传统文化创造性转化、创新性发展，以时代精神激活中华优秀传统文化的生命力"这一重要指示，更多是对非遗静态传承，没有形成守正创新动态传承与教育推广的理念。

六、研究结论与课程实施建议

本研究以访谈、问卷调查、实地考察、分析比较等方法针对中小学美术课程中非遗美术课程进行探究，调查结果主要呈现以下几方面趋势：

第一，"非遗进校园"的方针受政府、教育主管部门、校园、江浙沪地区美术教研员及中小学教师的重视，江浙沪地区学生对古镇非遗的学习意愿总体上呈现积极趋势。政府与地方的相关政策促进了中小学教师对古镇"非遗进校园"重视度高，近年来，各省市教委联合邀请专家、中小学名师、非遗传承人拍摄制作了一系列地方非遗精品在线美术课程，在传承非遗文化、在美育层面上落实"非遗进校园"具有重要的积极效果；美术教师中小学低年级阶段的老师更愿意开发关于古镇非遗相关课程。中小学生对古镇非遗文化的学习意愿分别受地域、性别、年级三个因素影响，但总体上呈现积极的趋势。

第二，江南水乡古镇"非遗进校园"的成效受教师、学生、美术教科书、非遗传承人、美术课程等多方面因素的影响。美术教师对于古镇非遗文化的认知度低，同时缺乏开发并利用古镇非遗资源的能力。不同年龄段学生对古镇非遗美术课业类型、教学活动方式和课程作业类型的需求，同当前学校美术课业类型、教学活动方式和课程作业类型的单一性产生矛盾。美术教科书中古镇非遗相关的课例少，课例结构缺乏螺旋式上升的梯度，其中学习活动单一，评价方式不够多元。非遗传承人缺乏教育背景，非遗传承人进校园无法在教学方式、教学手段、教学思路实现江浙沪地区学生的需求，当前大部分非遗传承人的教授只停留在技法层面。空中课堂缺乏互动，拍摄视角较为传统,与青少年之间无法产生共鸣与学习兴趣。

基于以上的调研结果,本研究可分别从中小学教师、课程设置、美术教科书及非遗传承人的教学能力等角度做出相应对策及实践。主要措施如下:

第一,培养中小学美术教师及未来教师对长三角地区古镇非遗资源的开发和利用能力,同时提升教师对于当地古镇非遗文化的认知度。学校可以组织相关的教研团队,给予更多的时间开发相应课程。

第二,根据不同年龄段学生对长三角地区古镇非遗文化美术课程的需求,学校针对本校学生在美术课业类型、教学活动方式和课程作业类型做出针对性的措施,推出课程内容、学习方法多样的高质量精品非遗美术课程。

第三,美术课例结构上坚持以长三角地区古镇非遗数量、难度在教科书中螺旋式上升的形式,线下课程以"大概念"单元式课程的形式呈现,学习方法以项目学习为主导,课程的学习方法应采取更为形式灵活的方式开,并设置评价方式。在线课程以知识点微视频形式呈现,运用年轻一代乐于接受的教学语言,基于守正创新的理念,搭建互动的非遗学习在线平台,引入精品在线课程与全网相关资源,尽可能作到在线课程的趣味性、互动性、生活性与多元性。[1]

第四,学校投入师资力量促进非遗传承人在教学方式、教学手段和教学思路的需求,大力培养年轻一代的非遗传承人或优秀美术教师,借助现代媒体技术与各类新型传播推广平台,积极推动传统非遗与现代生活的连接与创造性转化,使得更多青少年能够热爱中国的优秀传统文化。

七、结　　语

2021 年 7 月,国家主席习近平向第 44 届世界遗产大会致贺信中指出:世界文化遗产是人类文明发展的重要成果,也是促进不同文明交流互鉴的重要

---

[1]　具体课程实施案例见陈琳、徐耘春《"非遗进校园"美育课程教学实践研究——以江南水乡古镇"非遗"为例》一文。

载体。保护好、传承好、利用好这些宝贵财富,是我们的共同责任,是人类文明赓续和世界可持续发展的必然要求。通过前期调研与后期课程教学实践,本研究致力于创新、丰富并发展了与非遗相关的学校美育课程体系与育人模式,实现中华优秀传统非物质文化遗产资源的创造性转化和创新性发展;促进社会整体非遗保护意识、全民文化素养的提升,为江南古镇非遗的保护与传承赋能。

六、附　录

附录 1　中共中央办公厅　国务院办公厅印发《关于进一步加强非物质文化遗产保护工作的意见》

新华社北京 8 月 12 日电　近日,中共中央办公厅、国务院办公厅印发了《关于进一步加强非物质文化遗产保护工作的意见》,并发出通知,要求各地区各部门结合实际认真贯彻落实。《关于进一步加强非物质文化遗产保护工作的意见》全文如下。

非物质文化遗产是中华优秀传统文化的重要组成部分,是中华文明绵延传承的生动见证,是连结民族情感、维系国家统一的重要基础。保护好、传承好、利用好非物质文化遗产,对于延续历史文脉、坚定文化自信、推动文明交流互鉴、建设社会主义文化强国具有重要意义。党和政府高度重视非物质文化遗产保护工作,特别是党的十八大以来,在以习近平同志为核心的党中央坚强领导下,我国非物质文化遗产保护工作取得显著成绩。为进一步加强非物质文化遗产保护工作,现提出如下意见。

一、总体要求

（一）指导思想。以新时代中国特色社会主义思想为指导，深入贯彻党的十九大和十九届二中、三中、四中、五中全会精神，坚持以社会主义核心价值观为引领，坚持创造性转化、创新性发展，坚守中华文化立场、传承中华文化基因，贯彻"保护为主、抢救第一、合理利用、传承发展"的工作方针，深入实施非物质文化遗产传承发展工程，切实提升非物质文化遗产系统性保护水平，为全面建设社会主义现代化国家提供精神力量。

（二）工作原则。坚持党对非物质文化遗产保护工作的领导，巩固党委领导、政府负责、部门协同、社会参与的工作格局；坚持马克思主义祖国观、民族观、文化观、历史观，铸牢中华民族共同体意识；坚持以人民为中心，着力解决人民群众普遍关心的突出问题，不断增强人民群众的参与感、获得感、认同感；坚持依法保护，全面落实法定职责；坚持守正创新，尊重非物质文化遗产基本内涵，弘扬其当代价值。

（三）主要目标

到 2025 年，非物质文化遗产代表性项目得到有效保护，工作制度科学规范、运行有效，人民群众对非物质文化遗产的参与感、获得感、认同感显著增强，非物质文化遗产服务当代、造福人民的作用进一步发挥。

到 2035 年，非物质文化遗产得到全面有效保护，传承活力明显增强，工作制度更加完善，传承体系更加健全，保护理念进一步深入人心，国际影响力显著提升，在推动经济社会可持续发展和服务国家重大战略中的作用更加彰显。

二、健全非物质文化遗产保护传承体系

（四）完善调查记录体系。开展全国非物质文化遗产资源调查，完善档案制度，加强档案数字化建设，妥善保存相关实物、资料。实施非物质文化遗产记录工程，运用现代科技手段，提高专业记录水平，广泛发动社会记录，对国家级非物质文化遗产代表性项目和代表性传承人进行全面系统记录。加强对全国非物质文化遗产资源的整合共享,进一步促进非物质文化遗产数据依法向社会开放,进一步加强档案和记录成果的社会利用。

（五）完善代表性项目制度。构建更加科学、合理的代表性项目分类体系。健全国家、省、市、县代表性项目名录体系。加强代表性项目存续状况评估,建立动态调整机制。夯实代表性项目保护单位责任,加强绩效评估和动态管理。加强与代表性项目相关的文化空间保护。积极做好联合国教科文组织非物质文化遗产名录项目的申报和履约工作。

（六）完善代表性传承人制度。健全国家、省、市、县代表性传承人认定与管理制度,以传承为中心审慎开展推荐认定工作。对集体传承、大众实践的项目,探索认定代表性传承团体（群体）。加强对代表性传承人的评估和动态管理,完善退出机制。实施中国非物质文化遗产传承人研修培训计划,进一步提升传承人技能艺能。加强传承梯队建设,促进传统传承方式和现代教育体系相结合,拓宽人才培养渠道,不断壮大传承队伍。

（七）完善区域性整体保护制度。将非物质文化遗产及其得以孕育、发展的文化和自然生态环境进行整体保护,突出地域和民族特色,继续推进文化生态保护区建设,落实有关地方政府主体责任。促进文化生态保护区建设与国家文化公园建设有效衔接,提高区域性整体保护水平。挖掘中国民间文化艺术之乡、中国传统村落、中国美丽休闲乡村、全国乡村旅游重点村、历史文化名城名镇名村、全国"一村一品"示范村镇中的非物质文化遗产资源,提升乡土文化内涵,建设非物质文化遗产特色村镇、街区。加强新型城镇化建设中的非物质文化遗产保护,全面推进"非遗在社区"工作。

（八）完善传承体验设施体系。在现有基础上,统筹建设利用好国家非物质文化遗产馆,鼓励有条件的地方建设非物质文化遗产馆、推动国家级非物质文化遗产代表性项目配套改建新建传承体验中心,形成包括非物质文化遗产馆、传承体验中心（所、点）等在内,集传承、体验、教育、培训、旅游等功能于一体的传承体验设施体系。鼓励社会力量兴办传承体验设施。研究完善非物质文化遗产馆管理制度,建立非物质文化遗产馆备案和评估定级制度。

（九）完善理论研究体系。统筹整合资源，加强国家非物质文化遗产专业研究力量，建设一批国家级非物质文化遗产研究基地。围绕国家重大战略、重大文化工程中涉及非物质文化遗产的重大问题等，建立多学科研究平台。加强非物质文化遗产重点实验室建设。提高非物质文化遗产学术期刊质量，加强非物质文化遗产相关出版工作。定期举办中国非物质文化遗产保护年会、学术会议。

三、提高非物质文化遗产保护传承水平

（十）加强分类保护。阐释挖掘民间文学的时代价值、社会功用，创新表现方式。提高传统音乐、传统舞蹈、传统戏剧、曲艺、杂技的实践频次和展演水平，深入实施戏曲振兴工程、曲艺传承发展计划，加大对优秀剧本、曲本创作的扶持力度，增强表演艺术类非物质文化遗产的生命力。推动传统体育、游艺纳入全民健身活动。继续实施中国传统工艺振兴计划，加强各民族优秀传统手工艺保护和传承，推动传统美术、传统技艺、中药炮制及其他传统工艺在现代生活中广泛应用。将符合条件的传统工艺企业列入中华老字号名录，支持符合条件的传统医药类非物质文化遗产代表性传承人依法取得医师资格。丰富传统节日、民俗活动的内容和形式，深入实施中国传统节日振兴工程。

（十一）融入国家重大战略。加强京津冀协同发展、长江经济带发展、粤港澳大湾区建设、长三角一体化发展、黄河流域生态保护和高质量发展、推进海南全面深化改革开放等国家重大战略中的非物质文化遗产保护传承，建立区域保护协同机制，加强专题研究，举办品牌活动。加大对黄河流域丰富多样非物质文化遗产资源的传承利用。在雄安新区、北京城市副中心以及国家文化公园建设中，加强非物质文化遗产保护传承，生动呈现中华文化独特创造、价值理念和鲜明特色，实现可持续发展。在实施乡村振兴战略和新型城镇化建设中，发挥非物质文化遗产服务基层社会治理的作用，将非物质文化遗产保护与美丽乡村建设、农耕文化保护、城市建设相结合，保护文化传统，

守住文化根脉。

（十二）促进合理利用。在有效保护前提下，推动非物质文化遗产与旅游融合发展、高质量发展。深入挖掘乡村旅游消费潜力，支持利用非物质文化遗产资源发展乡村旅游等业态，以文塑旅、以旅彰文，推出一批具有鲜明非物质文化遗产特色的主题旅游线路、研学旅游产品和演艺作品。支持非物质文化遗产有机融入景区、度假区，建设非物质文化遗产特色景区。鼓励合理利用非物质文化遗产资源进行文艺创作和文创设计，提高品质和文化内涵。利用互联网平台，拓宽相关产品推广和销售渠道。鼓励非物质文化遗产相关企业拓展国际市场，支持其产品和服务出口。

（十三）加强革命老区、民族地区、边疆地区、脱贫地区非物质文化遗产保护传承。建立东中西部地区非物质文化遗产保护协作机制，鼓励东部地区加强对中西部地区的协作帮扶。加强革命老区非物质文化遗产保护，鼓励传承人创作以红色文化为主题的作品。坚持以铸牢中华民族共同体意识为主线，促进各民族非物质文化遗产保护传承，树立和突出各民族共享的中华文化符号和中华民族形象。开展边疆地区非物质文化遗产资源调查。推动与周边国家开展联合保护行动。加大对脱贫地区非物质文化遗产保护的专业支持，进一步推动非物质文化遗产助力乡村振兴，鼓励建设非物质文化遗产就业工坊，促进当地脱贫人口就业增收。

四、加大非物质文化遗产传播普及力度

（十四）促进广泛传播。适应媒体深度融合趋势，丰富传播手段，拓展传播渠道，鼓励新闻媒体设立非物质文化遗产专题、专栏等，支持加强相关题材纪录片创作，办好有关优秀节目，鼓励各类新媒体平台做好相关传播工作。利用文化馆（站）、图书馆、博物馆、美术馆等公共文化设施开展非物质文化遗产相关培训、展览、讲座、学术交流等活动。在传统节日、文化和自然遗产日期间组织丰富多彩的宣传展示活动。加强专业化、区域性非物质文化遗产展示展演，办好中国非物质文化遗产博览会、中国成都国际非物质文化遗产节

等活动。

（十五）融入国民教育体系。将非物质文化遗产内容贯穿国民教育始终，构建非物质文化遗产课程体系和教材体系，出版非物质文化遗产通识教育读本。在中小学开设非物质文化遗产特色课程，鼓励建设国家级非物质文化遗产代表性项目特色中小学传承基地。加强高校非物质文化遗产学科体系和专业建设，支持有条件的高校自主增设硕士点和博士点。在职业学校开设非物质文化遗产保护相关专业和课程。加大非物质文化遗产师资队伍培养力度，支持代表性传承人参与学校授课和教学科研。引导社会力量参与非物质文化遗产教育培训，广泛开展社会实践和研学活动。建设一批国家非物质文化遗产传承教育实践基地。鼓励非物质文化遗产进校园。

（十六）加强对外和对港澳台交流合作。配合重要活动、节庆、会议等，举办对外和对港澳台非物质文化遗产交流传播活动。加强与联合国教科文组织等国际组织在非物质文化遗产领域的合作，拓展政府间多边、双边合作渠道，加强与共建"一带一路"国家和地区非物质文化遗产交流，提升我国在国际非物质文化遗产领域的话语权，维护国家主权和文化安全。加强国际文化专家队伍建设和中外智库交流合作，提升国际学术影响力。鼓励各驻外使领馆、海外中国文化中心、驻外旅游办事处、中资企业以及海外侨胞和出国留学人员等积极开展我国非物质文化遗产的宣传推广。推出以对外传播我国非物质文化遗产为主要内容的影视剧、纪录片、宣传片、舞台剧、短视频等优秀作品。通过中外人文交流活动等形式，交流非物质文化遗产保护先进经验，向国际社会宣介我国非物质文化遗产和中华优秀传统文化。积极推动内地和港澳、大陆和台湾地区的交流合作，充分发挥非物质文化遗产在增进文化认同、维系国家统一中的独特作用。

五、保障措施

（十七）加强组织领导。各级党委和政府要进一步提高对非物质文化遗产保护工作重要性的认识，把非物质文化遗产保护工作纳入经济社会发展相关规划,纳入考核评价体系。健全非物质文化遗产保护工作联席会议制度。引导社会力量参与非物质文化遗产保护工作,充分发挥行业组织作用,鼓励企事业单位合法合理利用非物质文化遗产资源,形成有利于保护传承的体制机制和社会环境。

(十八)完善政策法规。研究修改《中华人民共和国非物质文化遗产法》,完善相关地方性法规和规章,进一步健全非物质文化遗产法律法规制度,建立非物质文化遗产获取和惠益分享制度。加强对法律法规实施情况的监督检查,建立非物质文化遗产执法检查机制。综合运用著作权、商标权、专利权、地理标志等多种手段,加强非物质文化遗产知识产权保护。加强非物质文化遗产普法教育。

(十九)加强财税金融支持。县级以上政府要依法把非物质文化遗产保护经费列入本级预算,提高资金使用效益。鼓励预算单位根据工作需要采购非物质文化遗产相关产品和服务。采取定向资助、贷款贴息等政策措施,支持非物质文化遗产基础设施建设。支持非物质文化遗产相关企业按规定享受税收优惠政策。鼓励和引导金融机构继续加强对非物质文化遗产的金融服务。支持和引导公民、法人和其他组织以捐赠、资助、依法设立基金会等形式,参与非物质文化遗产保护传承。

(二十)强化机构队伍建设。各级党委和政府要依法明确非物质文化遗产管理职能部门,统筹使用编制资源,使非物质文化遗产保护工作力量与其承担的职责和任务相适应。实施全国非物质文化遗产人才队伍能力提升工程。将非物质文化遗产保护纳入有关干部教育培训内容。完善非物质文化遗产保护专业技术职称评审制度。推动非物质文化遗产智库建设,进一步发挥专家咨询作用。对在非物质文化遗产保护传承中做出显著贡献的组织和个人,按照国家有关规定予以表彰奖励。

附录 2　上海市第五批国家级非物质文化遗产代表性项目名录

二、传统音乐

序号	项目编号	项目名称	申报地区或单位
1386	Ⅱ-172	崇明山歌	上海市崇明区
1398	Ⅱ-184	二胡艺术（江南孙氏二胡艺术）	上海市奉贤区

八、传统技艺

序号	项目编号	项目名称	申报地区或单位
1521	Ⅷ-275	梨膏糖制作技艺（上海梨膏糖制作技艺）	上海市黄浦区

国家级非物质文化遗产代表性项目名录
扩展项目名录

六、传统体育、游艺与杂技

序号	项目编号	项目名称	申报地区或单位
293	Ⅵ-11	太极拳（吴氏太极拳）	上海市
801	Ⅵ-29	心意拳（卢氏心意拳）	上海市普陀区

八、传 统 技 艺

序号	项目编号	项目名称	申报地区或单位
1177	Ⅷ-197	青铜器修复及复制技艺（上海青铜器修复技艺）	上海市
1334	Ⅷ-220	古陶瓷修复技艺	上海市

九、传 统 医 药

序号	项目编号	项目名称	申报地区或单位
441	Ⅸ-2	中医诊疗法（丁氏推拿疗法）	上海市
		中医诊疗法（朱氏妇科疗法）	上海市
445	Ⅸ-6	中医正骨疗法（魏氏伤科疗法）	上海市
		中医正骨疗法（施氏伤科疗法）	上海市黄浦区

十、民　　俗

序号	项目编号	项目名称	申报地区或单位
992	X-85	民间信俗(小白龙信俗)	上海市金山区
1217	X-142	规约习俗(钱氏家训家教)	上海市

图书在版编目(CIP)数据

上海非物质文化遗产发展报告.2022 / 徐锦江主编
. —上海：上海远东出版社，2022
（上海文化发展系列蓝皮书）
ISBN 978－7－5476－1795－3

Ⅰ.①上… Ⅱ.①徐… Ⅲ.①非物质文化遗产—研究
报告—上海—2022 Ⅳ.①G127.51

中国版本图书馆 CIP 数据核字（2022）第 038477 号

责任编辑 王智丽
封面设计 徐羽情

上海非物质文化遗产发展报告(2022)
推动非遗保护实践融入国家与地方重大发展战略

主　　编　徐锦江
执行主编　毕旭玲

出　　版　上海速东出版社
　　　　　（201101　上海市闵行区号景路 159 弄 C 座）
发　　行　上海人民出版社发行中心
印　　刷　上海中华印刷有限公司
开　　本　710×1000　　1/16
印　　张　15.75
插　　页　3
字　　数　233,000
版　　次　2022 年 6 月第 1 版
印　　次　2022 年 6 月第 1 次印刷
ISBN 978－7－5476－1795－3/G・1135
定　　价　98.00 元